权威·前沿·原创

皮书系列为
"十二五""十三五""十四五"时期国家重点出版物出版专项规划项目

BLUE BOOK

智 库 成 果 出 版 与 传 播 平 台

广州蓝皮书

BLUE BOOK OF GUANGZHOU

广州经济发展报告
（2025）

ANNUAL REPORT ON ECONOMIC DEVELOPMENT OF
GUANGZHOU (2025)

主　　编／张跃国　周成华
执行主编／欧江波　伍　晶

社会科学文献出版社
SOCIAL SCIENCES ACADEMIC PRESS (CHINA)

图书在版编目（CIP）数据

广州经济发展报告 . 2025 / 张跃国，周成华主编；
欧江波，伍晶执行主编 . --北京：社会科学文献出版社，
2025.7. --（广州蓝皮书）. --ISBN 978-7-5228-5614-
8

Ⅰ . F127. 651

中国国家版本馆 CIP 数据核字第 2025N7R596 号

广州蓝皮书

广州经济发展报告（2025）

主　　编／张跃国　周成华
执行主编／欧江波　伍　晶

出 版 人／冀祥德
组稿编辑／任文武
责任编辑／方　丽
文稿编辑／李惠惠　张　爽　王　娇
责任印制／岳　阳

出　　版／社会科学文献出版社·生态文明分社（010）59367143
　　　　　地址：北京市北三环中路甲 29 号院华龙大厦　邮编：100029
　　　　　网址：www.ssap.com.cn
发　　行／社会科学文献出版社（010）59367028
印　　装／天津千鹤文化传播有限公司

规　　格／开　本：787mm×1092mm　1/16
　　　　　印　张：24.25　字　数：363 千字
版　　次／2025 年 7 月第 1 版　2025 年 7 月第 1 次印刷
书　　号／ISBN 978-7-5228-5614-8
定　　价／128.00 元

读者服务电话：4008918866

主要编撰者简介

张跃国　广州市社会科学院党组书记、院长，研究员，广州市法学会第七届理事会副会长。在权威期刊发表学术论文和理论文章多篇，主编系列丛书、集刊。多次主持或参与广州市委全会和党代会报告起草、广州市发展规划研究编制、广州经济形势分析与预测研究、广州城市发展战略研究、广州南沙新区发展战略研究和规划编制、广州老城市新活力理论内涵和战略策略研究，以及广州市委、市政府多项重大政策文件制定起草。

周成华　广州市社会科学院党组成员、副院长，高级编辑，广东省习近平新时代中国特色社会主义思想研究中心特约研究员。主要从事城市发展战略、理论宣传、新闻传播、城市文化研究。

欧江波　广州市社会科学院经济研究所所长，研究员，博士。兼任广州市重大行政决策论证专家、广州市人大制度研究会会员、广东省发展和改革委员会战略咨询库专家、广州市和广东省房地产行业协会专家委副主任委员等。研究方向为宏观经济、产业经济、房地产经济等。主持完成国家、省、市级重大课题200余项；出版专著4部，执行主编并出版《广州经济发展报告》15部，公开发表论文50余篇；研究成果获国家、省、市级奖励20余项。

伍　晶　广州市社会科学院经济研究所副所长，副研究员。主要从事应用经济和决策咨询研究，研究方向为宏观经济、服务经济、人口与劳动经济等。参与编辑出版《广州经济发展报告》9部，执行主编出版2部。

摘　要

　　《广州经济发展报告（2025）》是"广州蓝皮书"系列之一，是由广州市社会科学院主持编写，由科研团体、高等院校和政府部门的专家学者共同完成，反映广州经济分析预测及相关重要专题研究的最新成果。本书包括七个部分，分别为总报告、经济运行篇、综合战略篇、工业经济篇、服务经济篇、新技术新产业篇和产业园区篇，共收录研究报告22篇。

　　2024年，广州经济总体保持平稳运行，实现地区生产总值31032.50亿元，比上年增长2.1%。从需求看，消费基本持平，投资出现分化，出口表现较好；从产业看，工业受制于汽车制造业、服务业受房地产业和批发零售业的下拉影响，增长未达预期。展望2025年，广州经济发展机遇和挑战并存，一方面，国内外经济增长不确定性增加但仍有不少积极因素，宏观经济政策更加积极有为，以人工智能为代表的新技术新产业蓬勃发展，粤港澳大湾区呈现深度融合新景象，影响广州经济增长的重大不利因素有望缓解；另一方面，国内外发展环境复杂多变，区域竞争愈发激烈，产业转型和技术创新存在短板，企业改革和平台发展仍需强化。通过建模预测和综合研判相结合的方法，本书预计2025年广州经济有望保持稳定增长，增速处于3.7%~5.1%。

　　关键词： 经济增长　城市经济　广州经济

目 录 ⌐⌐

I 总报告

II 经济运行篇

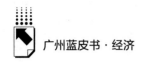

Ⅲ 综合战略篇

Ⅳ 工业经济篇

Ⅴ 服务经济篇

Ⅵ 新技术新产业篇

Ⅶ 产业园区篇

皮书数据库阅读**使用指南** 👉

总报告

B.1

2024年广州经济形势分析与2025年展望

广州市社会科学院经济研究所课题组*

摘　要： 2024年，广州经济总体保持平稳运行，实现地区生产总值31032.50亿元，同比增长2.1%。从需求看，消费基本持平，投资出现分化，出口表现较好；从产业看，工业受制于汽车制造业、服务业受房地产业和批发零售业下拉影响，增长未达预期。展望2025年，广州经济发展机遇和挑战并存，一方面，国内外经济增长不确定性增加，但仍有不少积极因素，宏观经济政策更加积极有为，以人工智能为代表的新技术新产业蓬勃发展，粤港澳大湾区呈现深度融合新景象，影响广州经济增长的重大不利因素有望缓解；另一方面，国内外发展环境复杂多变，区域竞争愈加激烈，产业转型和技术创新存在短板，企业改革和平台发展仍需强化。本报告通过建模预测和综合研判相结合的方法，预计2025年广州经济有望保持稳定增长，

---

* 课题组组长：欧江波，博士，广州市社会科学院经济研究所所长、研究员，研究方向为宏观经济、产业经济、房地产经济。课题组副组长：伍晶，广州市社会科学院经济研究所副所长、副研究员，研究方向为宏观经济、服务经济、人口与劳动经济。课题组成员：唐碧海、陈璐、范宝珠、李哲、周圣强、曹永旺。

增速处于 3.7%~5.1%。为做好 2025 年广州经济社会发展工作，本报告提出六个方面的对策建议：一是加快建设"12218"现代化产业体系，培育发展新质生产力；二是全方位扩大内外需求，有效推动国内国际双循环；三是努力确保房地产市场止跌回稳，加力提速城市更新；四是大力推动南沙开发开放和东部中心、北部增长极建设，优化提升各类产业发展平台；五是加快推进"百千万工程"和粤港澳大湾区建设，全面促进城乡区域协调发展；六是不断深化重点领域改革攻坚，努力优化提升营商环境。

关键词： 经济增长　城市经济　广州经济

一　2024年广州经济运行情况分析

2024 年，广州坚持稳中求进，经济总体保持平稳运行，实现地区生产总值 31032.50 亿元，按可比价格计算，比上年增长 2.1%（见图 1），其中，

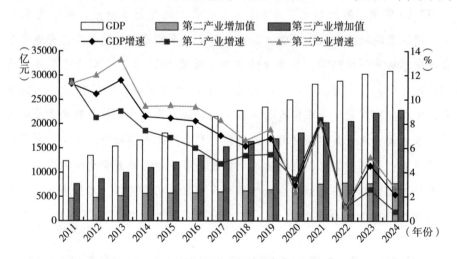

图 1　2011~2024 年广州地区生产总值情况

资料来源：广州市统计局。本报告后续图表若未特别注明，数据均来源于广州市统计局。

第一产业、第二产业、第三产业实现增加值 334.47 亿元、7839.45 亿元、22858.58 亿元，分别增长 1.0%、0.7%、2.6%。经济运行呈现两大主要特点。一是内外环境偏紧导致增长动力总体不足。从需求看，消费基本持平，投资出现分化，出口表现较好；从产业看，工业受制于汽车制造业、服务业受房地产业和批发零售业下拉影响，增长未达预期。二是转型升级有所加快。新动能蓄势聚力，航空航天器及设备、新材料、高端电子信息制造等产业快速增长，服务机器人、模拟芯片、集成电路圆片、液晶显示屏等新产品加快产出；在消费品以旧换新政策带动下，都市消费品制造增势良好，家用电冰箱、冷柜、电热烘烤器具、房间空气清洁装置、吸尘器等产品产量实现两位数增长。

与国内重点城市相比，广州地区生产总值、第二产业增加值和第三产业增加值分别位居全国第五、第五和第四，但增长率相对较低（见图2、图3、图4），主要原因是工业中占比最大的汽车制造业受传统燃油车市场持续萎缩影响出现负增长，服务业中占比较大的批发零售业和房地产业表现低迷，内外多重不利因素叠加，广州经济增长受到明显冲击。

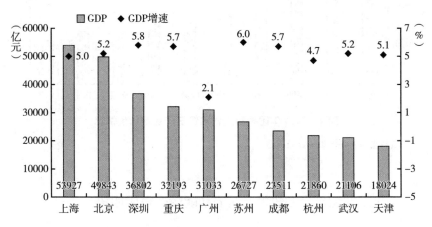

图2　2024年国内重点城市地区生产总值情况

资料来源：各城市统计局网站。

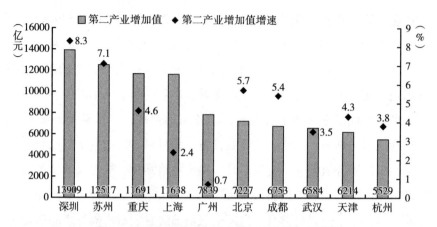

图3 2024年国内重点城市第二产业增加值情况

资料来源：各城市统计局网站。

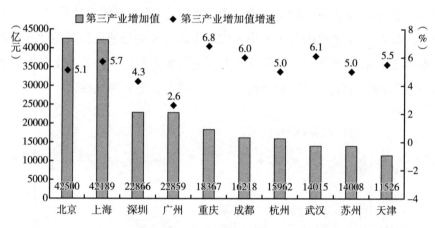

图4 2024年国内重点城市第三产业增加值情况

资料来源：各城市统计局网站。

（一）工业增长压力较大，新旧动能转换有所加快

1.工业增长压力较大

2024年广州完成工业增加值6449.93亿元，比上年下降0.6%；完成规模以上工业总产值22675.18亿元，下降2.7%（见图5）。导致工业产值下

跌的主要原因是传统燃油车市场持续萎缩，而新一代信息技术产业等新动能尚未有效对冲传统产业下行趋势。

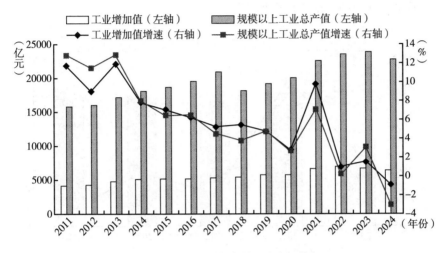

图5　2011~2024年广州工业主要指标

三大支柱产业一降两升。2024年广州三大支柱产业实现规模以上工业总产值10632.54亿元，比上年下降8.2%。其中，受新能源汽车加速替代传统燃油车的结构性调整影响，汽车制造业面临较大下行压力，全年实现产值5054.3亿元，下降18.2%，是导致支柱产业下滑的主要因素；在技术创新突破、增芯等重点项目竣工投产、市场需求回暖等因素的推动下，电子产品制造业发展活力涌现，实现产值3564.11亿元，增长3.7%；石油化工制造业实现产值2014.13亿元，增长3.8%，其中以化妆品为代表的精细化工产业受益于国产替代趋势和线上渠道表现强劲等因素，发展势头总体良好。

2. 新产业新动能出现分化

2024年战略性新兴产业实现增加值10022.52亿元，比上年增长0.8%（见图6），占GDP比重超过30%。其中，三大新兴支柱产业有所分化，新一代信息技术、智能与新能源汽车、生物医药与健康产业分别增长10.2%、-11.8%、-0.2%；五大新兴优势产业平稳增长，智能装备与机器人、轨道交通、新能源与节能环保、新材料与精细化工、数字创意产业的增速分别为 4.1%、5.0%、0.1%、2.9%和 3.7%。2024 年数字经济核心产业增加值增长 9.8%，对经济增长的贡献率达 61.3%，数字经济在推动经济社会高质量发展中的引擎作用更加凸显。

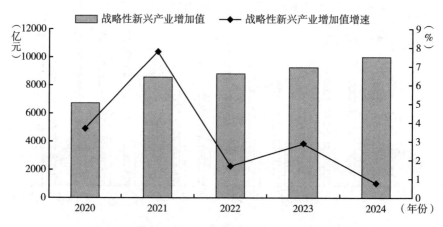

图 6　2020~2024 年广州战略性新兴产业增加值情况

3.科技创新能力持续提升

科技创新平台建设不断推进，截至 2024 年，广州已形成"2+2+N"①科技创新平台体系，涵盖各类平台近 30 个，拥有全国（国家）重点实验室 22 家，占全省总数超七成，成为全国唯一聚集国家实验室、综合类国家技术创新中心、国家重大科技基础设施、国际大科学计划等国家级重大科创平台的城市。科技人才引进与培育工作持续深化，广州不断完善符合基础研究和人才成长规律的培育体系，建立高端人才通关服务保障机制和重大科技交流活动协作机制，外籍"高精尖缺"人才认定标准试点取得新成效，来穗工作外国人才数量位列全国第三。科技成果亮点突出，2024 年 6 月，在京揭晓的 2023 年度国家科学技术奖中，广州共有 26 项科技成果获奖，其中牵头完成 11 项，较上一次评奖（2020 年度）获奖数量增加 7 项。

---

① "2+2+N"：第一个"2"代表广州实验室、粤港澳大湾区国家技术创新中心，第二个"2"代表人类细胞谱系大科学研究设施、冷泉生态系统研究装置，"N"代表国际大科学计划、国家未来产业科技园、国家新型显示技术创新中心、4 家省实验室、多个高水平创新研究院。

（二）消费表现较为低迷，客货运输稳步增长

1. 消费表现较为低迷

2024年全市实现社会消费品零售总额 11055.77 亿元，比上年增长 0.03%（见图7），其中，批发和零售业零售额下降 0.1%，住宿和餐饮业零售额增长 1.8%。限额以上批发和零售业中，占比较大的汽车、石油及制品类消费仍然低迷，商品零售额分别下降 15.3% 和 6.5%；基本生活类消费增势较好，粮油食品类、日用品类、中西药品类商品零售额分别增长 9.0%、5.3% 和 5.2%；时尚休闲消费活力焕发，化妆品类、体育娱乐用品类商品零售额分别增长 13.8% 和 13.1%；在以旧换新政策带动下，家具类、建筑及装潢材料类、家用电器和音像器材类商品零售额分别增长 55.4%、10.9%和 4.5%。线上消费保持活跃，限额以上批发和零售业实物商品网上零售额增长 3.9%，占社会消费品零售总额的比重达 27.8%；住宿和餐饮企业通过公共网络实现餐费收入增长 5.4%。

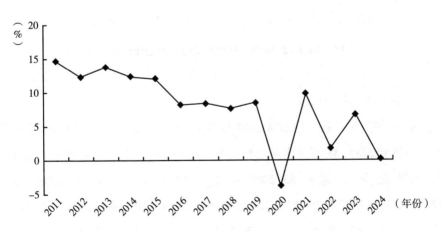

图7 2011~2024 年广州社会消费品零售总额增长情况

2. 交通运输稳步增长

2024年广州完成货运量 9.51 亿吨，比上年增长 2.4%；完成货物周转量 24411.35 亿吨公里，增长 6.6%（见图8）。港口生产运行平稳，全年港口货物

吞吐量、集装箱吞吐量分别增长 1.8%和 4.1%，其中出港集装箱吞吐量增长 4.6%。客运延续良好运行态势，完成客运量 3.32 亿人次，增长 9.0%，其中，铁路客运量突破 1.45 亿人次、增长 11.1%，航空、水路客运量分别增长 15.3%和 5.8%。航空枢纽建设成效显著，广州白云国际机场旅客吞吐量再次迈上 7000 万人次台阶，达到 7636.93 万人次，增长 20.9%，较 2019 年增长 4.1%，其中国际航线旅客为 1396.57 万人次，大幅增长 81.7%。

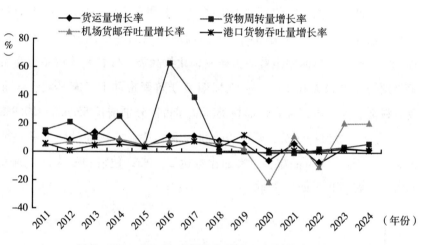

图 8 2011～2024 年广州货物运输主要指标增长情况

3.旅游市场保持热度

2024 年广州实现文旅消费总额 3528.23 亿元，比上年增长 6.6%；接待过夜旅游者 5881.38 万人次，增长 6.1%（见图 9）。其中，实现入境文旅消费 35.70 亿美元，增长 33.2%，接待入境旅游者 501.11 万人次，增长 32.8%。消费新场景为传统节日经济转型提供新动能，旅游消费需求持续释放，旅行社及相关服务、旅客票务代理营业收入分别增长 10.8%和 26.4%。

（三）房地产市场表现分化，金融市场运行稳健

1.房地产市场表现分化

2024 年广州持续优化房地产调控政策，努力激活刚性和改善性住房需

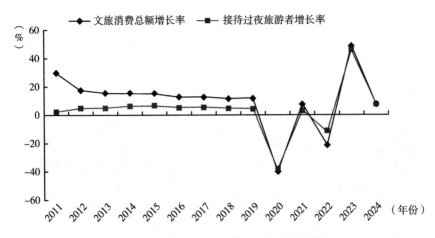

图9 2011~2024年广州旅游业主要指标增长情况

求，1 月放开 120 平方米以上住房限购、优化住房套数认定标准，支持"租一买一""卖一买一"；5 月放松非广州户籍居民购房限制，优化个人住房贷款中的住房套数认定标准，下调首套和二套房贷首付比例至 15% 和 25%，加大公积金购房支持力度，全面取消住房限售政策，积极推动住房"以旧换新"；9 月全面取消限购政策，提高住房公积金贷款额度；11 月落实国家购房契税减免政策、取消普通住宅和非普通住宅标准等。从成交量看（见图 10），全年一手房成交面积 1097.49 万平方米，比上年下降 2.8%，其中一手住宅成交面积下降 3.7%，一手商服物业（写字楼+商铺）成交面积增长 2.0%；二手房成交面积 1027.97 万平方米，增长 10.3%，其中二手住宅成交面积增长 11.3%，二手商服物业成交面积增长 12.6%。全年市场呈现前低后高走势，前三季度市场较为低迷，第四季度在全面取消限购等利好政策带动下，市场活跃度明显提升，一、二手住宅成交量均创 2021年第三季度以来新高。从价格看，根据国家统计局数据，2024 年各月广州新建商品住宅、二手住宅销售价格同比持续负增长，12 月降幅分别达到 9.1% 和 10.9%。

2. 金融市场运行稳健

2024 年广州金融业实现增加值 3049.01 亿元，比上年增长 3.9%，占

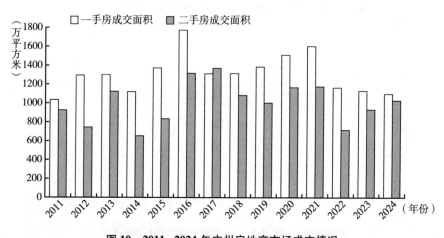

图 10　2011~2024 年广州房地产市场成交情况

资料来源：广州市住房和城乡建设局。

GDP 的比重为 9.8%。金融强市建设取得新进展，全年新增 9 家境内外上市公司，设立天使母基金、上市公司高质量发展母基金两只"百亿元"基金，广州期货交易所上市多晶硅期货、期权，碳酸锂和工业硅成交量增幅在全球金属期货成交量增幅中排第 1 位和第 2 位，纳入金融资产投资公司（AIC）股权投资试点，落地广州产投工融科城创业投资基金、广州广金千帆企航创业投资基金两只金融资产投资公司（AIC）股权投资试点基金，成功举办晨星（中国）2024 年度投资峰会，成为晨星投资峰会首个境内落地城市。

2024 年末广州本外币各项存款余额 9.08 万亿元，同比增长 4.8%，全年存款增加 4164.03 亿元，比上年少增 1929.14 亿元。其中，住户存款余额 3.28 万亿元，同比增长 9.1%，全年住户存款增加 2724.52 亿元，住户存款定期化趋势有所缓解。本外币各项贷款余额 8.12 万亿元，同比增长 5.9%（见图 11），全年贷款增加 4500.09 亿元，在全国城市中排第 3 位。信贷投放支撑有力，住户中长期经营贷款、企事业单位中长期贷款余额分别增长 13.7%、10.5%，科学研究和技术服务业、电力热力燃气及水生产和供应业、交通运输邮政仓储业的贷款余额分别增长 19.3%、14.5% 和 6.9%。

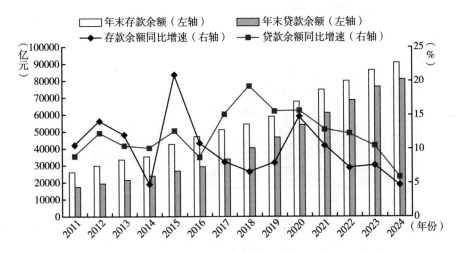

图11 2011~2024年广州金融机构本外币各项存贷款余额情况

截至2024年末，在国内重点城市中，广州金融机构存款余额和贷款余额均排第4位，均低于北京、上海和深圳。广州存款余额增速排名第7位，低于苏州（13.1%）、成都（7.9%）、上海（7.7%）、天津（6.4%）、武汉（5.5%）和重庆（5.2%）；贷款余额增速排名第6位，低于苏州（12.1%）、成都（10.1%）、上海（9.8%）、杭州（6.3%）和重庆（6.0%）（见图12和图13）。

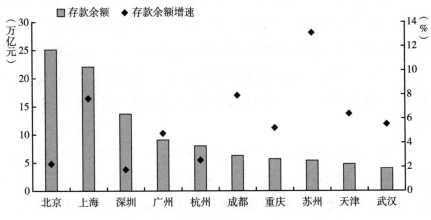

图12 2024年末国内重点城市金融机构存款余额情况

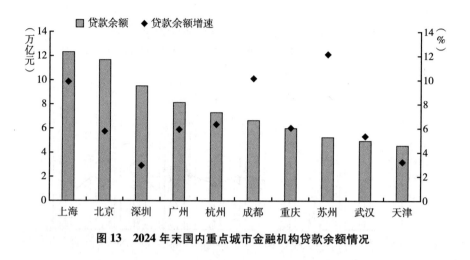

图13　2024年末国内重点城市金融机构贷款余额情况

（四）投资结构有所优化，财政收支提质增效

1. 投资结构有所优化

2024年广州完成固定资产投资8638.08亿元，比上年增长0.2%（见图14），增速低于全国（3.2%）3.0个百分点，高于全省（-4.5%）4.7个百分点。从投资领域看，工业投资增长13.6%，其中支柱产业中的汽车零部件制造业、电子产品制造业投资分别增长32.6%、20.8%，新兴产业中的电子及通信设备制造业、计算机及办公设备制造业、医疗设备及仪器仪表制造业投资分别增长18.2%、37.1%、56.5%；基础设施投资增长7.7%，其中航空运输业、水上运输业投资分别增长40.0%和21.9%；房地产开发投资下降7.4%，主要是受房地产市场销售低迷、土地市场成交大幅减少、房企资金链紧张等因素影响。从投资主体看，民间投资增长2.0%，国有投资下降14.7%。

重点项目建设稳步推进。2024年广州市844个市重点项目完成投资4144.21亿元，完成年度投资计划的108.9%。在基础设施方面，白云国际机场三期T3航站楼全面封顶、第四跑道建成启用，南沙粮食及通用码头扩建工程竣工，广佛南环、佛莞城际开通运营，地铁3号线东延段、首条地铁

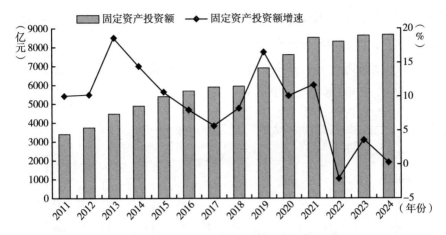

图14　2011～2024 年广州固定资产投资情况

环线 11 号线开通，地铁运营总里程突破 700 公里，佛清从高速北段、广佛出口放射线二期工程（广州段）、南中高速、南沙联络线等项目建成通车。在产业项目方面，增芯国内首条 12 英寸智能传感器晶圆制造产线、粤芯三期、广本新能源车等项目顺利投产，华星光电 T9 等项目加快建设，小鹏汇天飞行汽车智造基地等项目开工建设。在社会民生项目方面，中山大学孙逸仙纪念医院花都院区、广州市第十二人民医院黄埔院区、广州市妇女儿童医疗中心南沙院区等建成启用，白鹅潭大湾区艺术中心、广州人民艺术中心、广州岭南书院·隔山书院建成开放，筹建保障性租赁住房 10.79 万套（间）、配售型保障性住房 1.02 万套。

2. 财政收支提质增效

2024 年广州税务部门完成税收收入 5607.38 亿元，比上年下降 6.9%，一般公共预算收入 1954.74 亿元，增长 0.5%。从一般公共预算收入类型看，税收收入 1372.37 亿元，增长 0.1%，其中属于地方税的房产税、契税收入分别增长 13.5%、4.1%；非税收入 582.36 亿元，增长 1.4%，其中国有资源（资产）有偿使用收入增长 73.8%。

2024 年一般公共预算支出 2777.43 亿元，下降 6.5%（见图15），支出下降的主要原因有广州全面加强资源统筹、精准优化支出结构，通过探索城市运营新路径有效降低城市运营成本，通过构建资源配置新模式有效压缩行政运行成本。民生领域保障有力，全年民生类支出 1951.2 亿元，占一般公共预算支出比重超七成，其中教育、社会保障和就业、卫生健康支出分别为647.52 亿元、330.38 亿元、280.32 亿元。

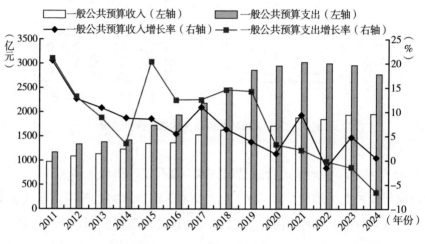

图 15 2011~2024 年广州一般公共预算收支情况

（五）商品进出口基本平稳，实际外资大幅下降

1. 商品进出口基本平稳

2024 年广州实现商品进出口总值 11238.38 亿元，比上年增长 3.0%，其中，商品出口总值达 7005.48 亿元，增长 7.8%；商品进口总值达4232.89 亿元，下降 4.0%（见图16）。从贸易方式看，一般贸易进出口增长 6.5%，而保税物流、加工贸易进出口分别下降 7.1%、5.1%。从市场结构看，对中国香港、美国、欧盟进出口分别增长 32.6%、11.6%、0.8%，对日本、东盟进出口分别下降 7.4%、2.9%。从商品结构看，农产品、机电产品出口增长、进口下降，农产品出口增长 7.0%、进口下降 1.4%，机电产品出口增长 5.3%、进口下降 4.9%；高新技术产品出口、进口均保持正增长，增速分别为 11.7%、6.5%。

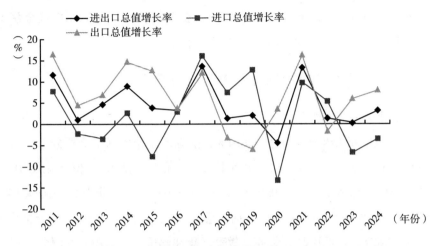

图16 2011~2024年广州商品进出口增长情况

2. 实际使用外资大幅下降

2024年广州实际使用外资32.48亿美元，比上年下降53.0%（见图17），主要受全球结构性调整、地缘政治博弈、中国经济转型等多重因素的共同影响。其中，制造业实际使用外资增长8.8%，但占全市实际使用外资67.6%的服务业实际使用外资大幅下降。从各区来看，广州市11区实际使用外资均不同程度下降，且荔湾区、天河区、南沙区降幅均在60%以上。从企业数量看，2024年广州新设外资企业8445家，同比增长27.4%，全国

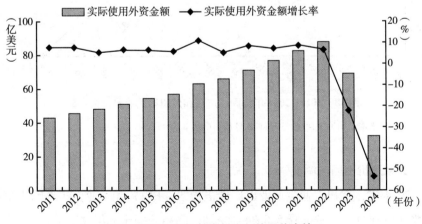

图17 2011~2024年广州实际使用外资情况

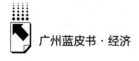

每新增 7 家外资企业就有 1 家来自广州，企业数量增加而实际投资金额下降，表明新设外资企业的平均投资规模下降。

（六）消费价格总体平稳，生产价格回落明显

1. 消费价格基本稳定

2024 年广州 CPI 比上年上涨 0.1%，涨幅高于全省 0.1 个百分点，低于全国 0.1 个百分点（见图 18），在全国 36 个城市中排第 24 位（见图 19）。食品烟酒价格总体稳定，上涨 0.3%，其中畜肉类、粮食类分别下降 3.1%、0.5%，水产类和在外餐饮类则分别上涨 0.7%、2.8%；其他 7 类价格中 6 升 1 降，衣着、其他用品和服务、教育文化和娱乐、生活用品及服务、医疗保健、居住价格分别上涨 3.1%、2.7%、1.3%、0.1%、0.1%、0.1%，衣着价格上涨主要是原材料成本上升和消费升级所致，而交通和通信价格下降 2.6%（见图 20）。

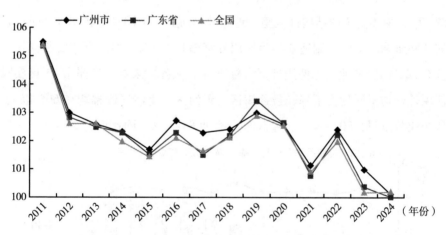

图 18　2011~2024 年全国、广东和广州居民消费价格指数

资料来源：国家统计局、广东省统计局和广州市统计局。

2. 生产价格回落明显

2024 年，广州工业生产者出厂价格指数（PPI）和工业生产者购进价格指数（PPIRM）分别下降 2.0% 和 2.8%，降幅分别比上年收窄 1.5 个和 0.4

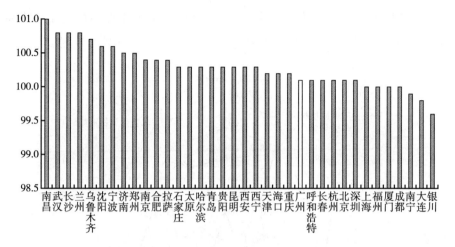

图19　2024年全国36个大中城市居民消费价格指数

资料来源：国家统计局。

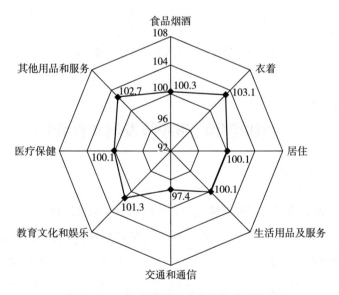

图20　2024年广州居民消费价格分类指数

个百分点。PPI 中，生产资料、生活资料分别下降 2.6%、1.2%。PPIRM 中，除了有色金属材料和电线类（4.1%）有所回升，建筑材料及非金属矿类（-9.0%），木材及纸浆类（-6.9%），燃料、动力类（-5.5%），黑色

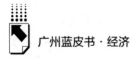

金属材料类（-4.6%），化工原料类（-2.2%），其他工业原材料及半成品类（-1.5%），农副产品类（-3.8%）均呈现不同程度下降（见图21）。

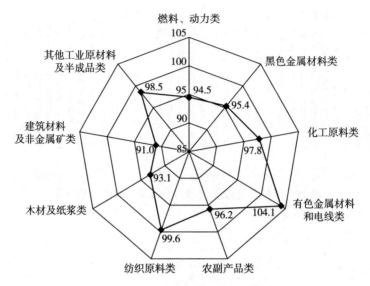

图 21　2024 年广州工业生产者购进价格分类指数

二　2025年广州经济发展条件分析

（一）有利因素

1. 国内外经济增长不确定性增加，但仍有不少积极因素

近年来，我国与共建"一带一路"国家经贸往来保持良好势头，2024年我国对共建"一带一路"国家进出口值占全国进出口总值的比重达50.3%，首次超过50%，其中我国与东盟连续5年互为最大贸易伙伴。2025年3月，中日韩经贸部长会议时隔5年再次召开，三国经贸部门就中日韩自贸协定谈判、供应链及出口管制、数字经济及绿色经济等议题进行深入沟通；同月，我国与欧盟进行会谈，双方认为应坚持中欧经贸关系的独立性和稳定性，加强对话沟通，深化务实合作。2025 年 4 月，中央周边工作会议

强调与周边国家深化发展融合，构建高水平互联互通网络，加强产业链供应链合作。

我国经济韧性较强、增长较稳。一是我国经济规模大、市场容量大，具有长期维持中高速增长的惯性和韧性。2024年我国国内生产总值13.49万亿元，比上年增长5.0%，其中第一、第二、第三产业增加值分别增长3.5%、5.3%、5.0%；社会消费品零售总额48.33万亿元，增长3.5%；固定资产投资（不含农户）52.09万亿元，增长3.1%；货物进出口总值43.85万亿元，增长5.0%。二是我国"人口红利"正在加快向"人才红利"转化，2024年我国劳动年龄人口平均受教育年限提升至11.21年，人才资源总量、科技人力资源、研发人员总量均居全球首位。三是我国东、中、西部地区仍存在较大的区域差异，为产业从发达地区向欠发达地区梯度转移提供了可能，也有助于各地区错位发展、错位竞争。四是我国具有显著的制度优势，能够集中力量办大事，是实现经济行稳致远的根本保证。2025年我国经济有望保持稳定增长，国务院《政府工作报告》提出国内生产总值增长5%左右的预期目标，国内外主要机构对中国经济增速预测值处于4.5%~4.8%（见表1）。

表1　国内外主要机构对2025年中国经济增速预测

单位：%

机构名称	预测值	预测时间	上次预测值	上次预测时间
世界银行	4.5	2025年1月	4.1	2024年6月
国际货币基金组织	4.5	2025年4月	4.6	2025年1月
联合国经济和社会事务部	4.6	2025年5月	4.8	2025年1月
经济合作与发展组织	4.8	2025年3月	4.7	2024年12月
中国科学院预测科学研究中心	4.8左右	2025年1月	—	—

资料来源：相关机构发布的预测报告。

2.宏观经济政策更加积极有为

政策取向将保持宽松。2024年9月中央政治局会议部署了一揽子增量政策，主要包括加强宏观政策逆周期调节、扩大国内有效需求、加大助企帮扶力度、推动房地产市场止跌回稳、提振资本市场等。2024年12月，中央经济工作会议提出2025年要提高宏观调控的前瞻性、针对性、有效性，实施更加积极的财政政策，实施适度宽松的货币政策，打好政策"组合拳"。2025年国务院《政府工作报告》提出，要坚持稳中求进工作总基调，实施更加积极有为的宏观政策，扩大国内需求，推动科技创新和产业创新融合发展，稳住楼市股市，防范化解重点领域风险和外部冲击，稳定预期、激发活力，推动经济持续回升向好。

政策力度将明显加大。在财政政策方面，2025年我国赤字规模、一般公共预算支出规模将分别比上年增加1.6万亿元、1.2万亿元，拟发行超长期特别国债1.3万亿元、安排地方政府专项债券4.4万亿元，分别比上年增加3000亿元、5000亿元，合计新增政府债务总规模11.86万亿元，比上年增加2.9万亿元，财政支出强度将明显加大。在货币政策方面，将适时降准降息，保持流动性充裕，更大力度促进楼市股市健康发展，加大对科技创新、绿色发展、提振消费以及民营、小微企业等的支持力度，推动社会综合融资成本下降。在其他宏观政策方面，着力点将更多转向惠民生、促消费，以消费提振畅通经济循环，以消费升级引领产业升级，在保障和改善民生中打造新的经济增长点，如2025年3月中共中央办公厅、国务院办公厅印发《提振消费专项行动方案》等政策措施。从2025年前两个月情况看，"两重""两新"政策力度加大，政策效果继续显现，限额以上单位家用电器和音像器材类、家具类、文化办公用品类、通信器材类商品零售额都保持了两位数增长，设备工器具购置投资增长18%。

2025年广州推出一系列促发展政策。在推进现代化产业体系建设方面，印发实施促进汽车产业高质量发展的意见、低空经济发展规划、促进人工智能产业链高质量发展三年行动方案等政策措施，开展新技术新产品新场景大规模应用示范行动、生产性服务业高端化提升行动、"人工智能+"行动、"千模智赋百业"行动等。在扩大内需方面，出台现代商贸业高质量发展政策、服务消费专项政策等，实施提振消费专项行动，创新固定资产投资项目管理工作机制，积极申报超长期特别国债、中央预算内投资，扩大地方政府专项债券投向领域和用作项目资本金范围。在推进城市更新方面，落实旧村庄旧厂房旧城镇改造实施办法及配套文件，完善"房票"、专项借款购买存量商品住房作为安置房等政策，探索建立城市体检与城市更新一体化推进机制、"人房地钱"要素联动机制、城中村改造牵引带动产业转型升级机制。

3. 以人工智能为代表的新技术新产业蓬勃发展

人工智能技术迭代加速。斯坦福大学发布的《2024年人工智能指数报告》显示，过去十年人工智能专利数量显著增加，其中全球已授权的人工智能专利大部分来自中国（61.1%）和美国（20.9%）。2022年ChatGPT的诞生开启了人工智能技术的新篇章。2025年初DeepSeek推出DeepSeek-R1大语言模型，标志着我国人工智能技术自主创新实现了重大突破。广州在人工智能领域已形成较为完整的产业链和创新生态体系，截至2024年，广州人工智能与数字经济试验区集聚各类企业超10万家，"四上"企业2200余家，高新技术企业超2100家。[①] 广州正在开展"人工智能+"行动、"千模智赋百业"行动，加速推动国家新一代人工智能创新发展试验区和国家人工智能创新应用先导区建设，重点聚焦智能无人系统、具身智能等新赛道，通过加强产业整体规划、建设产业先导园区、挖掘优质潜力项目、培育行业骨干企业、开放各类应用场景、加强产业基金支持等措施，更好地推动人工智能赋能千行百业，抢占未来产业发展先机。

我国新能源、生物医药、新材料等产业迅猛发展。在新能源产业方面，我国新能源产业的国际竞争力和市场份额迅速提升，在新能源汽车、风电、光伏等领域取得了全球领先的技术突破，据国际能源署预测，到2030年全球新能源汽车、光伏新增装机需求量将分别达到4500万辆、820吉瓦（GW），新能源产业未来发展前景广阔。在生物医药产业方面，我国靶向

---

① 《向新而行　以创新变量赋发展能量》，广州市人民政府网站，2025年1月3日，https：//www.gz.gov.cn/zwfw/zxfw/kjcy/content/post_10059059.html。

治疗、免疫治疗、细胞与基因疗法等前沿领域已涌现出一批优秀的本土企业，创新药领域发展迅猛，2015 年以来上市的创新药达 500 余种。在新材料产业方面，我国已培育 7 个国家先进制造业集群，新材料规上企业数量已超过 2 万家，其中专精特新"小巨人"企业超过 1900 家、制造业"单项冠军"企业超过 200 家，尼龙、高性能玻璃纤维、锂电池隔膜等新材料产品已达到世界一流技术水准，支撑轨道交通、载人航天、新能源等领域的发展。

4. 粤港澳大湾区呈现深度融合新景象

粤港澳大湾区软硬联通加快推进。《粤港澳大湾区发展规划纲要》实施 6 年来，粤港澳大湾区经济社会呈现全面融合发展的态势，成为我国开放程度最高、经济活力最强的区域之一。"硬联通"日渐完善，粤港澳大湾区的干线铁路、城际铁路、城市轨道等多层次轨道交通已融合成网，莞惠城际、佛莞城际、广佛南环、佛肇城际"四线贯通"运营，形成一条全长 258 公里的粤港澳大湾区最长城际铁路，自东向西连接惠州、东莞、广州、佛山、肇庆，深圳规划 6 条地铁线路与东莞对接，佛山布局 10 条轨道交通线路直通广州，广州 22 号线规划延伸至东莞和深圳，城际轨道实现地铁化运营，珠江口已建成黄埔大桥、南沙大桥、广深港高铁、虎门大桥、深中通道、港珠澳大桥、黄茅海跨海通道等跨海跨江通道。"软联通"加速推进，粤港澳三地持续扩大规则衔接、机制对接覆盖面，推动资源要素更加便捷地流动，如升级"债券通"、优化"跨境理财通"、108 项政务服务事项实现粤港跨境通办、港澳企业商事登记实现"一网通办"、实现"港澳药械通"大湾区内地 9 个地市全覆盖等。

全国十五运会和残特奥会①带来发展红利。2025 年即将举办的全国十五运会和残特奥会是粤港澳首次共同承办的综合性体育赛事，广州是承接项目最多的赛区城市，将承办全国十五运会 39% 的竞赛项目、残特奥会 33% 的

---

① 全国十五运会：中华人民共和国第十五届运动会，将于 2025 年 11 月 9~21 日举行，由广东、香港、澳门三地共同举办，开幕式和闭幕式分别在广州和深圳举行。残特奥会：中华人民共和国第十二届残疾人运动会暨第九届特殊奥林匹克运动会。

竞赛项目以及两场开幕式。广州曾承办 1987 年全国六运会、2001 年全国九运会、2010 年亚运会,历次体育盛会均推动了广州经济社会发展:一是进一步完善了城市发展空间布局,助力城市中轴线变迁,改善城市环境面貌;二是直接推动了体育产业和体育消费的发展,促进文体商旅融合发展;三是极大提升了广州在海内外的知名度,迎来国际交往新热潮,推动广州在全球城市体系中的地位不断攀升。全国十五运会和残特奥会是深入推进新阶段粤港澳大湾区建设的重大战略举措,也是广州加快发展的重大机遇,广州提出"办好一个会、提升一座城、彰显一座城、幸福一座城"的办赛目标,最大限度释放赛事的撬动效应,全面提升城市综合实力和发展动能。

5. 影响广州经济增长的重大不利因素有望缓解

房地产市场有望止跌回稳。房地产业规模大、链条长、牵涉面广,是影响经济和投资增长的重要产业。2024 年广州房地产业增加值 2591.85 亿元,比上年下降 3.7%,完成房地产开发业投资 3066.03 亿元,下降 7.4%,是制约 2024 年广州经济增长的重要因素。2024 年中央经济工作会议和 2025 年国务院《政府工作报告》强调要推动房地产市场止跌回稳,2025 年 4 月中央政治局会议强调持续巩固房地产市场稳定态势。2025 年广州将认真贯彻中央精神,供需两端持续发力稳住楼市,在需求端,积极推进各项房地产优化政策措施落地见效,精准支持居民刚性和改善性住房需求,继续开展"以旧换新"等活动;在供给端,对商品房建设严控增量、优化存量、提高质量,优化住房供给结构,建设安全、舒适、绿色、智慧的"好房子"。在限购全面取消、住房交易契税税率下调、房贷首付比例和利率水平降至历史低位、公积金贷款额度提高等利好带动下,刚性和改善性住房需求将进一步激活,预计 2025 年广州房地产市场有望止跌回稳,成交量将实现小幅提升,房地产业增加值有望实现正增长。

汽车制造业存在积极因素。2024 年广州实现规模以上工业总产值22675.18 亿元,比上年下降 2.7%,其中占比最大的汽车制造业产值下降18.2%,成为拖累广州经济增长的主要因素之一。展望 2025 年,广州汽车制造业的下拉影响有望缓解：一是经过 2024 年的大幅下降，汽车制造业增加值占规模以上工业增加值比重从 2023 年的 25.2% 下降至 2024 年的 21.2%；二是 2024 年车企主动去库存，生产相对谨慎，如 2024 年广汽集团产量、销量分别为 191.66 万辆、200.31 万辆，随着车企库存量的减少和各项政策的发力，车企生产积极性有望提高；三是广州车企加快推动整车向新能源化、智能化转型，2025 年广汽集团自主品牌将全面布局增程、插混、纯电等主流新能源动力形式，计划上市 7 款全新车型，广汽本田将加快智能化电动化转型，推出旗下全新纯电动 SUV P7，东风日产正在加速布局新能源，首款车型 N7 于 2025 年 4 月开启预售。

（二）不利因素

1. 国内外发展环境复杂多变

全球发展环境更加复杂严峻。一方面，贸易保护主义抬头。全国贸易环境仍存在较大不确定性，作为我国重要的外贸城市，广州进出口将会受一定影响，同时广州制造业发展可能受全球供应链不稳定影响。另一方面，各国产业政策竞争加剧。世界各国内顾倾向严重，越来越多国家采取补贴、担保、赠款、贷款和其他措施以促进国内研发活动和产业发展，特别是在半导体、量子计算等高科技领域。

我国经济运行面临不少挑战。一是国内需求不足。从消费规模看，2024年全国社会消费品零售总额比上年增长 3.5%，增速比 2023 年低 3.7 个百分点，最终消费支出对经济增长的贡献率为 44.5%，贡献率比 2023 年低 38.0个百分点；从消费品类看，大类消费和可选消费下降较多，刚性消费占比上升，体现了居民消费意愿和能力不强。投资受房地产开发投资拖累，仍然较为低迷，短时间内难以恢复。二是新旧动能转换存在阵痛。在传统产业增速放缓的背景下，高新技术产业等新动能虽然增长较快但规模仍较小，短期内尚难以完全弥补传统动能减少的缺口。三是部分企业经营比较困难。中、小型企业经济活动有所收缩，2025 年 1~3 月，中、小型企业采购经理指数（PMI）均低于荣枯线，其中 1 月、2 月、3 月中型企业 PMI 分别为 49.5%、

49.2%、49.9%，小型企业分别为46.5%、46.3%、49.6%。民营企业在技术水平、专业人才、融资渠道等方面存在短板，制约了其转型升级和可持续发展。

2. 区域竞争愈加激烈

招商引资难度加大。2024年国家层面出台了两个关于招商引资的重要文件，即《国务院办公厅关于规范招商引资行为促进招商引资高质量发展若干措施的通知》《公平竞争审查条例》，对地方招商引资产生较大影响：一方面，进一步规范了地方政府招商引资行为；另一方面，促使地方政府不断创新招商引资方式和优化营商环境。在招商新政背景下，2025年各地聚焦优势、特色产业链，呈现紧抓特色、放大优势、明确目标、突出重点、多措并举的招商引资新局面，区域招商引资竞争越来越激烈。比如，山西推行"政府+链主+园区"联动机制，广东采用链主招商、重大终端项目招商、以商招商、基金招商、场景招商等多种方式，郑州、上海、深圳福田等地发布招商引资政策文件以构建完善的招商引资政策体系，广州、深圳等城市推出大规模政府投资基金投向战略性新兴产业。

"抢人大战"如火如荼。2025年多地升级"抢人"政策，部分一线城市诚意十足，推出送免费住宿、报销面试路费、送无息贷款、免办公室租金、免费使用实验室、设立天使母基金和人才创新创业基金等措施。2025年城市间的"抢人大战"总体上呈现三大特点：一是此前普遍由二线城市率先发起，近期北京、上海、广州、深圳等一线城市更为积极，"抢人"措施也更加亮眼；二是此前侧重于抢数量，近期则更侧重于求质量，即更加注重高水平高科技人才的竞争；三是近期倾向于服务产业升级，以产业"抢人"、按需"抢人"的特点更为明显，据广东省人社厅统计，"百万英才汇南粤"行动计划首期募集的超60万个优质岗位中，半导体、人工智能、低空经济等新兴产业岗位占比超七成。广州人才吸引力有待提升，麦可思研究院发布的《2024年中国本科生就业报告》显示，广州2021~2023届本地就业的本科毕业生中外省籍毕业生占比为43%，低于北京（81%）、上海（75%）、杭州（67%）、深圳（64%）等城市。

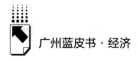

3. 产业转型和技术创新存在短板

产业转型升级偏慢。一方面，广州传统产业转型升级压力较大。传统制造业体量大、占比高，传统商贸业发达、存在大量专业市场，产业转型升级普遍面临技术、资金、市场和环保等方面的难题；另一方面，战略性新兴产业发展相对偏慢。2024年广州战略性新兴产业增加值为10022.52亿元，低于深圳（超过1.5万亿元）、上海（12532.96亿元）、北京（12530.2亿元），增速为0.8%，远低于深圳（10.5%）、上海（6.4%）、北京（5.7%）。广州在新兴产业、未来产业方面虽然有"链主"企业，但企业"头部度""首位度"不够，胡润研究院发布的《2024年全球独角兽》榜单显示，广州独角兽企业数量（24家）少于北京（78家）、上海（65家）、深圳（34家），半导体、航天、机器人、生物科技等领域的独角兽企业排名相对靠后。

创新驱动能力有待增强。广州研究与试验发展（R&D）经费投入强度不高，在一定程度上限制了广州创新驱动发展的潜力。2023年广州投入R&D经费1042.99亿元，低于北京（2947.1亿元）、深圳（2236.61亿元）、上海（2049.6亿元）、苏州（1055亿元），R&D经费投入强度为3.44%，低于北京（6.73%）、深圳（6.46%）、上海（4.4%）、苏州（4.1%）、杭州（3.9%）、成都（3.73%）。广州产业创新能力与其他城市存在差距，深圳拥有华为、腾讯等科技巨头，北京拥有中关村及众多高校科研资源，而广州的科技企业规模和影响力相对较小，本地高校院所在科技前沿领域的"沉睡未转化"专利较多，对产业链补链、延链环节的技术创新支撑稍显不足。

4. 企业改革和平台发展仍需强化

促进企业发展的体制机制有待激活。在国有企业改革方面，虽然近年来广州国企改革步伐有所加快，但仍存在一些问题需要进一步攻坚，如国有企业市场化经营机制仍有不足，国有资本运作不够灵活高效，国有企业利润率有待提高，对全市经济增长的贡献度还有较大的提升空间。在民营经济发展方面，经济规模有待提升，2024年广州民营经济增加值占GDP比重为

42.3%，明显低于全国平均水平（60%左右），也低于深圳、杭州等先进城市；龙头企业实力偏弱，广州分别有 7 家、8 家和 1 家企业入围全国工商联发布的"2024 中国民营企业 500 强""2024 中国制造业民营企业 500 强""2024 中国服务业民营企业 100 强"，数量低于杭州、深圳、苏州、北京、上海等城市。虽然近年来广州出台了不少促进民营经济发展的政策措施，但从政策实施效果来看仍存在不少需要改善的地方。

平台园区发展有待完善。广州目前拥有各类产业平台园区超过 2700 家，已形成多层次、多类型的平台园区发展格局，是改革开放 40 多年广州经济社会持续较快发展的重要支撑。但随着时代变迁、技术进步和产业转型，这些平台园区大部分亟须与时俱进、完善提升。一方面，平台园区规划建设有待优化。部分平台园区缺乏系统性、前瞻性、科学性规划，土地利用效率有待提升，盘活闲置土地、低效用地的压力较大；另一方面，招商引资效率和效果有待提升。目前国内先进平台园区发展的主流趋势是从"开发"向"服务"、从"招商"向"营商"转变。广州部分平台园区还未能适应新形势新趋势，招商引资机制和措施吸引力不够，导致入园大项目、带动性龙头项目不多，产业集聚效应尚未得到有效发挥。

三　2025年广州经济增长主要指标预测

（一）预测思路

本报告采用建模预测和综合研判相结合的方法，预测 2025 年广州经济增长主要指标。将广州经济增长主要指标按照构成细分为不同的行业或项目，选取细分行业或项目的时间序列数据构建预测模型，预测各细分行业或项目 2025 年增长率，在模型预测的基础上，结合 2025 年广州经济发展条件分析对各指标预测结果进行调整，得到最终预测结果。根据各细分行业或项目对经济增长主要指标的贡献度计算得到 GDP、投资、消费、进出口、居民消费价格指数等指标的最终预测结果。

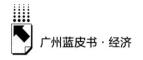

（二）预测过程

1. 选取预测指标

选取 GDP、三大需求、价格等作为经济增长主要指标，其中，GDP 细分为农业、工业、建筑业、批发零售业、交通运输业、住宿餐饮业、金融业、房地产业、其他服务业九大行业增加值，固定资产投资细分为建设改造投资和房地产开发投资，社会消费品零售总额细分为批发零售业零售额和住宿餐饮业零售额，进出口总值细分为商品进口总值和商品出口总值，城镇居民消费价格指数细分为消费品价格指数和服务价格指数。

2. 进行模型预测

分析 2010~2024 年广州经济主要指标的增长趋势，选取各个细分指标的时间序列数据构建预测模型（见表 2），计算各细分指标 2025 年增长率的模型预测值。

3. 实施综合研判

由于模型预测值可能未完全考虑 2025 年经济发展面临的新情况新变化，因此本报告结合 2025 年广州经济发展条件分析对 2025 年各细分指标模型预测值进行适当调整，得到各细分指标 2025 年增长率的预测值。

4. 计算预测结果

利用 2024 年各细分指标绝对值和 2025 年各细分指标增长率的预测值，并考虑价格因素，计算得到各细分指标 2025 年绝对值的预测值。根据各细分指标对经济增长主要指标的贡献度计算得到 GDP、固定资产投资、社会消费品零售总额、进出口总值、城镇居民消费价格指数等指标的预测值。

表 2 广州经济主要指标预测模型

因变量（y）	预测模型
农业增加值指数	$y = 0.2587t^2 + 0.6253t + 100.52$
工业增加值指数	$y = -0.3349t^2 + 14.407t + 83.762$
建筑业增加值指数	$y = 0.2951t^2 + 2.0152t + 104.68$

续表

因变量（y）	预测模型
批发零售业增加值指数	$y=-0.2991t^2+17.607t+83.37$
交通运输业增加值指数	$y=-0.3319t^2+17.527t+79.986$
住宿餐饮业增加值指数	$y=-0.5219t^2+7.6279t+88.913$
金融业增加值指数	$y=19.527t+85.142$
房地产业增加值指数	$y=91.509t^{0.2853}$
其他服务业增加值指数	$y=14.574t+77.465$
建设改造投资指数	$y=0.7096t^2+6.6925t+89.907$
房地产开发投资指数	$y=90.796t^{0.5035}$
批发零售业零售额指数	$y=-0.4208t^2+21.418t+72.475$
住宿餐饮业零售额指数	$y=94.565t^{0.3282}$
商品进口总值指数	$y=-0.5984t^2+10.486t+79.761$
商品出口总值指数	$y=0.1752t^2+2.6002t+104.35$
消费品价格指数	$y=2.9292t+100.14$
服务价格指数	$y=-0.0984t^2+4.1429t+93.946$

注：时间 t 为自变量，t=1，2，…，n，分别对应 2010 年以来各年份。

（三）预测结果

2025 年广州经济将实现稳定增长，地区生产总值增长率预计为 3.7%～5.1%，好于上年（2.1%）。从三次产业看，第一产业增加值增长率预计为 4.6%～5.5%，明显高于上年（1.0%）；第二产业增加值增长率预计为 2.3%～3.7%，较上年（0.7%）有所改善，对全年经济增长起到"稳定器"作用，其中工业增加值增长率有望转正；第三产业增加值增长率预计为 4.2%～5.6%，高于上年（2.6%），支撑全年经济稳定增长。从三大需求看，固定资产投资增长率预计为 4.5%～5.4%，明显好于上年（0.2%），其中房地产开发投资增长率有望实现正增长；社会消费品零售总额增长率预计为 3.0%～5.2%；进出口总值增长率预计为 -5.0～5.0%。从价格看，居民消费价格指数保持总体稳定，城镇居民消费价格指数增长率预计为 1.0%～2.0%（见表3）。

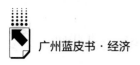

表3　2025年广州经济主要指标预测结果

单位：亿元，%

类别	2024年		2025年预测			
			低方案		高方案	
	实际值	增长率	预测值	增长率	预测值	增长率
地区生产总值	31032.50	2.1	32220.05	3.7	32654.51	5.1
第一产业增加值	334.47	1.0	363.94	4.6	366.95	5.5
第二产业增加值	7839.45	0.7	8029.08	2.3	8138.83	3.7
第三产业增加值	22858.58	2.6	23836.18	4.2	24156.20	5.6
全社会固定资产投资	8638.08	0.2	9026.79	4.5	9104.54	5.4
社会消费品零售总额	11055.77	0.03	11387.44	3.0	11630.67	5.2
进出口总值	11238.38	3.0	10676.46	-5.0	11800.30	5.0
城镇居民消费价格指数	100.1	0.1	101.1	1.0	102.1	2.0

四　对策建议

（一）加快建设"12218"现代化产业体系①，培育发展新质生产力

重点发展15个战略性产业集群。加快壮大6个新兴支柱产业：智能网联与新能源汽车产业推动整车电动化、智能化、国际化转型，加快推进自动驾驶商业化运营，打造万亿元级"智车之城"；超高清视频与新型显示产业构建覆盖上游显示材料、装备，中游面板、模组制造以及下游应用的完整产业链条，擦

---

① "12218"现代化产业体系："1"，即坚持"产业第一、制造业立市"一个总体要求。"2"，
　即把握制造业服务业"两业融合"、数智化绿色化"两化转型"两个主攻方向。"21"，即
　15个战略性产业集群和6个未来产业。其中，15个战略性产业集群包括智能网联与新能源
　汽车、超高清视频与新型显示、生物医药与健康、绿色石化与新材料、软件与互联网、智
　能装备与机器人6个新兴支柱产业，人工智能、半导体与集成电路、新能源与新型储能、
　低空经济与航空航天、生物制造5个战略先导产业，时尚消费品、轨道交通、船舶与海洋
　工程、智能建造与工业化建筑4个特色优势产业；6个未来产业包括智能无人系统、具身
　智能、细胞与基因、未来网络与量子科技、前沿新材料、深海深空。"8"，即现代金融、
　科技服务、专业服务、现代商贸、物流与供应链、会展、文化创意、旅游休闲8个现代服
　务业。

亮"世界显示之都"名片；生物医药与健康产业构建全方位、全链条、全流程政策支持体系，推动四大生物医药价值园区①形成全产业链闭环；绿色石化与新材料产业大力发展先进石化材料、前沿新材料等产业链，推动产业链高端化发展；软件与互联网产业打造链条强韧的信创、工业软件和工业互联网、区块链、数字创意、元宇宙等重点产业链集群；智能装备与机器人产业推动组建机器人产业创新联合体，打造全场景"机器人之城"。加力培育人工智能、半导体与集成电路、新能源与新型储能、低空经济与航空航天、生物制造5个战略先导产业，在提升产业规模能级的基础上，有效赋能其他产业发展。做强做优时尚消费品、轨道交通、船舶与海洋工程、智能建造与工业化建筑4个特色优势产业，推动产业数智化、绿色化转型。

前瞻布局6个未来产业。制定培育发展智能无人系统、具身智能、细胞与基因、未来网络与量子科技、前沿新材料、深海深空6个未来产业的实施方案，打造具身智能、智能无人系统、前沿新材料等首试首用示范应用场景，构建细胞与基因、未来网络与量子科技、深海深空等高能级创新平台体系，高质量建设生物医药与新型移动出行未来产业科技园。聚焦未来产业，推进创新联合体建设，构建"领军企业+产业园区+大院大所"协同创新模式，聚力突破一批"卡脖子""补短板"技术。布局建设全国高校区域技术转移转化中心，高质量建设环大学城、环中大、环五山三大创新策源地。建强用好粤港澳大湾区国家技术创新中心、颠覆性技术创新中心等创新平台，加快科技成果就地转移转化。谋划设立百亿元级广州未来产业基金，优化广州天使母基金运作机制，扎实推进AIC股权投资试点业务，引导更多长期资本、耐心资本积极布局未来产业赛道。

加快发展8个现代服务业。推动3个追赶先进类产业快速发展：现代金融业继续做好金融"五篇大文章"，推进国际金融城、期货产业园建设，支持广州期货交易所上市更多新品种；科技服务业统筹推进技术咨询、创意设计、研究开发、概念验证等高质量服务供给；专业服务业开展专业服务增值行动，提

---

① 四大生物医药价值园区：黄埔国际生物医药价值园区、南沙生命健康价值园区、越秀临床技术成果转化园区、荔湾现代中药与高端医疗器械园区。

升法律、人力资源、会计、审计等服务国际化水平。推动 5 个保持位势类产业提质增效:现代商贸业聚焦全面增强国际商贸中心功能,培育千亿元级、百亿元级现代商贸企业,强化与先进制造业、未来产业融合互促;物流与供应链业落地实施《广州市进一步支持现代物流与供应链高质量发展的若干措施》,申报商贸服务型国家物流枢纽,系统谋划发展平台经济、枢纽经济;会展业培育引进一批国际领先、引领市场的专业展会,围绕现代化产业体系实施"一产业一品牌"会展计划,推动以展促产、以产带展;文化创意业依托大数据、云计算、人工智能等技术的集成应用和创新,提升动漫、音乐、游戏、电子竞技等产业发展水平;旅游休闲业推进环南昆山—罗浮山县镇村高质量发展引领区建设,推动文商旅体深度融合发展。

创新推进"双招双引"工作。持续加大招商引资力度,实施好投资效能提升行动、央企招商攻坚行动、平台经济"北上行动"、外资合作拓展行动、产业策划招商行动、超级载体建设行动、投资矩阵组建行动、市内区域招商合作行动、城市品牌推广行动、队伍能力蜕变行动十大行动,围绕"12218"现代化产业体系实施精准招商,聚焦产业关键环节引进一批投资规模大、科技含量高、带动效应强的优质项目,全方位增强龙头带动力高、技术含量高、经济贡献高、成长性高 4 类高能级主体招引质效。积极打好招才引智组合拳,全面落实"百万英才汇南粤"行动计划,深入实施"广聚英才"人才工程,办好中国海外人才交流大会、大湾区科学论坛等国际化、高能级品牌活动,实施更开放、更精准、更高效的人才政策,探索建立首席科学家负责制,为引进的战略科学家、重点产业领域的科技领军人才和创新团队提供"绿色通道+政策定制"服务,实施"四高""四无忧"①政策,支持人才就业创业,打造各类产业人才的汇聚之地、成就之地。

(二)全方位扩大内外需求,有效推动国内国际双循环

推动消费扩容提质。高水平建设国际消费中心城市,提升"5+2+4"国

---

① "四高"指就业补贴高、创业扶持高、人才待遇高、培养资助高,"四无忧"指落户无忧、安居无忧、子女无忧、服务无忧。

际知名商圈体系①能级，加快一批优质商业载体建设。深入推进现代商贸流通体系、城市一刻钟便民生活圈建设等试点，创新发展电子商务。实施提振消费专项行动，出台现代商贸业高质量发展政策，加力扩围消费品"以旧换新"，推动大宗消费更新升级。出台服务消费专项政策，扩大家政、养老、托育等服务消费供给。继续办好国际购物节、国际美食节、直播电商节等主题活动，以商旅文体健大融合催生消费新场景新热点，推进国家级文化产业和旅游产业融合发展示范区、粤港澳大湾区北部生态文化旅游合作区建设，打造世界级旅游目的地。更好打造"羊城消费新八景"② 城市消费 IP，推进旅游强市建设，谋划打造"一城二都三中心"③ 城市名片。健全新型消费监管体制，完善质量标准、信用约束、综合治理、消费维权等制度，优化入境人员支付环境。

持续扩大有效投资。加快推进基础设施、新动能、民生保障和消费领域重点项目建设，聚焦关键核心技术攻关、新型基础设施等领域，以提高技术、能耗、排放等标准为牵引开展技术改造和设备更新投资。做好用地、环评、用能、资金等要素保障，创新固定资产投资项目管理工作机制，依法依规推行极简极速极便审批，推动项目加快落地、建设、投产、达产。支持存量企业增资扩产，建立跨区统筹和税收利益共享机制，储备建设一批增资扩产项目。优化完善招商工作机制，强化招商站点建设，招引一批引领性、标志性重大产业项目。加力"两重""两新"项目建设，积极申报超长期特别国债、中央预算内投资，扩大地方政府专项债券投向领域和用作项目资本金范围。创新投融资体制机制，有效盘活存量资产，推进消费基础设施等

---

① "5+2+4"国际知名商圈体系：建设天河路—珠江新城、长隆—万博、金融城—黄埔湾、白鹅潭、广州塔—琶洲 5 个世界级地标商圈，打造北京路—海珠广场、上下九—永庆坊 2 个岭南特色商圈，培育广州北站—白云机场、广州南站、南沙湾、广州东部交通枢纽 4 个枢纽型国际知名商圈。
② "羊城消费新八景"："行花街·花样广州""萌宠园·趣野广州""广交汇·好采广州""同船渡·粤韵广州""次元站·赛博广州""美食城·烟火广州""好汗场·活力广州""时尚圈·首发广州"8 个经典消费场景。
③ "一城二都三中心"："一城"指国家历史文化名城，"二都"指国际美食之都、国际时尚之都，"三中心"指国际演艺中心、国际赛事中心、国际会展中心。

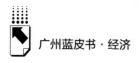

REITs 项目申报发行。谋划启动一批拟纳入"十五五"规划的项目。

着力稳外贸促外资。密切关注国际贸易环境，贯彻落实国家应对策略，并根据广州实际及时推出具有广州特色的应对措施。稳步扩大制度型开放，主动对接国际高标准经贸规则，营造有利于新业态新模式发展的制度环境，塑造开放型经济新优势。推进中国进出口商品交易会（广交会）创新机制、丰富业态、拓展功能，加快跨境电商综合试验区、出口海外仓建设，建成运营广州知识城综合保税区，做强"保税+"业态，加快建设粤港澳大湾区国际分拨集拼中心，打造一批内外贸融合发展平台，培育外贸新增长点。深化服务业扩大开放综合试点，积极发展服务贸易、绿色贸易、数字贸易，加强国家数字服务、文化出口基地建设。深化进口贸易促进创新示范区建设，扩大优质消费品、先进技术、重要设备、关键零部件等进口。出台实施稳外贸稳外资政策，推进通关、税务、外汇等监管创新，加快成立广州市出海企业商会，推进南沙"离岸易"综合服务平台建设。落实新版外资准入负面清单和全面取消制造业领域外资准入限制要求，实施新一轮外资奖励政策，加大外资企业再投资支持力度，研究制定外资研发中心支持举措，吸引跨国公司设立地区总部和研发中心。

（三）努力确保房地产市场止跌回稳，加力提速城市更新

努力确保房地产市场止跌回稳。做好全年楼市促销活动的策划工作，充分利用"五一""十一"黄金周和寒暑假期，常态化组织房博会、精品楼盘推介会、外销展示会等。鼓励各区因地制宜出台促销、去库存措施，精准支持居民刚性和改善性住房需求。稳步推进购买存量商品房用作安置房、保障房，积极推动在城中村改造项目中落实货币化安置政策，加快制定使用城中村改造专项借款购买存量商品房作为安置房的工作方案和工作指引。积极推动住房"以旧换新"工作，鼓励房企为换房者提供更多优惠，鼓励中介机构加快推进换房人旧房交易。切实用好房地产投融资对接工作机制，加大"白名单"项目贷款投放力度，推进合规项目"应进尽进"、已审贷款"应贷尽贷"、资金拨付"能早尽早"，满足房地产项目合理融资需求。持续推

动绿色、低碳、智能、安全的"好房子"建设，构建支持住房品质提升的制度和标准体系，推出更高品质、更舒适的住宅产品。

加力提速城市更新。加强城市更新统筹谋划，做好城市更新近期建设规划修编和"十五五"规划编制工作。构建城市体检和城市更新一体化推进机制，推动城市体检与城市更新数据赋能、业务联动。加快城中村改造项目建设，深入推进广州火车站、新中轴海珠、罗冲围、环五山等四大重点片区和专项借款项目改造工作，统筹做好改造区域产业焕新、公共服务完善、人居环境提升等工作，一体推进安置房、保障性住房、产业用房、公建配套设施建设，积极探索通过房票、购买存量商品房等方式促进多元化安置。坚持"成片开发、区域统筹"更新路径，围绕中心城区、四大重点片区、重点功能平台区域，谋划、储备更多城中村改造项目，成熟一个推进一个。健全城市更新多元投融资机制，多渠道拓展改造资金来源，充分利用城中村专项借款、专项债券以及申请中央财政城镇保障性安居工程补助资金等拓宽资金筹措渠道。用绣花功夫持续开展老旧小区改造，围绕打造完整社区，推动14个成片连片改造示范项目建设，深入探索"自筹资金、拆危建新"城镇危旧房改造路径，支持住宅老旧电梯更新改造。

（四）大力推动南沙开发开放和东部中心、北部增长极建设，优化提升各类产业发展平台

大力推动南沙开发开放。加快三个先行启动区基础设施建设、产业导入和功能提升，高标准建设庆盛枢纽区块、万顷沙保税港加工制造业区块等六大产业园区。加快建设具有南沙特色和优势的现代化产业体系，积极培育生物医药、集成电路、低空经济等新兴产业，聚焦创新药、疫苗、医疗器械等重点领域构建生物医药全产业生态，加快建设芯新产业园三期；巩固提升汽车、先进装备产业的竞争优势，鼓励自动驾驶企业与整车制造企业深度合作，推进中船黄埔文冲高端海洋装备研发制造基地建设；积极开辟未来产业新赛道，加强对未来网络、类脑智能、量子科技等产业的前瞻布局；推动现代服务业培优强链，加快筹设粤港澳大湾区国际商业银行，深化跨境贸易投

资高水平开放、跨境股权投资等试点。积极打造更优质的交通体系，推动南沙枢纽站房和周边道路开工建设，加快深江铁路、南珠中城际、狮子洋通道、大角山隧道、万龙大桥、庆盛大道南延线等项目建设。扎实推进深层次改革和引领性开放，深化全球数源中心国家数据基础设施等改革试点，稳步扩大制度型开放，吸引优质资源要素集聚。以全国十五运会和残特奥会筹办为契机持续深化与港澳协同联动，加快实施"湾区通"工程。

加快发展广州东部中心。积极推动东部中心上升为省级重大平台，进一步提升东部中心能级与地位。加快东部中心产业集聚与升级，提速发展集成电路、新型显示、新能源汽车、生物医药"芯显车药"四大战略性新兴产业，积极培育低空与航空航天、量子科技、具身智能、新材料等新赛道，着力打造一批具备核心竞争力的产业集群。加快东部公铁联运枢纽建设，提升生产服务型国家物流枢纽功能。强化科技创新平台建设，高水平建设粤港澳大湾区国家技术创新中心等国家技术创新平台，大力吸引贯通创新链、产业链的新型研发机构落户，提升科技成果转化能力，搭建"验证—中试—孵化"融合链条，加强产业科技创新合作。着力构筑高效便捷交通体系，加快广州东站至新塘站五六线等轨道交通工程建设，加快广深高速改扩建等高快速路建设，大力推动广州东部"断头路"道路联通工程。

着力推动北部增长极建设成形起势。聚焦"枢纽+产业"互促双强，高水平谋划建设新时代国际开放新平台（南方枢纽），加快广州白云国际机场、广州北站、广州国际港、白云站等枢纽扩容提质，提速推进广州白云国际机场三期扩建工程等项目建设，推进空铁一体化，提升现代枢纽经济发展水平，多措并举打造白云港产城融合发展区，依托临空经济示范区、粤港澳大湾区"绿能谷"等平台载体，推动箱包皮具、化妆品等传统优势产业数字化转型、品牌化提升，加快构建"3+5+4"重点产业体系[①]，

---

① "3+5+4"重点产业体系："3"指枢纽运输与现代物流、航空运营与服务保障、先进交通装备制造三大空铁核心产业，"5"指汽车智造、时尚智造、新一代信息技术、生物医药与健康、新能源与储能五大先进制造业，"4"指现代会展、跨境电商与数字贸易、特色金融、现代都市消费四大现代服务业。

形成"大交通""大物流""大智造""大商旅"发展新格局。聚焦"改革+开放"双轮驱动，做大做强花都国家级经开区综合功能平台，深化国家级经开区体制机制改革，探索"管委会+市场化公司"管理运行模式和"限地价+竞技术"供地出让方式。聚焦"城市+乡村"融合发展，加力提速推进"百千万工程"，积极推动国家城乡融合发展试验区广清接合片区改革创新。

优化提升各类产业发展平台。推动中新广州知识城上升为中新政府间合作项目，打造具有全球影响力的国家知识中心，推进番禺经开区升级建设国家级经开区、天河智慧城和天河智谷片区升级建设国家级高新区，加快建设琶洲人工智能与数字经济试验区、荔湾省级产业园区、从化绿色发展示范区。根据各类平台区位优势、资源禀赋、功能定位等特点，统筹做好主导产业选择、招商引资等工作，引导和支持大产业大项目向重点发展平台集聚，提升特色产业平台主题化、集约化、品质化水平，推动各类平台在产业能级、创新能力、开放水平等方面实现新突破。鼓励各区因地制宜策划建设一批产业平台，努力打造更多增长点、增长极。加快现有产业发展载体存量增效，持续推动村镇工业集聚区更新改造，及时总结前期试点项目推进中形成的可复制可推广的经验做法，进一步探索创新工作机制，积极推进荔湾区西塱村村镇工业集聚区等项目建设。

（五）加快推进"百千万工程"和粤港澳大湾区建设，全面促进城乡区域协调发展

推动"百千万工程"实现"三年初见成效"。大抓产业发展，大力发展森林康养、生态旅游等绿色产业，全力打造"穗"字种业、精品花卉等七个百亿元级产业集群，做精做深农产品加工，拓展乡村民宿、农事体验、农旅融合等新业态。大抓人居环境建设，因地制宜提升美丽圩镇品质，加强农房风貌管控提升，打造一批绿美生态建设示范点，大力发展林下经济，加快建设森林步道、绿美碧带、社区公园、口袋公园。大抓公共服务和社会治理，推动基础设施向镇村延伸，推进水、电、气等设施更新改造，优化

"一老一小"综合服务,办好长者饭堂、长者学堂,加快普惠托育机构镇街全覆盖,推动义务教育阶段公办农村学校、新建学校、相对薄弱学校集团化办学全覆盖,加快建设省级区域公共卫生中心。大抓体制机制改革,推进全域土地综合整治扩面提质,深化"金融村官"、农村职业经理人省级试点,抓实扩权强区和强区扩权、赋权强镇和强镇赋权等领域改革。大抓社会力量参与,分类推进强区促镇带村,做深做实"千企帮千镇、万企兴万村",凝聚高校、群团、社会组织、专家学者、"三胞"等力量,进一步深化帮扶协作。

加快推进粤港澳大湾区建设。推动粤港澳大湾区交通基础设施互联互通,加快深江铁路、狮子洋通道、南珠中城际等项目广州段建设,推进"港澳药械通""长者医疗券"扩面提质,优化粤港澳游艇自由行等政策。促进粤港澳大湾区规则深度衔接,落实第三批27项与港澳规则衔接机制对接事项清单。优化粤港澳大湾区营商环境,推动粤港澳大湾区打造统一大市场公平竞争先行区。助力粤港澳大湾区产业发展,持续推进广深港澳科技创新走廊建设,发挥好环港科大(广州)创新区等平台作用,推动科技与产业互促双强,加快共建电子信息、新材料、生物医药等粤港澳大湾区国家级先进制造业产业集群。唱响"激情全运会、活力大湾区"主题旋律,做好全国十五运会和残特奥会服务保障,全力打造彰显制度优势、展示湾区特色、体现岭南风格的精彩体育盛会。

(六)不断深化重点领域改革攻坚,努力优化提升营商环境

深化重点领域改革。全面实施零基预算改革,强化重点领域财政保障,深化财政资金"补改投"改革,优化支出结构。完善国有企业主责主业管理,推动国企开展战略性重组和专业化整合,加快盘活存量资产资源,着力增强核心功能和提高核心竞争力,打造一批现代新国企。深入落实"两个毫不动摇",支持民营经济发展壮大,推动《广州市支持民营经济发展条例》落细落实,搭建民营经济发展综合服务平台,完善民营企业参与重大项目建设长效机制,支持有能力的民营企业牵头承担重大技术攻关任务。深

化广东省要素市场化配置综合改革试点，完善多层次政府性融资担保体系，发挥融资担保风险补偿资金池作用，落实支持小微企业融资协调机制，探索个体工商户信用风险分类结果应用，推动生产要素畅通流动、各类资源高效配置、市场潜力充分释放。

持续优化提升营商环境。深化国家营商环境创新试点，深入实施"干部作风大转变、营商环境大提升"专项行动，纵深推进"营商环境改革一号工程"，完善涉企全生命周期服务体系，创新推出产业增值服务，产业规划、产业政策、产业要素配置共同发力，打造产业友好型、企业友好型、企业家友好型营商环境。全面加强政务服务渠道建设和模式创新，深化"12345"政务服务便民热线平台和"穗@i企"平台建设，完善政策直达快享、"免申即享"等机制，提升诉求响应质效。持续深化商事制度改革，深化完善商事登记"穗港通""穗澳通"等"跨境通"服务体系。健全涉企收费监管、防范化解拖欠企业账款机制，全面实施涉企"综合查一次"制度。深入推进信用品牌建设提质增效，全面提升"信易贷"服务质效。

参考文献

《中华人民共和国 2024 年国民经济和社会发展统计公报》，国家统计局网站，2025 年 2 月 28 日，https：//www. stats. gov. cn/sj/zxfb/202502/t20250228_1958817. html。

《2024 年广州市国民经济和社会发展统计公报》，广州市统计局网站，2025 年 4 月 8 日，http：//tjj. gz. gov. cn/stats_newtjyw/tjsj/tjgb/qstjgb/content/post_10203416. html。

《政府工作报告》，中国政府网，2025 年 3 月 5 日，https：//www. gov. cn/gongbao/2025/issue_11946/202503/content_7015861. html。

《2025 年 1 月 15 日广东省省长王伟中在广东省第十四届人民代表大会第三次会议上作政府工作报告》，广东省人民政府网站，2025 年 1 月 19 日，http：//www. gd. gov. cn/gdywdt/zwzt/2025gdlh/ywbd/content/post_4656839. html。

《2025 年广州市政府工作报告》，广州市人民政府网站，2025 年 2 月 27 日，https：//www. gz. gov. cn/zwgk/zjgb/zfgzbg/content/post_10134039. html。

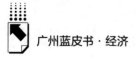

World Bank，"Global Economic Prospects 2025"，https：//openknowledge. worldbank. org/
entities/publication/11e10c6d-6587-477b-a69c-f368cfb3a0a4.

International Monetary Fund（IMF），"Global Growth：Divergent and Uncertain"，
https：//www. imf. org/en/Publications/WEO/Issues/2025/01/17/world-economic-outlook-
update-january-2025.

经济运行篇

B.2
2024年广州工业发展情况及2025年展望

欧江波 李 哲 唐碧海*

摘 要： 受新旧动能转换阵痛凸显、有效需求不足等因素影响，2024年广州工业经济明显承压，主要指标负增长，呈现支柱产业出现分化、新兴产业稳步发展、工业投资较快增长、专精特新企业培育提速、产业载体增量提质、区域分化比较明显等特征。展望2025年，广州工业发展既存在技术创新不断突破、数字化智能化持续推进、政策支持力度加大等有利条件，也面临国内外经济下行压力较大、区域竞争比较激烈、新动能发育不足等挑战，主要指标有望实现正增长。本报告建议着力拓展国内外市场、不断推进工业转型升级、积极培育新兴产业、扎实做好招商引资和企业服务、加快优化产业载体，持续推动广州工业高质量发展。

---

* 欧江波，博士，广州市社会科学院经济研究所所长、研究员，研究方向为宏观经济、产业经济、房地产经济；李哲，博士，广州市社会科学院经济研究所助理研究员，研究方向为宏观经济、国际经济；唐碧海，博士，广州市社会科学院经济研究所研究员，研究方向为宏观经济、数量经济。

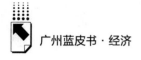
关键词： 工业 制造业 广州

一 2024年广州工业发展情况

受新旧动能转换阵痛凸显、有效需求不足等因素影响，2024年广州工业经济明显承压，规模以上工业总产值、增加值分别为22675.18亿元、4791.44亿元，比上年下降2.7%、3.0%（见图1），规模以上工业企业营业收入和利润总额分别为23884.64亿元、1333.34亿元，比上年下降2.5%、3.9%。从横向对比来看，广州规模以上工业增加值增速明显低于全国（5.8%）、广东省（4.2%），也明显低于北京（6.7%）、上海（2.2%）、深圳（9.7%）、重庆（7.3%）等主要城市。

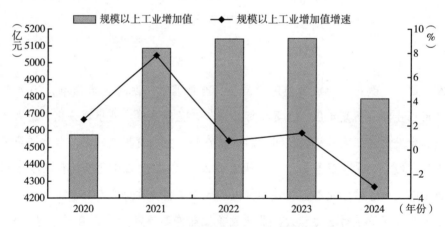

图1 2020~2024年广州规模以上工业增加值及增速

资料来源：广州市统计局。本报告后续图表若未注明资料来源，均来源于广州市统计局。

（一）支柱产业出现分化

2024年工业三大支柱产业完成规模以上工业总产值10632.54亿元，下降8.2%。其中，由于汽车产业仍处"油电转换"期、传统燃油车市场不景气、广州燃油车占比较高等因素，汽车产业大幅回落，全年汽车产量为253.98万辆、下降20.0%，汽车制造业完成规模以上工业产值5054.3亿元、下降18.2%；在技术创新突破、增芯等重点项目竣工投产、市场需求回暖等因素推动下，电子产品制造业稳定增长，完成规模以上工业总产值3564.11亿元，增长3.7%；石油化工制造业稳步增长，完成规模以上工业总产值2014.13亿元，增长3.8%（见图2），其中以化妆品为代表的精细化工产业受益于国产替代趋势和线上渠道表现强劲等因素，发展势头总体良好。

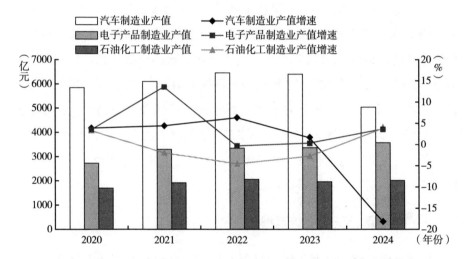

图2　2020~2024年广州工业三大支柱产业规模以上工业总产值及增速

（二）新兴产业稳步发展

持续加码新兴产业支持政策，先后出台《广州市数字经济高质量发展规划》《广州市推动物联网产业高质量发展行动计划（2024—2028年）》等重要文件。2024年全市战略性新兴产业增加值为10022.52亿元，增长0.8%，其中新一代信息技术产业增加值1959.51亿元，增长10.2%，服务机器人、模拟芯片、集成电路圆片等新一代信息技术产品加快产出，产量分别增长22.0%、23.7%、68.9%，液晶显示屏更是实现2.3倍的增长。高技

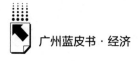

术制造业持续积蓄发展动能，全年实现增加值963.25亿元，增长2.6%，其中航空、航天器及设备制造业增加值为27.45亿元，增长16.3%。

（三）工业投资较快增长

工业投资保持较快增长，2024年全市工业投资总额达1710.90亿元，增长13.6%，连续三年实现两位数增长，其中工业技术改造投资增速达22.1%，企业转型升级步伐明显加快。汽车零部件制造业在2023年投资快速增长的基础上，继续保持强劲增长势头，2024年实现投资额129.43亿元，增长32.6%。电子产品制造业投资快速增长，2024年实现投资额620.10亿元，增长20.8%。反映新兴领域发展后劲的高技术制造业投资保持较快增速，2024年增长14.3%，连续四年实现两位数增长。民间资本对工业经济的投入保持热度，全年民间工业投资增长6.8%，其中民间工业技改投资增长15.0%。工业项目建设持续推进，2024年全市新开工入库工业项目1462个，增长38%，其中新开工10亿元以上的工业项目有53个，粤芯三期、南网数字电网科技、智光储能、广本新能源车等多个工业项目竣工投试产，为广州工业发展增添新动力。

（四）专精特新企业培育提速

广州已建立市、区两级联动机制，全面推进专精特新企业梯度培育工作。通过精准对接中小企业发展需求和个性诉求，在资金支持、园区建设、技术改造、用地用房、交通出行等多个领域为企业提供全方位支持。得益于这一系列培育举措，广州在专精特新企业培育方面成效显著，截至2024年，全市共有354家国家级专精特新"小巨人"企业、5847家省级专精特新中小企业，其中2024年新增国家级专精特新"小巨人"企业106家，民营经济成为专精特新企业的主体。

（五）产业载体增量提质

持续完善工业用地政策体系，保障产业发展空间，2024年获批工业用地 12.01 平方公里，批复面积创近 10 年新高。低效用地再开发政策体系不断完善，印发实施《广州市支持低效用地再开发惠企利民促进经济社会发展若干措施（试行）》《广州市低效用地再开发模式路径工作指引（试行）》等多个政策文件。村镇工业区改造持续深化，荔湾区葵蓬村村镇工业集聚区、白云区大源智慧汽车产业园村镇工业聚集区、花都区新庄村村镇工业集聚区等 12 个项目被列为 2024 年广州市村镇工业集聚区更新改造试点项目，通过以点带面，推进全市村镇工业集聚区提质增效。园区建设取得显著进展，智达新能源汽车零部件产业园、广州国际智慧创新产业园、广州产投大湾区数字经济和生命科学产业园等一批园区开工建设，华为广州研发中心、广州大学黄埔研究院主体结构完工。

（六）区域分化比较明显

2024 年广州各区工业增长呈现分化态势，规模以上工业总产值实现正增长的有 7 个区，负增长的有 4 个区（见图 3）。工业大区回落明显，黄埔区、南沙区、番禺区、花都区和增城区等 5 个工业大区工业产值合计占全市总量比重超过八成，2024 年该 5 区规模以上工业产值增速分别为−2.3%、−10.8%、−7.8%、−1.8%、2.0%，只有增城区为正增长，主要是受传统燃

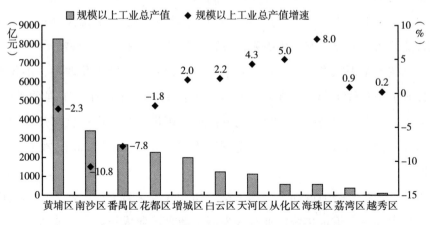

图 3 2024 年广州各区规模以上工业总产值及增速情况

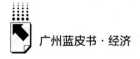

油车下行、新能源汽车竞争激烈等因素影响。其他 6 个区规模以上工业产值虽然实现了正增长，但难以抵消主要工业大区的下行压力。

二　2025年广州工业面临的形势及趋势展望

（一）面临的机遇

一是技术创新不断突破。我国坚持以科技创新引领现代化产业体系建设，企业科技创新主体地位进一步增强，越来越多的企业与高校、科研机构共建实验室等研发平台，企业主导的产学研深度融合不断加强。生物医药、新能源、低空经济、海洋经济、航空航天等领域核心技术实现突破，多个产业新赛道具备较大的发展潜力，成为资金流入的重点领域，市场活跃度不断提升，支撑经济高质量发展的新支柱正在加速形成。在全国技术创新的推动下，广州工业发展的活力将持续释放。

二是数字化、智能化持续推进。2024 年，随着工业 4.0 的深入发展，全球越来越多的制造业企业开始采用工业物联网、大数据、人工智能等技术，提升生产效率和产品质量，降低生产过程中的潜在风险；5G 技术的普及为制造业提供了高速网络支持，大幅提高了生产线的自动化水平。国内数字创新能力不断增强，数字经济与实体经济融合发展加速推进，广州以智能装备与机器人产业为引领，加速推进传统行业深度转型升级。通过数智化技术全面赋能，大量企业对生产线和设备进行智能化改造，不仅有效提升了生产效率和产品质量，更为新产品研发与生产注入了强劲动能，推动传统制造业向高端化、智能化方向加速迈进。数字产业化与产业数字化形成的合力有助于广州工业朝创新驱动、高效集约、高附加值方向发展。

三是政策支持力度加大。国家持续加大政策保障力度，加力推动关键核心技术攻关，促进传统产业升级发展、新兴产业成长壮大、未来产业加快布局；加快民营经济促进法立法进程，构建促进民营经济发展的制度保障体系，为工业发展培育良好环境；增加发行超长期特别国债支持"两重"项目和"两新"政策的实施，释放了消费潜力，促进了产业发展。广东省着力优化工业发展政策环境，出台《广东省制造业高质量发展促进条例》，促进产业发展与平台建设，推动投资促进与企业发展，完善要素配置与服务保障，加力支持"两重""两新"。广州深入贯彻全国、广东省制造业高质量发展精神，相继出台多项政策，着力推动结构优化、投资跃升、引优育强、数智赋能、空间革新和要素保障。国家、省、市政策支持力度的不断加大为广州工业经济规模的稳步扩张、实现发展质量的显著提升提供动力。

（二）存在的挑战

一是国内外经济下行压力较大。一方面，美国的新关税政策特别是中美贸易摩擦，给全球经济增长带来巨大的不确定性，我国外需市场面临显著波动风险。另一方面，国内经济运行仍面临不少困难和挑战，有效需求不足问题尚未根本缓解，消费和投资增长达到预期目标仍存压力，需求端走弱态势逐步向供给端传导，导致产品销售价格回落，企业盈利空间受到挤压。

二是区域竞争比较激烈。一方面，大国竞争加剧、地缘冲突泛起等因素叠加，主要大国在经贸合作与产业安全问题上愈加偏向于本国优先主义与保护主义，多国出台战略产业扶持与鼓励回流举措。另一方面，粤港澳大湾区产业同质化比较明显，各城市在产业、项目、技术、资金、人才等方面竞争激烈，对广州工业发展和产业升级造成较大压力。

三是新动能发育不足。一方面，广州传统制造业占比过高，科技创新能力相对薄弱，难以支撑经济高质量发展，特别是在汽车产业遭遇转型阵痛后，缺乏具有同等带动效应的新支柱产业接续发展，战略性新兴产业尚未形成足够增量，难以弥补传统产业下滑；另一方面，制造业高端化、智能化转型面临多重制约，由于主观认识不足、技术能力欠缺、转型成本高、见效周期长、复合型人才匮乏等，不少制造业企业陷入"不愿转、不会转、不敢转"的状态，制约了新动能对工业经济的赋能进程。

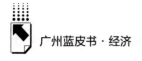

（三）发展展望

尽管国内外存在诸多不确定因素制约工业发展，但广州工业发展的内生动力仍然比较稳固，2025 年广州工业经济有望实现止跌回稳。从三大支柱产业来看，汽车产业将加快转型升级，正全力推动汽车产业实现电动化、智能化、国际化转型，支持新能源（含混合动力）新车型加速量产，小鹏汽车、广汽埃安等销量正逐步提升，产值下滑有望得到缓解；电子产品制造业将持续向好，投资和产出将延续 2024 年增长态势，加速向高端化、智能化转型，新型技术改造步伐将不断加快，重点培育的半导体与集成电路产业"一核两极多点"布局将持续优化；石油化工制造业将稳定增长，全市石化产业具有产业链条完整、龙头效应显著、集群特征突出、化工园区布局合理等优势，在总体需求相对稳定、化妆品等精细化工产业成长较快等利好因素带动下，2025 年广州石化产业增长具有较强支撑。从先进制造业和战略性新兴产业来看，随着广州市不断加大政策支持力度，优化产业营商环境，新一代信息技术、新能源与节能环保等产业发展水平将加速提升，园区支撑、产业链优化、创新集聚、生态完善的产业创新体系将加快形成。综合来看，在多政策、多产业协同发力下，2025 年广州工业增速有望实现由负转正，呈现稳步回升态势，预计全年工业增加值增速将处于 1.6%~3.1%。

三　2025年促进广州工业高质量发展的对策建议

（一）着力拓展国内外市场

着力拓宽国内市场，实施提振消费专项行动，进一步在"两新"政策加力扩围上下功夫，通过拓展品类、扩大消费券发放范围，持续释放消费潜力，进一步带动汽车、家电、数码类产品消费。大力推广产业互联网与消费互联网融合，支持有条件的工业企业设置销售公司，打造立足广州、辐射全国的销售体系，着力推动汽车后市场高质量发展，鼓励有条件的专业市场、电商平台构建多渠道、多业态的汽车配件流通网络。

积极开拓工业国际市场，构建系统化、全链条的贸易风险应对机制，为应对贸易摩擦做好充分准备。建立常态化跟踪机制，紧盯美国、欧盟等主要贸易伙伴的关税政策变化与国际贸易规则的演变趋势，及时研判全球经贸格局变化中可能出现的机遇与挑战。密切关注外资外贸企业最新情况，及时掌握企业在订单情况、供应链调整、市场拓展等方面的最新动向，建立快速响应机制，针对企业生产经营中融资困难、物流不畅等问题，尽早协调解决；通过遴选、聘请国际知名人士和专家担任海外名誉顾问，组建调解专家库，为企业提供战略指导和行业洞察，打通商事纠纷解决渠道，健全涉外商事法律服务体系，降低企业"走出去"风险。

（二）不断推进工业转型升级

大力推动支柱产业转型升级。着力营造汽车产业新优势，积极吸收粤港澳大湾区其他周边城市的优质资源，深化产学研合作，实现优势互补，推动技术攻坚，补齐电池材料、车规级芯片、智能驾驶、车载操作系统等关键零部件的短板，推动整车向新能源化、智能化转型，完善高等级自动驾驶的验证、示范、准入、运营环境，分阶段、分领域、分等级推动智能网联汽车在共享出行、清洁环卫、智慧物流等场景落地。巩固电子产品制造业，加快粤芯、增芯等重大项目建设和产能"爬坡"，补齐集成电路制造、先进封测等短板。做大做强石化产业集群，打造更具竞争力的绿色石化与新材料产业生态。

引导支持企业转型升级。强化转型引导与服务支撑，通过举办数字化转型专题讲座、政策解读会，组织龙头企业参访及行业上下游交流活动，拓宽企业转型信息渠道；遴选优质数字化转型服务商，为企业提供权威咨询诊断服务；构建"政府+协会+智库+企业"四方联动体系，搭建政企直通平台，支持商协会发挥"网格联"作用，联合龙头企业开展行业共性难题调研与解决方案攻关。优化资源供给，实施财政资金"集中支持"计划，重点扶持转型意愿强烈的企业和园区，形成示范效应后向中小企业推广；推动设立支持中小企业数字化转型的"数字贷+贷款贴息+贷款风险补偿+数字化转型知识产权质押贷款"等全链条金融工具；通过放宽人才绿卡年龄限制、降低积分入户门槛、丰富优质教育与医疗资源、加强数字化人才培训体系建设等方式强化人才保障；在数据共享、供需对接等市场失灵的环节为企业提供更多的资源和服务支撑。

（三）积极培育新兴产业

不断提升工业创新能力。积极探索前沿技术，设立"科学家+企业家+投资家"协同的前沿技术发现机制，建立重点项目和重点企业"双库"，发掘一批颠覆性创新成果。促进产业协同创新，构建"政产学研用"协同创新体系，布局产业导向型实验室和行业创新中心，与高校、科研院所合作开展产学研项目，进一步加强产业链上下游合作，共同开展技术攻关和产品研发。充分促进成果转化，打造百个首试首用示范应用场景，推进生物岛实验室、穗港澳协同创新中心等7个科技成果转化试点建设。夯实创新要素保障，加快推进5G基站、大数据中心、人工智能、工业互联网等新型基础设施建设；加大对关键技术和零部件研发的资金支持力度，坚持投早、投小、投硬科技、投长期，整合组建百亿元规模的未来产业基金，引导市场资本、产业资本，共同打造面向前沿科技的耐心资本和战略资本，设立专项研发基金，鼓励企业申报国家级、省级科研项目；加强人才培养与引进，加强高校和职业院校机器人相关专业建设，与企业合作开展人才培养项目，培养适应企业创新需求的专业人才。

积极发展新兴产业。通过科技创新为产业赋能，全力发展智能网联与新能源汽车、超高清视频与新型显示等6个规模较大、支撑作用较强的新兴支柱产业，定向发展人工智能、半导体与集成电路等5个战略先导产业，着力推动时尚消费品、智能建造与工业化建筑等4个特色优势产业转型升级、做大做强。立足自身所能、梯度发展，分级分类抓好重点企业、工程和项目，共建电子信息、新材料等粤港澳大湾区国家级先进制造业产业集群。

（四）扎实做好招商引资和企业服务

扎实做好招商引资。发挥"1+3+3"① 全新招商引资体系作用，不断增强社会动员能力、问题分析能力、项目谋划能力和资源整合能力，锻造高水平、专业化、国际化的招商队伍，建强招商网络体系，拓展中国香港、欧洲、日韩等海内外招商渠道，开展精准靶向招商，支持世界500强、跨国公司在穗开展绿地投资和并购投资，招引谋划一批打基础、利长远、增后劲的重大项目。

优化企业服务。构建空间载体、金融支持、人才引育、智库支撑、机制创新"五位一体"的招商支撑体系。完善产业配套服务，用心招引大项目、好项目，精准、充足匹配土地、园区等要素资源，提升贸易、投资、人员出入境、资金和数据跨境流动便利化水平，提供人才安居、子女入学、医疗保障等"一揽子"服务。构建从项目招引、审批服务到落地建设的全周期管理体系，聚焦项目立项、用地审批、规划许可等关键环节，明确责任单位和完成时限，同时为项目单位提供全流程指导。完善协同推进工作机制，定期组织专题调度会协调推进项目建设，推动问题协调的多层次、多部门协同联动，为工业发展提供坚实支撑。

（五）加快优化产业载体

着力促进产业平台建设。推动南沙开发建设全面展开，让南沙成为新兴产业、未来产业的发展高地；加快东部中心产业成形起势，促进集成电路、新型显示等重点产业集群发展，打造辐射华南的先进制造业基地和生产性服务业中心；力促北部增长极向空而强，推进民航新质生产力产业园、低空经济产业园建设；支持各级各类开发区、高新区、综保区提级赋能，推动广药白云山时尚中药谷天华园项目、万孚知识城生物安全创新产业基地、TCL空

---

① "1+3+3"：由广州市投资发展议事协调机构"抓总"，广州市投资发展委员会办公室、各区党委政府、广州市属国企招商平台3个招商主体"主战"，广州市行业主管部门、各类投资主体、招商中介机构3类协同主体"联动"，重构集成式体系化的招商格局。

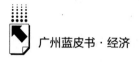

调广州智能制造产业园项目、芯新产业园三期项目、广州白云新型储能产业园（一期）、低空经济产业园首开区等一批重点项目建设。

增加工业用地供应，提升土地用地效率。完善多元供地模式，推行产业用地先租后让、弹性年期出让、长期租赁等，满足不同发展阶段企业用地需求；推动土地资源向重点区域、产业和项目集聚投放，优先保障中心区域、近郊热点区域优质地块、重点项目的用地需求，着重安排广州人工智能与数字经济试验区、南沙明珠湾起步区、白云新城等重点区域用地供应。完善产业空间布局规划，加快推动闲置低效用地再开发，持续深化村镇工业集聚区改造，做优工业产业区块，持续建设一批标准厂房、定制厂房，推出更多产业保障房，为企业提供高品质、高性价比的发展空间。

参考文献

《2024 年广州经济运行情况》，广州市统计局网站，2025 年 1 月 27 日，https：//tjj. gz. gov. cn/stats_newtjyw/sjjd/content/post_10096827. html。

《2024 年广州经济运行情况解读》，广州市统计局网站，2025 年 1 月 27 日，https：//tjj. gz. gov. cn/stats_newtjyw/sjjd/content/post_10096824. html。

《2024 年广州市国民经济和社会发展统计公报》，广州市统计局网站，2025 年 4 月 8日，https：//tjj. gz. gov. cn/stats_newtjyw/tjsj/tjgb/qstjgb/content/post_10203416. html。

《2025 年广州市政府工作报告》，广州市人民政府网站，2025 年 2 月 27 日，https：//www. gz. gov. cn/zwgk/zjgb/zfgzbg/content/post_10134039. html。

B.3
2024年广州商贸流通业发展情况及2025年展望

伍晶 陈璐 李哲*

摘　要： 2024年，广州消费市场表现偏弱，交通运输稳步增长，对外贸易总体平稳，行业内部结构分化较为突出，批发和零售业表现低迷，住宿和餐饮业较快增长，旅客运输增势好于货物运输，商品出口表现明显好于进口。展望2025年，扩大内需仍然是宏观政策的主要着力点，广州商贸流通业发展既拥有良好的政策环境、技术的有力推动、消费市场空间稳步扩大等一系列有利条件，也存在全球经济形势充满巨大不确定性、我国经济运行还面临不少困难和挑战、行业竞争压力增大而要素短板比较明显等一系列不利条件。本报告建议以更大力度提振消费、以更高标准提升城市交通枢纽能级、以更优条件扩大高水平对外开放、以更实举措持续优化营商环境，促进广州商贸流通业进一步发展。

关键词： 商贸业　交通运输业　广州

一　2024年广州商贸流通业发展状况

2024年，广州消费市场表现偏弱，交通运输稳步增长，对外贸易总体

---

* 伍晶，广州市社会科学院经济研究所副所长、副研究员，研究方向为宏观经济、服务经济、人口与劳动经济；陈璐，博士，广州市社会科学院经济研究所助理研究员，研究方向为宏观经济、房地产与金融经济；李哲，博士，广州市社会科学院经济研究所助理研究员，研究方向为宏观经济、国际经济。

平稳。行业内部结构分化较为突出，批发和零售业表现低迷，住宿和餐饮业较快增长，货物运输保持稳定，旅客运输增势较好，商品进出口中出口表现明显好于进口。与主要城市比较，广州商贸流通业增加值在五大城市中仅次于上海、位居第二，占地区生产总值的比重在五大城市中最高。受有效需求不足和上年高基数影响，2024年广州批发和零售业实现增加值4068.40亿元、比上年下降4.1%（见图1），住宿和餐饮业实现增加值585.21亿元、增长2.4%（见图2），增速同比分别回落11.5个、8.1个百分点；交通运输、仓储和邮政业实现增加值1949.50亿元、增长12.7%（见图3），增速同比提高0.5个百分点。商贸流通业合计占地区生产总值的比重为21.3%，占比较上年下降1.1个百分点。

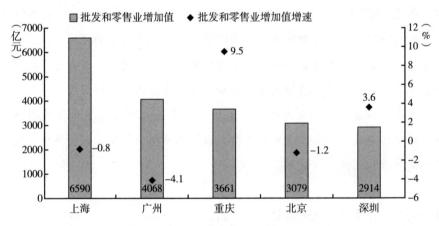

图1 2024年五大城市批发和零售业增加值情况

资料来源：各市统计局。

（一）批发和零售业表现低迷，住宿和餐饮业较快增长

2024年，广州实现社会消费品零售总额11055.77亿元，连续四年突破万亿元，规模居全国第四，比上年增长0.03%（见图4），增速仅高于北京（-2.7%）、上海（-3.1%）、天津（-3.1%），不及全国平均（3.5%）、广东省平均（0.8%），也不及武汉（5.3%）、苏州（4.8%）、重庆（3.6%）、

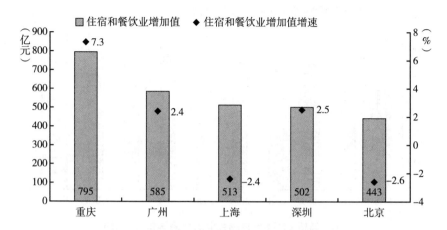

图2　2024年五大城市住宿和餐饮业增加值情况

资料来源：各市统计局。

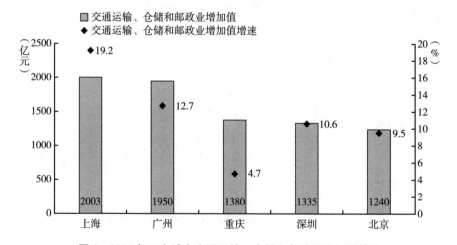

图3　2024年五大城市交通运输、仓储和邮政业增加值情况

资料来源：各市统计局。

成都（3.3%）、杭州（2.8%）、深圳（1.1%）（见图5）。

从商品类别来看，汽车类、石油及制品类消费表现低迷，对社会消费品零售总额的下拉影响比较大。在限额以上批发和零售业销售商品分类中，占比居前六位的商品四降两升，汽车类、石油及制品类、通信器材类和服装、

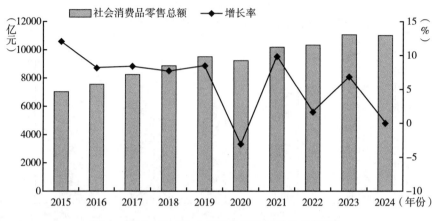

图 4 2015~2024 年广州社会消费品零售总额情况

资料来源：广州市统计局。

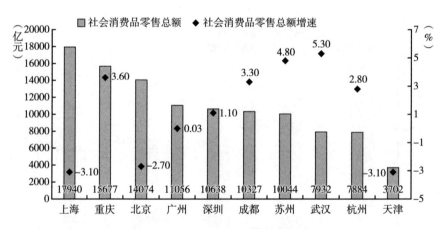

图 5 2024 年主要城市社会消费品零售总额情况

资料来源：各市统计局。

鞋帽、针纺织品类分别下降 15.3%、6.5%、5.8%、2.5%，粮油、食品类和中西药品类分别增长 9.0%、5.2%。此外，家具类、化妆品类、体育娱乐用品类、烟酒类表现较好，分别增长 55.4%、13.8%、13.1%、10.2%，但总体占比不高。

批发和零售业表现低迷，住宿和餐饮业较快增长。批发和零售业高开低走，由1~2月增长6.2%一路下行，1~6月出现负增长（-0.3%），1~8月达到年内增速最低（-0.7%），之后略有回升且小幅波动，1~10月达到0.4%，全年下降0.1%。住宿和餐饮业前高后低，保持了较快增长，由1~2月增长10.2%逐月回落，至1~9月、1~10月为年内最低点（1.4%），随后略有回升，全年增长1.8%（见图6）。

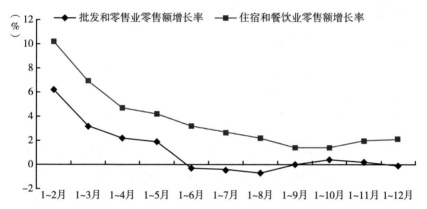

图6　2024年广州批发和零售业及住宿和餐饮业零售额增长情况

资料来源：广州市统计局。

2024年，广州11区中社会消费品零售总额超过1000亿元的有5个区，分别为天河区（2113.48亿元）、黄埔区（1680.94亿元）、越秀区（1337.27亿元）、番禺区（1319.54亿元）、白云区（1165.55亿元），合计占全市的68.9%。从各区增长情况来看，黄埔区、花都区、增城区表现较好，分别增长6.1%、1.9%、1.6%。

（二）旅客运输较快增长，货物运输和港口运行比较平稳

交通运输业增长良好，旅客运输保持较快增长，货物运输和港口运行表现比较平稳。2024年，随着居民商务、务工、观光旅游、探亲访友等需求继续释放，全年客运量保持快速增长，货运量增长比较稳定，港口生产稳步恢复。1~2月货运量增长率处于高位（9.6%），主要受上年基数较低影响，随后走低并在0.8%~2.7%波动，1~4月为年内最低点（0.8%），1~11月为年

内次高点（2.7%），全年增长 2.4%（见图 7）。客运量增长率前高后低，1~2
月为最高点（30.5%），随后一路下行，全年增长 9.0%（见图 8）。港口生产
运行平稳，港口货物吞吐量、集装箱吞吐量保持"双增长"。

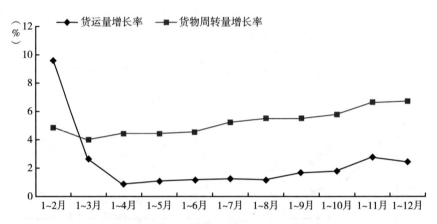

图 7　2024 年广州货运量和货物周转量增长情况

资料来源：广州市统计局。

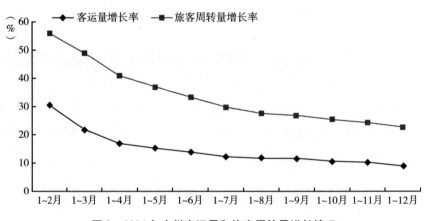

图 8　2024 年广州客运量和旅客周转量增长情况

资料来源：广州市统计局。

公路货运、水路货运是最主要的货物运输方式。公路货运量、水路货运
量合计占比为 94.5%。2024 年广州完成货运量 9.51 亿吨，比上年增长

2.4%（见图9）。公路货运量、水路货运量、铁路货运量、管道货运量、航空货运量分别完成52214.44万吨、37657.05万吨、2553.91万吨、2516.16万吨、151.38万吨，分别占全市货运量的54.9%、39.6%、2.7%、2.6%、0.2%，其中，公路货运量占比较上年提高0.5个百分点，水路货运量占比较上年下降0.6个百分点。从增长情况看，航空货运量快速增长，增速为13.8%；管道货运量较快增长，增速为6.1%；水路货运量低位增长，增速为0.9%。2024年广州完成货物周转量24411.35亿吨公里，增长6.6%。其中，水路货物运输周转量完成23525.67亿吨公里，增长6.7%，占货物周转量的96.4%。

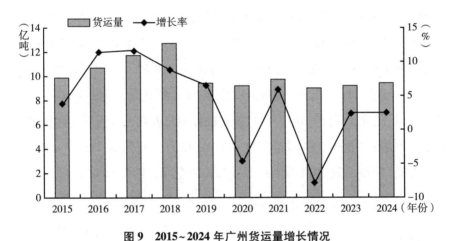

图9　2015~2024年广州货运量增长情况

资料来源：广州市统计局。

广州港货物吞吐量、集装箱吞吐量保持"双增长"，运输规模稳居全球前列。全年完成港口货物吞吐量6.88亿吨，比上年增长1.8%。其中，完成港口货物进口量3.81亿吨，增长2.0%；完成港口货物出口量3.07亿吨，增长1.7%。全年完成港口集装箱吞吐量2645.13万TEU，增长4.1%。

铁路、航空和公路客运是三大主要的旅客运输方式。2024年广州完成客运量3.32亿人次，比上年增长9.0%；完成旅客周转量2275.92亿人公里，增长 22.3%。其中，铁路客运量、航空客运量、公路客运量分别完成 14542.56 万人次、10502.45 万人次、7708.67 万人次，分别占全市客运量的 43.8%、31.6%、23.2%。航空运输恢复为客运量保持快速增长提供有力支撑，广州全年完成机场旅客吞吐量 7636.93 万人次，比上年增长 20.9%，比 2019 年增长 4.1%；航空运输方式实现航空客运周转量 2077.95 亿人公里，贡献了 91.3% 的旅客周转量。

（三）出口保持较快增长，进口下降较为明显

2024 年，广州实现商品进出口总值 11238.38 亿元，比上年增长 3.0%（见图 10），规模居全国第五，增速高于天津（1.3%）、上海（1.3%）、重庆（0.4%）、北京（-1.0），不及全国平均（5.0%）、广东省平均（9.8%），也不及深圳（16.4%）、成都（12.1%）、武汉（11.8%）、苏州（6.8%）、杭州（6.4%）（见图 11）。其中，实现出口总值 7005.48 亿元，增长 7.8%；进口总值 4232.89 亿元，下降 4.0%。出口表现较好但行业在一定程度上存在担忧贸易前景而提前"抢闸"的因素，2024 年 1～12 月广州对美国出口 1180.88 亿元，增长 14.0%，其中 12 月当月出口 122.70 亿元，增长 18.6%。

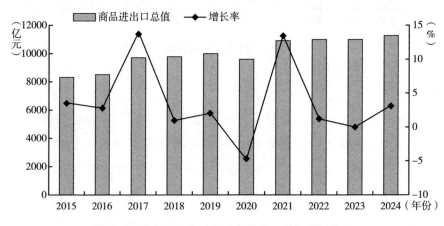

图 10　2015~2024 年广州商品进出口总值增长情况

资料来源：广州市统计局。

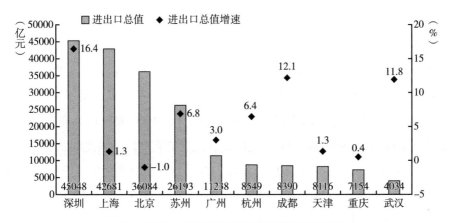

图11　2024年主要城市商品进出口总值增长情况

资料来源：各城市统计局。

一般贸易进出口较快增长，保税物流、加工贸易进出口"双降"。2024年，一般贸易进出口实现8031.00亿元，增长6.5%，占全市进出口比重为71.5%，比2023年提高2.4个百分点。加工贸易进出口实现2030.64亿元，下降5.1%。保税物流进出口实现962.07亿元，下降7.1%。

高新技术产品进出口均较快增长，机电产品和农产品出口增长、进口下降。在出口方面，机电产品、高新技术产品、农产品实现出口3166.78亿元、809.65亿元和98.22亿元，分别增长5.3%、11.7%和7.0%，合计占出口比重为58.2%。外贸"新三样"中，电动载人汽车出口95.99亿元，增长20.8%，锂电池出口52.55亿元，增长16.6%，太阳能电池出口6.61亿元，增长51.0%。在进口方面，高新技术产品实现进口995.03亿元，增长6.5%，机电产品、农产品实现进口1375.37亿元、710.89亿元，分别下降4.9%、1.4%，三类产品合计占进口比重为72.8%。

五大主要贸易伙伴三升两降。2024年广州对欧盟、东盟、美国、中国香港、日本进出口值占同期全市进出口总值的59.1%，其中，对欧盟实现进出口1819.62亿元，微增0.8%，对美国实现进出口1600.06亿元，增长11.6%，对中国香港实现进出口860.16亿元，大幅增长32.6%，对东盟实现进出口1606.28亿元，下降2.9%，对日本实现进出口756.67亿元、下

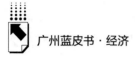

降 7.4%。

跨境电商进出口保持优势。广州依托优势产业带，凭借独特枢纽位置，聚焦打造"跨境电商之城"，已培育 24 个跨境电商产业园，集聚了 Shein（希音）、唯品会、哆啦等一批国际国内头部企业，形成了包括平台、物流、仓储、运输、营销等在内的完整产业链。吸引超 1000 家跨境电商企业开展业务，形成政策、平台、物流、金融综合配套的完整跨境电商生态圈。中国（广州）国际贸易单一窗口数据显示，2024 年全市跨境电商进出口值超 1700 亿元，占全市外贸比重超 15%，2024 年广州跨境电商直邮出口超 1400 亿元，位居全国第一。

二　2025年广州商贸流通业发展环境分析和趋势展望

（一）行业发展环境

2025 年广州商贸流通业发展具备一系列有利条件。一是良好的政策环境。2024 年中央经济工作会议将提振消费放在 2025 年经济工作的首位，提出大力提振消费、提高投资效益，全方位扩大国内需求，从中央到地方部署了"提振消费专项行动"等一系列政策举措。消费品"以旧换新"政策覆盖家具家电、家装厨卫等时尚消费品领域，刺激消费需求集中释放，以前所未有的"加速度"成为推动消费升级的关键力量。广州率先落地跨境电商出口海外仓"离境即退税"政策，为跨境电商"出海"提供了有利条件。二是技术的有力推动。越来越多企业加大在人工智能、大数据等领域的研发投入，推动产品和服务的智能化升级，以适应国内外市场对高科技产品的需求。经过 AI 工具优化发布的商品，更容易被海外买家搜索购买，AI 技术的深入普及和应用为跨境电商加快中国产品出海提供了新的可能性。三是消费市场空间稳步扩大。"宅经济"及移动互联网产业加快变革，短视频、电商直播、线上文博等线上消费新场景需求释放，在《哪吒之魔童闹海》《黑神话：悟空》等"国漫""国潮"爆款影视、游戏作品的带动下，消费者对内涵丰富的文创产品兴趣明显提升。在粤港澳大湾区一体化发展及外国人入境限时免签政策推动下，广州迎来拓展港澳及海外客流的重大机遇。拉丁美洲、东南亚等地区零售电商销售额复合年增长率在全球领先，为跨境电商物流提供新的增长点。

2025年广州商贸流通业发展也面临一系列不利影响。一是贸易摩擦、技术制裁频现，地缘政治影响、全球经济形势充满巨大不确定性，国际经贸格局发生深刻调整，广州作为开放程度较高的城市所面临的外部风险更为直接。美国等国家对小包裹跨境电商税收政策进行调整，直接增加了跨境电商企业的运营成本与物流成本，影响商品价格竞争力。二是我国经济运行还面临不少困难和挑战。当前国内需求不足，外部需求面临国际形势不稳定、不确定因素增多的不利影响。受国际贸易环境和关税变化影响，部分产业链供应链存在外迁风险。三是竞争压力增大而要素短板比较明显。市场竞争日益激烈，消费品行业的品牌营销企业、MCN等专业机构数量少，缺少头部企业。行业发展用地紧张，成本压力上升，在高端技术人才和创新能力方面仍存在短板。

（二）行业发展预测

从消费来看，积极因素较多，消费向好态势明显。根据中华全国商业信息中心的监测数据，2025年3月全国50家重点大型零售企业（以百货业态为主）零售额同比下降0.3%，降幅相比1~2月收窄4.3个百分点，显示了消费向好的内生动力和市场韧性。2025年3月31日国家统计局发布数据显示，3月企业生产经营活动加快，制造业采购经理指数（PMI）、非制造业商务活动指数和综合PMI产出指数分别为50.5%、50.8%和51.4%，比上月上升0.3个、0.4个和0.3个百分点，三大指数均在扩张区间继续上行，我国经济总体保持扩张。"两新"政策在释放消费潜力方面继续发挥积极作用，随着一揽子增量政策以及从中央到地方系列提振消费专项行动效果不断显现，市场活力有望增强，企业、消费者、投资者信心预期有所提升；大宗商品贸易平台税票监控因素下拉影响逐步得到消化；2025年假日将增加2天，旅游客流有望进一步带动住宿、餐饮消费。但也要看到，总体增长环境仍然偏紧，居民消费力不足，消费恢复仍需要一个过程；工业增长仍然乏力，大宗商品需求拉动不足，对批发业增长形成一定制约。由于上年基数较低，综合考虑有利因素和不利因素，全年广州社会消费品零售总额有望保持较快增长，大致处于3.0%~5.2%。

从交通运输来看，客运增长的积极因素多于货运，交通运输业总体有望较快增长。2025年3月31日国家统计局发布数据显示，3月水上运输、航空运输、邮政等行业商务活动指数均位于55.0%以上较高景气区间；业务活动预期指数为57.2%，比2月上升0.6个百分点，表明非制造业企业对市场发展信心有所增强。据携程、途牛、同程等旅游在线平台数据，广州居2025年清明小长假国内热门旅游目的地前五位、周边游热门目的地首位。2025年假日将增加2天，全运会、广交会等盛会将带来更多客流，有望刺激消费者增加中长途出游，民航、高铁的出行需求有望增长；消费者购买力增强、信心恢复也将创造出行需求。不过，宏观经济环境总体仍然偏紧，外部需求复苏势头不稳，美国贸易政策不确定性大，给出口带来较大扰动，货物运输、远洋运输很可能低速增长。综合各方因素，预计全年广州交通运输行业有望保持快速增长，增加值有望增长5%左右。

从外贸来看，2025年广州将面临更加复杂的国际贸易环境。美国是广州重要的贸易伙伴，对美进出口占全市外贸的比重超过14%，美国新关税政策将对广州的进出口业务特别是电子、机电、家电、家具、纺织服装等出口领域产生极大影响，广州出口企业将面临巨大压力。广州的加工贸易占比较高，企业利润相对较薄，抵抗关税政策调整的能力有限。具有较强竞争力的通信设备、无人机、新能源汽车、高端制造等高科技产业出口产品，受到的影响相对较小。此外，加快开拓新兴市场将有助于分散和降低对美国市场依赖的风险。总体而言，各方面都需要密切关注关税政策变动，适时调整出口策略，以应对可能的市场变化。综合考虑，预计外贸总体形势不乐观，全年广州商品进出口总值很可能出现负增长。

三 2025年促进广州商贸流通业高质量发展的对策建议

（一）以更大力度提振消费

高水平建设国际消费中心城市，提升"5+2+4"国际知名商圈体系能级，加快一批优质商业载体建设。实施提振消费专项行动，加力扩围消费品"以旧换新"，推动大宗消费更新升级。打造"世界粤菜文化体验中心"，创新"美食+粤剧""旅游+电影"等融合场景，升级住宿消费体验，拓展多元业态，支持发展汽车营地、露营帐篷、水屋船屋、木屋树屋等旅游住宿新业态，支持住宿、餐饮、文化、旅游、康养、研学等业态融合发展。丰富文娱消费场景，鼓励沉浸体验、数字艺术、线上演播等新业态发展，培育"广州首演"品牌。围绕"羊城消费新八景"，加大"广州服务"宣传推广力度，提升品牌影响力。培育特色旅游消费，抓住第十五届全国运动会、第十二届残运会、第九届残特奥会机遇，提升承接国际和全国高水平赛事活动软硬实力，推出"全运游""广马游""龙舟游""邮轮游艇"等特色产品，拓展多元体育空间，拉动赛事消费。培育银发经济经营主体，大力开展"银龄行动""银发集市"活动，推动养老服务场景创新应用。结合"12218"现代化产业体系，在低空经济、具身智能、智能无人系统等产业打造示范应用场景，加速前沿技术及产品在服务消费领域的熟化应用，开展"人工智能+消费"行动，加速推广智能感知设施、"5G+XR"、超高清视频、脑机接口等体验消费场景，支持数字技术企业针对服务消费开发创新应用。建立大宗商品供应链联盟，促进大宗商品供应链跨行业融合、纵深发展。

（二）以更高标准提升城市交通枢纽能级

提升国际航空枢纽能级，大力拓展航线网络，高标准推进广州临空经济示范区建设。增强国际航运枢纽功能，积极开拓远洋航线，高水平规划建设广州临港经济区。围绕广州南站、白云站、增城西站等重要铁路枢纽，打造集商贸会展、娱乐旅游、产业科创、居住生态于一体的站城融合综合发展区。全力护航人畅通、货畅流，积极推行保障旅客通关顺畅六项措施和货运航班"好来快走"服务举措，带动"通关流量"向"经济增量"转变，持续提升广州"世界级窗口"的国际影响力。持续完善综合立体交通网，统筹推进《广州市综合立体交通网规划（2023—2035 年）》，启动综合交通运输"十五五"规划编制工作。深入推进《广州南沙深化面向世界的粤港澳全面合作总体方案》（简称《南沙方案》）任务落实，加快推进南沙至珠海（中山）城际、南沙站综合交通枢纽地铁预留工程、广澳高速南沙至珠海段改扩建（广州段）等重大交通基础设施项目建设，提升南沙与中心城区的通达能力、与粤港澳大湾区城市的互联互通水平。抓好环南昆山—罗浮山县镇村高质量发展引领区建设工作落实。落实好《广州市进一步支持现代物流与供应链高质量发展的若干措施》，打造全球效率最高、成本最低、最具竞争力的国际物流中心和国际供应链组织管理中心。深化"大数据""人工智能"等信息化技术创新应用，扎实组织推进交通运输领域大规模设备更新，持续完善智慧物流设施网络，形成具有新质生产力特征的智慧物流生态。抓实第十五届全国运动会道路环境提升改造和运输侧保障各项工作，以绿色物流、数智物流赋能第十五届全国运动会广州赛区，保障大型赛会的物流配送。

（三）以更优条件进一步扩大高水平对外开放

密切关注特朗普关税政策及贸易摩擦演化动态，贯彻落实国家应对策略，并根据广州实际及时推出具有广州特色的应对措施。利用大数据分析国际市场需求，精准定位目标客户，优化产品设计和营销策略，通过数字化手段提升供应链管理效率，实现生产、运输、销售等环节高效协同。多措并举支持企业开拓多元化国际市场，加大东南亚、中东、南美等市场开拓力度，深耕"一带一路"新市场。主动对接国际高标准经贸规则，高水平建设开放平台，推动"广州制造"深度参与全球产业分工，推动产业链供应链国际合作。出台支持跨境电商基础设施建设专项政策，加快跨境电商综合试验区建设，推进通关、税务等监管创新，支持南航申报"安检前置"试点，推广"跨境电商+产业带"联动发展模式，推动市场采购贸易拓区拓品，组织开展跨境电商"麒麟"企业和"品牌出海"企业评选认定，靠前培育服务龙头企业，支持跨境电商企业、园区申报国家级、省级跨境电商企业、园区等，形成示范引领效应。出台实施稳外贸稳外资政策，落实新版外资准入负面清单和全面取消制造业领域外资准入限制要求，实施新一轮外资奖励政策，加大外资企业再投资支持力度，研究制定外资研发中心支持举措，吸引跨国公司设立地区总部和研发中心。加快成立广州市出海企业商会，推进南沙"离岸易"综合服务平台建设，推动完成广州知识城综合保税区建设验收，积极发展服务贸易、绿色贸易、数字贸易，大力发展中间品贸易。推进广交会创新机制、丰富业态、拓展功能，全面实施"广交会+"行动。做强"保税+"业态，加快建设粤港澳大湾区国际分拨中心和湾区国际集拼中心。深化国际交往中心城市建设，深化"外事+"，做实"百城+"，持续拓展全球"朋友圈"，接续办好"读懂中国"国际会议（广州）、从都国际论坛等活动。

（四）以更实举措持续优化营商环境

深化国家营商环境创新试点城市建设，深入实施"干部作风大转变、营商环境大提升"专项行动，纵深推进"营商环境改革一号工程"，进一步深化"产业版"营商环境改革，创新推出产业增值服务，产业规划、产业政策、产业要素配置共同发力，打造"空间载体、金融支持、人才引育、智库支撑、机制创新"的招商支撑体系，将最低营商成本的要求落实到各个环节各个细节，完善涉企全生命周期服务体系。全面加强政务服务渠道建设和模式创新，完善政策直达快享、"免申即享"等机制，实施降低物流成本专项行动。进一步提升惠企政策的能见度和兑现率，常态化助企纾困解难，优化平等保护的法治环境、公平竞争的市场环境和竞争有序的政策环境，依法保护民营企业和民营企业家合法权益，构建亲清政商关系，做到"无事不扰、有呼必应"。完善企业专项培育计划和梯队培育体系，打造民

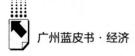

营企业高质量发展集聚平台。打造一批更具标志性、更有获得感的战略性创造性引领性改革品牌，加快构建以对外开放机制、要素市场化配置机制、投融资机制等为核心的制度创新完整框架。持续深化商事制度改革，不断完善商事登记"穗港通""穗澳通"等"跨境通"服务体系。深入推进信用品牌建设提质增效，全面提升"信易贷"服务质效，完善知识产权保护等制度。

参考文献

《2024 年广州市国民经济和社会发展统计公报》，广州市统计局网站，2025 年 4 月 8 日，http：//tjj. gz. gov. cn/stats_newtjyw/tjsj/tjgb/qstjgb/content/post_10203416. html。

《政府工作报告》，中国政府网，2025 年 3 月 5 日，https：//www. gov. cn/gongbao/2025/issue_11946/202503/content_7015861. html。

《2025 年 1 月 15 日广东省省长王伟中在广东省第十四届人民代表大会第三次会议上作政府工作报告》，广东省人民政府网站，2025 年 1 月 19 日，http：//www. gd. gov. cn/gdywdt/zwzt/2025gdlh/ywbd/content/post_4656839. html。

《2025 年广州市政府工作报告》，广州市人民政府网站，2025 年 2 月 27 日，https：//www. gz. gov. cn/zwgk/zjgb/zfgzbg/content/post_10134039. html。

伍世豪：《2025 年中国商业十大热点发布 消费市场稳定向好增长》，《中国商界》2025 年第 2 期。

B.4
2024年广州房地产市场发展情况
及2025年展望

欧江波　范宝珠　陈璐　曹永旺*

摘　要： 2024年广州房地产市场呈现震荡筑底、结构分化的基本态势，前三季度市场比较低迷，第四季度在全面取消限购等系列利好政策带动下景气度明显回升，全年一手住宅市场供求下降，二手住宅成交较快增长，住房价格出现较大调整，房地产投资持续低迷。展望2025年，已出台的各项宽松政策将持续发挥作用，刚性和改善性住房需求有望激活，市场成交量或将实现小幅增长，不过区域分化、产品分化、项目分化的情况将延续。建议从认真落实已出台的各项"稳楼市"政策、努力促进市场销售、扎实做好"十五五"住房发展规划等方面促进广州房地产市场平稳健康发展。

关键词： 房地产市场　住房　广州

一　2024年广州房地产市场总体情况

（一）2024年房地产调控政策显著放松

中央明确持续用力推动房地产市场止跌回稳。2024年4月30日中央政治局会议提出统筹研究消化存量房产和优化增量住房的政策措施，9月26

---

* 欧江波，博士，广州市社会科学院经济研究所所长、研究员，研究方向为宏观经济、产业经济、房地产经济；范宝珠，广州市社会科学院经济研究所副研究员，研究方向为城市经济、房地产经济；陈璐，博士，广州市社会科学院经济研究所助理研究员，研究方向为宏观经济、房地产与金融经济；曹永旺，广州市社会科学院博士后科研工作站博士后，研究方向为人文地理、人口经济。

日中央政治局会议提出要促进房地产市场止跌回稳，12月9日中央政治局会议强调稳住楼市股市，12月12日中央经济工作会议进一步明确持续用力推动房地产市场止跌回稳。住建部会同有关部门以及地方政府打出"四个取消、四个降低、两个增加"政策组合拳，旨在推动市场止跌回稳。根据中指研究院统计，截至2024年12月23日，中央及各级地方政府出台房地产政策数量超760条，如一线城市大尺度松绑限购、核心二线城市放开购房落户、房贷首付比例和贷款利率降至新低、普通住宅和非普通住宅标准取消等。

广州房地产调控政策持续优化。2024年广州陆续出台"127""528""929"等宽松政策，持续激活刚性和改善性住房需求，目前限制性房地产政策已基本全部放开。1月广州放开120平方米以上住房限购、优化住房套数认定标准、支持"租一买一""卖一买一"（以下简称"127"政策）；5月放松非广州户籍居民购房限制，优化个人住房贷款中的住房套数认定标准，下调首套和二套房贷首付比例至15%和25%，加大公积金购房支持力度，全面取消住房限售政策，积极推动住房"以旧换新"（以下简称"528"政策）；9月全面取消限购政策，提高住房公积金贷款额度（以下简称"929"政策）；11月落实国家购房契税减免政策、取消普通住宅和非普通住宅标准等。此外，广州积极推进房票安置工作。2024年1月广州市政府审议通过《广州市房票安置实施方案》，成为首个推行房票安置的一线城市，年内荔湾、黄埔、天河等区积极推进相关工作；广州积极推动收购存量商品住房工作；6月增城区率先发布公告，计划通过购买市场化商品房用作广州（新塘）至汕尾铁路项目（新塘段）拆迁安置房源；11月广州安居集团发布公告，将在全市范围内收购满足条件的90平方米以下存量商品房作为保障房。

（二）2024年广州房地产市场出现分化

土地市场比较低迷。2024年共挂牌居住用地64宗，成功出让49宗，溢价成交8宗（其中2宗溢价率超过10%），溢价用地占比为16.3%，较上年低20.9个百分点。拿地企业以央企和地方国企为主，全年保利、越秀等央国企共拿地 42 宗，万科、龙湖、绿城等民企拿地 7 宗。

房产市场呈现震荡筑底、结构分化的基本态势。2024 年一手房市场供求出现不同程度减少，全年批准预售面积（以下简称"预售面积"）684.73 万平方米，比上年下降 19.7%，网上签约面积（以下简称"签约面积"）1097.49 万平方米，下降 2.8%，其中一手住宅签约面积下降 3.7%，一手商服物业签约面积增长 2.0%。二手房交易登记面积（以下简称"登记面积"）1027.97 万平方米，增长 10.3%，其中二手住宅登记面积增长 11.3%，二手商服物业登记面积增长 12.6%。

房地产开发投资连续三年负增长。受房地产市场销售低迷、土地市场成交大幅减少、房企资金链紧张等因素影响，2024 年广州房地产开发完成投资 3066.63 亿元，比上年下降 7.4%，降幅较上年收窄 1.3 个百分点。全年商品房新开工面积 1068.49 万平方米，下降 2.5%，其中住宅开工面积 669.60 万平方米，受对比基数较低影响增长 13.7%。

二 2024年广州一手住宅市场情况

（一）一手住宅市场供求出现不同程度下降

2024 年广州一手住宅预售面积 577.64 万平方米，签约面积 809.27 万平方米，分别比上年下降 23.0% 和 3.7%。市场价格出现较大调整，2024 年 12 月广州新建商品住宅销售价格同比下降 9.1%，降幅比上年同期走阔 6.1 个百分点。

（二）全年市场成交呈现"前低后高"走势

从成交量情况看，第一季度受市场预期偏弱等因素影响，虽然广州出台了"127"政策，但一手住宅签约面积仅 126.25 万平方米，同比大幅下降 42.7%；4 月、5 月市场偏弱，不过在"528"政策带动下，6 月成交量有所回升，带动第二季度一手住宅签约面积升至 188.22 万平方米，但同比仍下降 20.6%；第三季度市场偏弱，一手住宅签约面积 182.97 万平方米，受对比基数较低影响同比增长 7.5%；第四季度在"929"政策带动下，市场活跃度显著提升，一手住宅签约面积达到311.84万平方米（见图1），季度成交量创2021年第三季度以来新高，同比大幅增长46.5%。从价格走势看，2024年各月新建商品住宅销售价格环比均出现不同程度下跌，其中1~10月各月降幅在0.5%~1.4%，11、12月降幅分别收窄至0.3%和0.1%，价格止跌回稳迹象初现（见图2）。

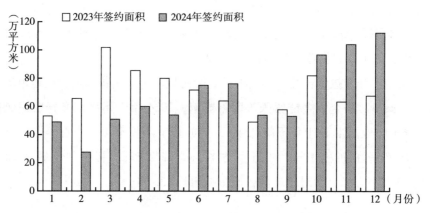

图1 2023~2024年各月广州市一手住宅市场成交情况

资料来源：广州市住房和城乡建设局。

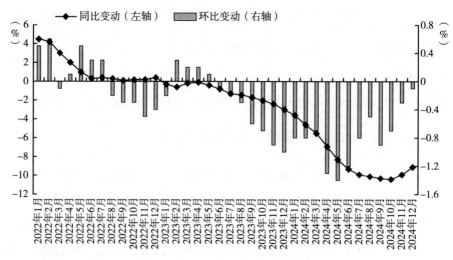

图2 2022~2024年广州市各月新建商品住宅销售价格变动情况

资料来源：国家统计局。

（三）中心5区市场表现好于外围4区和从增2区

2024年中心5区一手住宅预售面积218.36万平方米，比上年下降14.5%，其中越秀区在多个项目上市的带动下供应量大幅增长，海珠区供应量较快增长，而荔湾区、白云区和天河区供应量出现不同程度下降；签约面积259.96万平方米，增长24.0%，各区成交量均实现较快增长。2024年外围4区一手住宅预售面积266.68万平方米，大幅下降26.8%，各区供应量均出现不同程度下降，其中南沙区和番禺区降幅较大；签约面积372.63万平方米，下降13.4%，各区成交量增长情况出现分化，其中南沙区增长较快，花都区和番禺区稳中有降，黄埔区大幅下降。2024年从增2区一手住宅预售面积92.59万平方米，签约面积176.68万平方米（见图3），分别下降29.1%和11.8%。

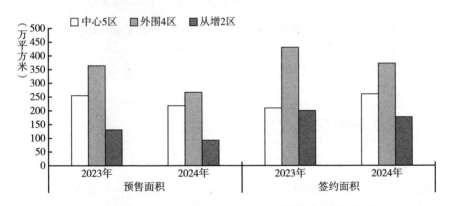

图3　2023~2024年广州市不同区域一手住宅市场供求情况

说明：中心5区为越秀区、海珠区、荔湾区、天河区和白云区，外围4区为黄埔区、花都区、番禺区和南沙区，从增2区为从化区和增城区，本报告余同。

资料来源：广州市住房和城乡建设局。

（四）市场库存量有所减少

2024年末广州一手住宅可售面积1079.26万平方米，比上年末下降7.4%，去库存周期缩短至16.0个月（上年末为16.6个月）。从各区域情况看，中心5区一手住宅可售面积达到279.61万平方米，比上年末下降7.5%，

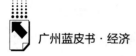

去库存周期缩短至 12.9 个月；外围 4 区可售面积 529.37 万平方米，比上年末下降 7.2%，但受 2024 年成交量同比下降 13.4% 影响，去库存周期延长至 17.0 个月；从增 2 区可售面积 270.28 万平方米，比上年末下降 7.4%，但受 2024 年成交量同比下降 11.8% 影响，去库存周期延长至 18.4 个月（见图 4）。

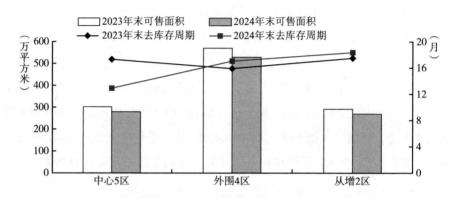

图 4　2023 年末和 2024 年末广州市不同区域一手住宅市场库存情况

说明：去库存周期＝年末可售面积/当年月均成交面积。
资料来源：广州市住房和城乡建设局。

（五）热销项目情况

从成交量看，2024 年广州销售面积前 10 位的房地产项目合计成交 95.3 万平方米，占全市总量的 11.8%。其中，销售面积超 10 万平方米的项目有 4 个，分别是番禺区万博悦府，成交面积 12.1 万平方米；荔湾区万科理想花地，成交面积 11.8 万平方米；黄埔区万科黄埔新城，成交面积 11.4 万平方米；白云区品实·云湖花城，成交面积 10.3 万平方米（见表 1）。

表 1　2024 年广州销售面积排名前 10 的房地产项目情况

单位：万平方米

排名	区域	所属板块	项目名称	成交量
1	番禺区	汉溪万博板块	万博悦府	12.1
2	荔湾区	花地湾板块	万科理想花地	11.8
3	黄埔区	区府板块	万科黄埔新城	11.4

续表

排名	区域	所属板块	项目名称	成交量
4	白云区	白云湖板块	品实·云湖花城	10.3
5	番禺区	石基板块	亚运城	10.0
6	海珠区	广州大道南板块	中海大境	9.0
7	南沙区	蕉门河板块	星河·东悦湾	8.3
8	增城区	新塘板块	金茂万科都会四季	7.7
9	天河区	五山汇景新城板块	保利·天瑞	7.5
10	花都区	花都区府板块	中旅·名门府	7.2

资料来源：中指研究院。

三 2024年广州二手住宅市场情况

（一）二手住宅市场成交量继续增长

2024年广州二手住宅登记面积925.33万平方米，在2023年大幅增长30.5%的基础上继续增长11.3%，增速高于一手住宅15.0个百分点。二手住宅成交量占全市住宅市场总成交量的53.3%，占比较上年提高3.6个百分点。成交量增长较快的原因：一是利好政策持续加码，年内房贷首付比例和贷款利率持续下行，公积金贷款额度两次调高，不断放宽限购政策并在9月全面取消限购，合资格购房人群有所增加，落实国家政策降低首套和二套房交易契税税率、取消普通住宅和非普通住宅标准，购房门槛有所降低，客户入市信心有所增强；二是二手住宅挂牌量持续保持高位，房价持续下行，业主让利促进成交；三是二手物业以现楼交付、区位条件较好、生活配套完善、价格水平相对较低等优点承接了部分市场刚性和改善性住房消费需求。市场价格出现较大调整，2024年12月二手住宅销售价格同比下降10.9%，降幅比上年同期扩大5.7个百分点。

（二）全年市场呈现"前高、中低、后稳"走势

从成交情况看，第一季度在"127"政策的利好带动下，前期积压的购房需求逐步释放，登记面积达到 195.92 万平方米，同比增长 14.2%；第二季度"127""528"等利好政策发挥作用，登记面积达到 223.35 万平方米，但受对比基数较高影响同比下降 7.0%；第三季度宽松政策持续发挥作用，登记面积达到 244.29 万平方米，同比增长 26.6%；第四季度在"929"利好政策带动下，登记面积达到 261.77 万平方米（见图 5），成交量创 2021 年第三季度以来新高，同比增长 15.7%。从价格走势看，2024 年各月二手住宅价格环比均出现下跌，其中 1~9 月各月环比降幅在 0.7%~1.6%，10~12 月降幅分别收窄至 0.4%、0.4% 和 0.3%（见图 6）。

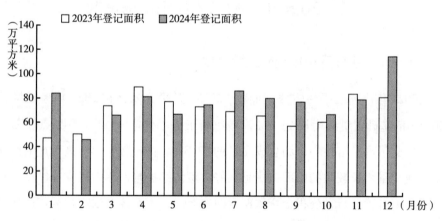

图 5　2023~2024 年各月广州市二手住宅市场成交情况

资料来源：广州市住房和城乡建设局。

（三）各区域市场成交量均实现增长

2024 年中心 5 区二手住宅登记面积 403.02 万平方米，比上年增长 9.7%，其中越秀区和荔湾区增幅较大。外围 4 区登记面积 357.70 万平方

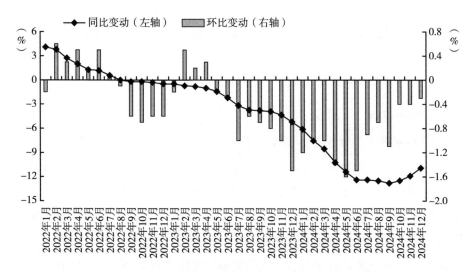

图6　2022～2024年各月广州市二手住宅销售价格变动情况

资料来源：国家统计局。

米，增长13.1%，其中南沙区和黄埔区增幅较大。从增2区登记面积164.60万平方米（见图7），增长11.6%，其中增城区增幅较大。

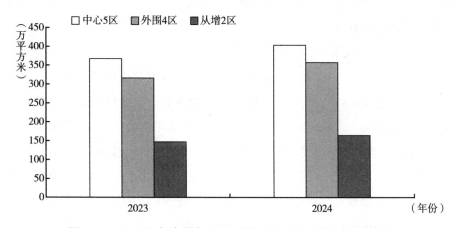

图7　2023～2024年广州市不同区域二手住宅市场登记面积情况

资料来源：广州市住房和城乡建设局。

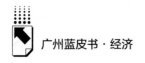

四　2025年广州房地产发展条件分析与市场展望

（一）2025年广州房地产发展环境分析

1. 发展机遇

（1）宏观经济存在不少积极因素

从全球看，非美经济体经贸合作存在较大潜力。美国新关税政策导致各国与美国经贸合作很可能出现倒退，为我国进一步拓展国际经贸尤其是与非美经济体经贸合作创造了新空间。2024年我国对共建"一带一路"国家进出口值占全国总量的比重首次超过50%，2025年3月中日韩经贸部长会议时隔5年再次召开，我国与欧盟就深化务实合作进行会谈。从全国看，我国经济韧性较强、增长潜力较大。一是我国经济规模大、市场容量大，具有长期保持中高速增长的惯性和韧性。二是我国"人口红利"正在加快向"人才红利"转化，为产业转型和新经济发展提供强力支撑。三是我国东、中、西部地区仍存在较大的区域差异，为产业梯度转移、区域错位发展创造了有利条件。四是我国具有显著的制度优势，能够集中力量办大事，是实现经济行稳致远的根本保证。

（2）房地产政策将延续宽松态势

2025年我国将实施更加积极的财政政策和适度宽松的货币政策，特别是房地产政策将延续宽松态势。2024年12月9日中央政治局会议定调2025年要"稳住楼市"，2024年12月12日中央经济工作会议和2025年国务院《政府工作报告》进一步强调持续用力推动房地产市场止跌回稳，将从两个方面影响广州房地产市场：一是客观上促进经济稳定增长，从而稳定房地产市场；二是鼓励地方政府进一步出台稳定房地产市场的政策。广州将认真贯彻中央精神，供需两端持续发力稳住楼市：在需求端，积极推进各项房地产优化政策措施落地见效，精准支持居民刚性和改善性住房需求，鼓励各区因地制宜举办房博会等各类促销活动，继续开展住房"以旧换新"等活动，扩大住房消费；在供给端，对商品房建设严控增量、优化存量、提高质量，构建支持住房品质提升的制度和标准体系，加快建设安全、舒适、绿色、智慧的"好房子"，不断优化住房供给结构。

（3）居民购房意愿有所回升

从市场表现看，我国房地产市场成交量和价格均出现了回稳势头，销售面积等市场相关指标实现稳定和持续改善。国家统计局数据显示，从 2024 年 6 月开始，全国新建商品住宅年初累计销售面积同比降幅持续收窄，一、二线城市房价趋于稳定，2025 年 3 月一线城市新建商品住宅销售价格环比上涨 0.1%，连续第四个月实现正增长，市场呈现趋稳态势。从置业意愿看，居民购房意愿有所提升。中指研究院春节期间居民置业意愿调查数据显示，主要城市受访者中约六成表示有购房需求，在这些意向购房者群体中，58% 计划在 1 年内购房，并倾向于在长期生活的城市购房。

（4）房企投资信心有所恢复

一方面，土地市场开始活跃。房企拿地金额有所增长，中指研究院数据显示，Top100 房企 2025 年 1~3 月拿地总金额为 2895.8 亿元，同比增长 30.6%，民营房企和混合所有制房企开始积极拿地。多地土地市场转旺，2025 年上海首次出让的 4 宗宅地均溢价成交，3 月 28 日杭州出让的蒋村文新单元某地块以楼面地价 8.80 万元/平方米成交，创杭州地价新高。另一方面，房地产融资情况有所好转。中指研究院数据显示，3 月房地产企业信用债平均利率为 2.86%，同比下降 0.23 个百分点，民营房企融资规模有所增加。广东率先重启土储专项债，拟发行 307.19 亿元用于回收 19 个地级市上报的 86 个土地储备、闲置存量土地项目。

（5）城市更新将加力提速

城市更新是新一轮房地产增量政策的重点，也是未来推动房地产止跌回稳的重要抓手，国家、省、市均高度重视。2024 年广州出台实施全国首部城中村改造条例，成功申报住建部城中村改造专项借款项目 52 个、授信金额 4096 亿元，居全国首位。2025 年广州市政府工作报告明确加力提速推进城市更新，全年计划完成城市更新固定资产投资 1800 亿元以上，其中城中村改造 1000 亿元以上。2025 年广州将持续探索建立可持续的城市更新模

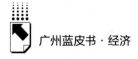

式，完善"房票"、专项借款购买存量商品住房作为安置房等政策，提高城中村改造工作效率，把控好城中村改造的节奏进度。

2.面临的挑战

（1）经济增长存在较大不确定性

一是全球经济形势依然复杂多变，美国对中国和全球主要经济体大幅提高关税，此举将对全球经贸秩序、全球产业链供应链稳定以及全球经济增长产生一定影响。二是我国经济运行面临国内需求不足、市场预期偏弱、部分企业经营困难、重点领域风险隐患较多等挑战，叠加人口老龄化逐步加剧、区域分化愈加显著等客观因素，经济增长内生动力不足。三是广州经济结构转型升级偏慢，传统产业比重较大，新兴产业培育不足，科技创新落后于深圳、杭州等全国先进城市，特别是在人工智能、集成电路等高科技前沿领域的投入和突破相对不足，经济增长动能偏弱。

（2）居民预期完全恢复尚需时日

一方面，虽然我国经济运行总体平稳、稳中有进，及时部署出台了一揽子增量政策，推动社会信心有效提振、经济明显回升，但是并非每个居民家庭都能感受到经济的回暖，特别是不少在传统产业就业的人员仍然面临收入不高、工作稳定性较差等压力。另一方面，我国住房资产在城镇家庭资产中占比约六成，近年来房价持续下跌导致居民家庭财富缩水，制约了居民消费意愿和能力。根据2025年2月发布的《2024胡润财富报告》，截至2024年1月1日，中国富裕家庭（资产600万元以上）数量为512.8万户，同比减少1.4万户，其中广州16.64万户，同比减少2400户。

（3）房企经营困难尚待化解

2020年以来，我国部分房企出现爆雷和流动性危机。根据易居研究院统计，2023年房地产出险企业总负债规模高达8.7万亿元。2024年企业困难没有明显缓解，销售下滑使房企销售回款大幅下降，导致诸如万科等优质房企甚至央国企也出现流动性危机。克而瑞预计2025年房企债券到期规模将达到5257亿元，房企债务偿还压力仍然较大。

（4）房地产发展新模式探索任务艰巨

2021 年底中央经济工作会议首次针对房地产提出探索新的发展模式，此后"新的发展模式"成为房地产发展的关键词。不过，构建房地产发展新模式任务艰巨，探索过程中存在一些问题需要关注和解决。在住房保障方面，2025 年广州计划筹建 10 万套保障性租赁住房，需要在短时间内筹集大量资金和资源，并确保房屋质量和筹集进度，对政府和相关部门来说是一个巨大的挑战。在"好房子"建设方面，绿色智能建筑需要先进的技术和大量的资金投入，房企面对技术难题和成本增加的挑战，尤其是对于存在经营困难的房企挑战更大。在城市更新方面，受房地产市场调整影响，开发商资金链紧张，导致不少前期改造项目停滞不前。

（二）2025年广州房地产市场展望

2025 年一手住宅市场整体供应量仍较充足。目前市场库存量保持高位，2024 年末全市一手住宅可售面积为 1079.26 万平方米，去库存周期为 16.0 个月。不过，受近两年居住用地成交量大幅下降、房企资金链紧张等因素影响，2024 年住宅新开工面积仅为前 5 年平均水平的 59.1%，预计 2025 年一手住宅新增供应量可能保持低位。

2025 年住宅市场成交量有望逐步回升。从需求看，一方面，广州作为我国重要的中心城市，2024 年地区生产总值达到 3.1 万亿元，拥有经营主体超过 360 万家、实时在穗人口 2400 万人，住房刚性需求长期存在；另一方面，随着生活水平的提高，人们对住房品质、功能以及居住环境的要求日益提升，同时广州出台《广州市建设"智慧+品质"住宅 打造好房子好小区行动方案》等政策支持"好房子"建设，未来更多高品质住宅项目将陆续上市，住房改善性需求有望持续释放。从政策看，当前广州房地产政策面进入历史最宽松阶段，形成了"四低"的购房环境：购房门槛最低（无限购）、首付比例最低（15%）、房贷利率最低（3%左右）、税费成本最低（首套和二套房契税税率最低降至 1%），叠加房价水平较低等因素，为住房消费需求释放创造了优越的环境。展望 2025 年，市场基本面有望

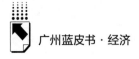

持续改善，刚性和改善性住房需求将进一步激活，预计一、二手住宅市场成交量或将小幅提升，但市场区域分化、项目分化、产品分化的情况将延续。不过，市场止跌回稳仍面临不少挑战，如宏观经济增长有待提速、中心区新上市项目增加导致竞争激烈、外围区域去化难度较大、新规产品上市导致户型内卷加剧等。

五　促进广州房地产市场平稳健康发展的对策建议

从 2024 年 9 月末以来的市场情况看，广州房地产市场止跌回稳态势明显，第四季度一、二手住宅成交量均创 2021 年第三季度以来新高，2025 年第一季度市场热度得到延续。本报告认为，对 2025 年广州房地产市场宜持谨慎乐观态度，建议做好以下四项工作，促进市场平稳健康发展。

（一）认真落实已出台的各项"稳楼市"政策

切实用好房地产投融资对接工作机制，加大"白名单"项目贷款投放力度，推进合格"白名单"项目"应进尽进"、已审贷款"应贷尽贷"、资金拨付"能早尽早"。积极争取地方政府专项债、开发性政策性金融机构专项借款、商业银行贷款等资金，大力推动城中村改造和危旧房改造货币化安置工作。创新推动存量商品房收购工作，积极探索收购用途多元化，如用作配售型保障性住房、高校宿舍、蓝领公寓、养老公寓等。有序推动闲置存量土地回收工作，合理确定收购范围、标准和价格，以收回、收购等方式妥善处置已出让的闲置存量土地，缓解房企流动性和债务压力。落实房产交易契税减免、房贷首付比例和利率下调等政策，努力降低购房成本。

（二）努力促进市场推广销售

做好全年房地产市场促销活动的策划工作，充分利用"五一""十一"黄金周和寒暑假期，常态化组织房博会、精品楼盘推介会、外销展示会等，探索创建全市统一的官方"房产超市",搭建线上选房、看房系统,打造永不落幕的楼盘展示平台。积极推动住房"以旧换新"工作,鼓励房企为换房者提供更多优惠,鼓励中介机构加快推进换房人旧房交易。规范房地产市场信息发布机制,加强对房地产市场的正面舆论引导,切实做好自媒体管控和舆情监测工作,加大对散播不实言论、恶意唱衰房地产市场等行为的打击力度,持续提振市场信心。

(三)着力推动"好房子"建设

选取重点功能片区或中心城区基础较好的地块,按照"房地联动、一地一策"原则,在土地出让时把绿色科技含量、智能设施配备等具体指标列入土地出让条件。落实好容积率新规,支持房地产开发企业优化调整规划方案,在不改变原规划条件的前提下,按程序调整项目未开发部分的规划设计方案,优化户型设计、公共空间、配套设施等。探索建立刚柔并济的"好房子"激励约束体系,强化政策约束性,将层高、节能指标、智能设施配置等"好房子"关键标准纳入土地出让合同的核心条款,研究相关激励政策,对满足"好房子"相关标准的项目给予一定的容积率奖励、放宽预售资金监管等支持,提高开发企业投资"好房子"项目的积极性。大力推广新型环保建筑材料、智能家居系统、人工智能、BIM、CIM等新材料、新工艺、新技术应用,持续提升住房安全性、功能性、舒适性以及绿色低碳、智能智慧水平。统筹做好公建配套设施规划和建设,加快完善房地产项目周边路网、公园、学校、医院等公共服务和生活配套设施,构建完整社区和便捷生活圈。

(四)扎实做好"十五五"房地产发展规划

2025年是"十五五"规划年,要扎实做好"十五五"住房发展规划。一是做好前期研究工作,对"十四五"时期广州房地产市场及相关行业发展情况进行回顾和总结,通过系统梳理发展过程中取得的成绩和存在的问题,为后续"十五五"规划制定提供参考。二是统筹考虑广州经济社会发

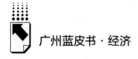

展、人口变化、产业布局、住房供需等方面情况，结合存量住房和存量土地等潜在供应情况，合理确定"十五五"时期住房发展目标和重点工作、重点项目，以指导未来5~10年广州房地产市场发展。

参考文献

《2025年广州市政府工作报告》，广州市人民政府网站，2025年2月27日，https://www.gz.gov.cn/zwgk/zjgb/zfgzbg/content/post_10134039.html。

《广州市住房和城乡建设局2024年工作总结和2025年工作计划》，广州市住房和城乡建设局网站，2025年2月12日，http://zfcj.gz.gov.cn/gkmlpt/content/10/10112/post_10112162.html#1109。

《止跌回稳，择好而居——2024年广州楼市年报》，"广州中原研究发展部"微信公众号，2024年12月30日，https://mp.weixin.qq.com/s/uhfEYnI9HvaByvQc01_uWw。

王美华、王瑞民：《磨底中的曙光：住房产品迭代与止跌回稳——2024年房地产市场回顾与2025年展望》，《中国房地产金融》2025年第1期。

B.5

2024年广州人力资源市场发展情况
及2025年展望

广州市人力资源市场供求信息调查评估小组*

摘　要：　2024年，广州市人力资源市场服务中心对广州人力资源市场供需现状、重点行业用工需求、重点人力资源机构监测信息进行多维供求调查统计分析，主要结论显示：劳动力供需总量整体承压"双降"，企业经营信心强度有进一步提振空间，制造业与生产性服务业整体波动融合发展态势明显，企业灵活用工模式上升势头强劲，高素质人才储备显著增强。展望2025年，广州各级公共人力资源市场将紧密围绕"12218"现代化产业体系建设大局，积极应对并引领人力资源市场新趋势，以促进高质量充分就业为核心目标，在推动人社事业服务经济高质量发展、构建就业友好型发展方式、塑造现代化人力资源、保障和改善民生上展现更大作为。

关键词：　人力资源市场　人才供需　广州

2024年是实现"十四五"规划目标任务的关键一年，也是"大干十二年、再造新广州"的开局之年。广州坚持稳中求进、以进促稳、先立后破，持续在转方式、调结构、提质量、增效益上下功夫，推动现代化建设取得新

---

* 课题组组长：谌新民，博士，粤港澳大湾区研究院院长，博士研究生导师、二级教授，研究方向为人力资源管理、劳动经济；范超婧，广州市人力资源市场服务中心主任，研究方向为人力资源管理。课题组成员：汪志红，博士，广东金融学院教授；辛晓宁，广州市人力资源市场服务中心副主任；冯颖晖，广州市人力资源市场服务中心部长；李世超，广州市人力资源市场服务中心副部长；林小瑄，广州市人力资源市场服务中心职员；周蕾，华南师范大学经济与管理学院硕士研究生。执笔人：汪志红、李世超。

进展、新成效，就业形势总体保持稳定。全年广州新增城镇就业人数 34.33 万人，排名广东省第一，展现出强劲的发展韧性和潜力。

一　2024年广州人力资源市场总量特征

（一）供需总量情况

2024 年，在新旧动能转换阵痛持续显现、有效需求仍显不足等多重压力下，广州人力资源市场劳动力供需总量整体呈"双降"态势。调查资料显示，1000 家监测机构登记供需总量为 1706.85 万人次，其中，求职总量 828.79 万人次，需求总量 878.06 万人次，岗位空缺与求职人数比为 1.06（见表1）。

表1　2024 年广州人力资源服务业机构综合供需情况

单位：万人次

项目	求职总量	需求总量	供需总量	岗位空缺与求职人数比
本期有效数（总计）	828.79	878.06	1706.85	1.06
公共就业服务机构	18.49	178.20	196.69	9.64
经营性人力资源服务机构	810.30	699.86	1510.16	0.86

注：本期数据统计时间为 2023 年 12 月 21 日至 2024 年 12 月 20 日；岗位空缺与求职人数比=需求总量/求职总量。

资料来源：课题组调查数据。

2024 年比较性换算①后的供需总量比 2023 年下降 9.57%，求职总量和需求总量较上年分别下降 15.61%和 4.19%，供需总量同比呈现"双降"态势（见图1），经济下行压力下劳动力有效需求略显不足。

---

① 公共就业服务机构以 185 家为基数、经营性人力资源服务机构以 380 家为基数进行机构数一致性处理，调整总量=基数×监测总量/监测机构数。

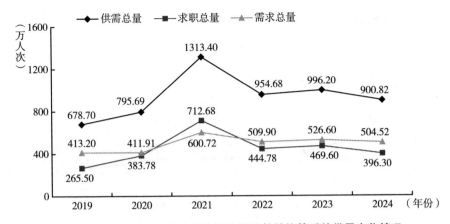

图1 2019～2024年广州人力资源市场比较性换算后的供需变化情况

资料来源：课题组调查数据。

（二）市场供给情况

1. 技能人才供需结构发生变化，持证技能人才供给与需求占比下降

从需求看，2024年广州对劳动者技术等级或专业技术职称有明确要求的岗位占比为1.22%，同比小幅下降0.48个百分点；劳动力供给方面，拥有技术等级或专业技术职称的劳动力供给占比为0.27%，同比较大幅度下降2.93个百分点（见图2）。持证技能者供给和需求占比均呈现不同程度的多期连续下降态势，持证技能者供给占比下降幅度明显高于持证技能者需求占比下降幅度，呈现技能人才需求反超技能人才供给的新特征。

从持证技能者供给看，拥有技术等级或专业技术职称的劳动力供给占比出现二连降，下降幅度明显；从持证技能者需求看，劳动力市场的持证技能者需求占比四连降，持证技能人才供需长期下降态势凸显。这在一定程度上体现了广州积极建立以创新价值、能力和贡献为导向的人才评价体系，持续推动降低就业门槛和动态优化国家职业资格目录成效凸显。

2. 学历结构持续优化，大专及以上学历供给占比持续提高

从受教育程度看，2024年劳动力求职者中初中及以下、高中、大专、

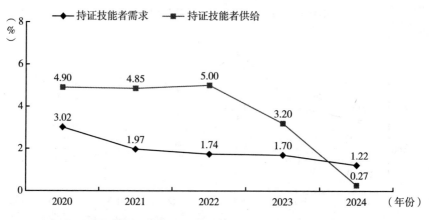

图 2　2020~2024 年广州持证技能者供需结构变化

资料来源：课题组调查数据。

大学本科和研究生学历占比分别为 23.06%、31.31%、22.95%、21.04% 和
1.64%。其中大专及以上学历占比 45.63%，占比相对于 2023 年和 2022 年
分别提高 9.91 个和 15.31 个百分点；高中及以下学历占比 54.37%，占比相
对于 2023 年和 2022 年分别下降 9.91 个和 15.31 个百分点（见图 3）。

从 2021 年以来的发展趋势看，广州劳动力学历结构持续优化，大专及
以上学历劳动力供给占比实现三年连升，高素质人才储备显著增强。值得注
意的是，2024 年高中学历劳动力占比超过初中及以下，跃居第一，打破初
中及以下学历劳动力常年占主体地位的局面。随着高层次人才新政策的落
实，大专及以上高学历劳动力占比有望超过高中及以下学历占比，成为广州
劳动力市场供给主体，为广州 "12218" 现代化产业体系构建提供坚实的人
才支撑。

3. 35 岁以下劳动力逐渐成为供给主力，人力资源市场年龄结构年轻化态
势势头足

2024 年，广州 16~24 岁、25~34 岁、35~44 岁和 45 岁及以上的求职者
占比分别为 14.34%、30.80%、25.48% 和 29.38%。其中，35 岁及以上求职
者占比达 54.86%，占比较 2023 年和 2022 年分别下降 5.60 个和 11.04 个百
分点；35 岁以下求职者占比为 45.14%，占比较 2023 年和 2022 年分别提

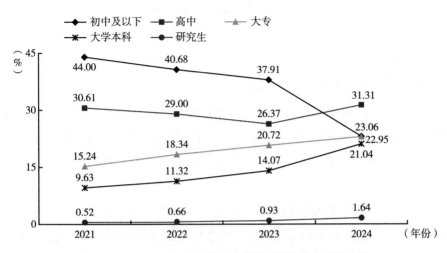

图3 2021~2024年广州劳动力供给受教育程度结构变化

说明：基于统计口径的变化，为了具有可比性，此处未列出2021年前的统计结果。
资料来源：课题组调查数据。

高5.60个和11.04个百分点（见图4），人力资源市场年龄结构持续年轻化势头足。

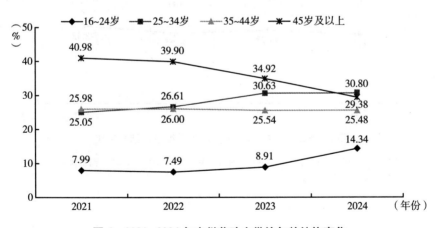

图4 2021~2024年广州劳动力供给年龄结构变化

说明：基于统计口径的变化，为了具有可比性，此处未列出2021年前的统计结果。
资料来源：课题组调查数据。

从 2021 年以来的发展趋势看，45 岁及以上劳动力占比三连降，而 25 ~ 34 岁劳动力占比三连升，2024 年反超 45 岁及以上劳动力，居主体地位，在一定程度上体现年轻人口持续向粤港澳大湾区聚集，广州人力资源市场活力较强。

4. 劳动力供给性别结构趋于均衡

2024 年，广州男性劳动力供给占比为 48.32%，占比较 2023 年和 2022 年分别提高 1.77 个和 1.05 个百分点；女性占比为 51.68%，占比较 2023 年和 2022 年分别下降 1.77 个和 1.05 个百分点，呈常态化小幅波动，性别结构进一步均衡。

从 2021 年以来的发展趋势看，女性劳动力供给占比持续高于男性劳动力供给占比，2024 年女性劳动力占比高于男性 3.36 个百分点，相较于 2021 年差距明显缩小（见图 5），性别均衡态势愈发明显，在一定程度上体现广州劳动力市场充分开放和包容公平的就业环境。

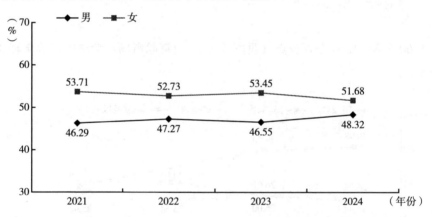

图 5　2021 ~ 2024 年广州劳动力供给性别结构变化

说明：基于统计口径的变化，为了具有可比性，此处未列出 2021 年前的统计结果。
资料来源：课题组调查数据。

（三）市场需求情况

1. 三次产业用工需求情况

三次产业用工需求波动平稳，第三产业保持用工主导地位。从产业用工需求占比看，2024 年广州第一、第二、第三产业用工需求占比分别为 0.45%、29.34%和70.21%。与 2023 年相比，第一、第二产业用工需求占比分别微升0.16 个和 0.17 个百分点，第三产业用工需求占比微降 0.33 个百分点（见图6）。产业用工需求结构多年保持 1∶3∶6 的优质状态，并持续小幅动态优化。广州不断积蓄经济增长强劲动能，扎实推进高质量发展再突破。

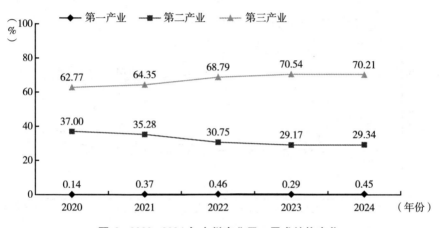

图6　2020～2024 年广州产业用工需求结构变化

资料来源：课题组调查数据。

根据产业用工需求结构变化趋势，第一、第二、第三产业用工需求占比波动平稳，体现广州深入实施就业优先战略，推进产业带动就业，保障就业稳定和企业持续发展，为经济社会高质量发展提供坚实支撑，打造产业"新蓝图"。

2. 重点行业用工需求情况

（1）制造业用工需求分析

制造业与科学研究和技术服务业用工需求占比差距缩小，两业融合协同发展态势显著。2024 年制造业用工需求占比为 27.98%，与 2023 年相比微升 0.34 个百分点，与 2019 年相比下降 11.77 个百分点，用工需求占比整体呈小幅波动下降趋势。同时，与制造业智能化和数字化转型升级密切相关的科学研究和技术服务业用工需求占比为 13.63%，占比相对 2023 年提高 3.29 个百分点，相对 2019 年提高 4.89 个百分点（见图 7），用工需求增长态势明显。制造业及科学研究和技术服务业用工需求的整体波动性融合发展趋势，是广州构建"12218"现代化产业体系过程中实体经济数智化转型的外在体现，有助于制造业释放巨大潜能，助力产业固本拓新。

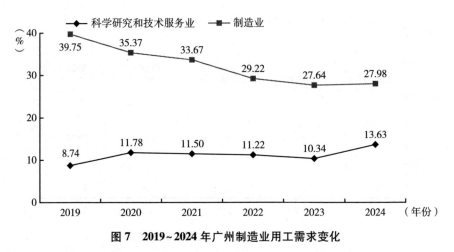

图 7　2019~2024 年广州制造业用工需求变化

资料来源：课题组调查数据。

（2）交通运输、仓储和邮政业用工需求分析

交通运输、仓储和邮政业用工需求整体波动增长，彰显行业强劲韧性与持续发展活力。交通运输、仓储和邮政业用工需求对线下客流量依赖性较强，其用工需求恢复基础稳固。2024 年，交通运输、仓储和邮政业用工需求占比为 4.07%，同比提高 0.13 个百分点，相对于 2019 年提高 0.28 个百分点，较 2021 年用工需求占比（4.47%）差距缩小，高质量交通体系建设稳中有进，有望助力广州经济向更高水平发展。

（3）住宿和餐饮业用工需求分析

住宿和餐饮业用工需求呈现小幅回落、波动趋稳态势，回升潜力较大。住宿和餐饮业对线下客流量依赖性较强，2024 年行业恢复回升态势较为平

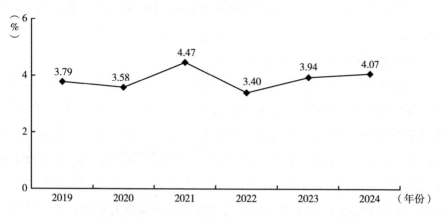

图8　2019~2024年广州交通运输、仓储和邮政业用工需求变化

资料来源：课题组调查数据。

缓，用工需求占比为6.11%，相对于2023年微降0.02个百分点，较2019年用工需求占比低1.16个百分点（见图9），2020年以来整体呈波动上升的恢复态势，但仍有较大回升空间。

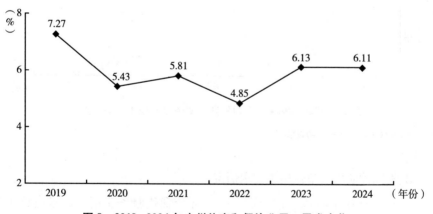

图9　2019~2024年广州住宿和餐饮业用工需求变化

资料来源：课题组调查数据。

随着《广州市餐饮业高质量发展规划（2024—2035年）》进一步落实，餐饮业消费活力有效激发，协同发挥"食在广州"品牌带动优势、粤菜大本营资源集聚优势和规模庞大的城市流量优势，住宿和餐饮业用工需求有望实现明显增长。

（4）租赁和商务服务业用工需求分析

租赁和商务服务业用工需求收缩明显，恢复回暖空间大。2024年租赁和商务服务业用工需求占比为13.50%，相对于2023年下降2.08个百分点，相较于2020年下降0.30个百分点（见图10），行业市场需求明显减弱，恢复回暖态势阶段性放缓。租赁和商务服务业用工需求骤减，在一定程度上反映了广州构建现代化产业体系强调"制造业立市"、制造业与服务业"两业融合"布局的必要性，需要延续租赁和商务服务业恢复回暖态势，稳固经济恢复基础。

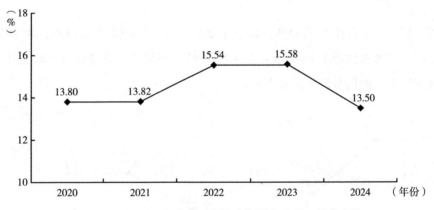

图10　2020~2024年广州租赁和商务服务业用工需求变化

资料来源：课题组调查数据。

3. 不同性质用人单位用工需求情况

（1）行业用工需求结构合理波动，部分现代服务业用工需求占比出现阶段性回调

2024年，广州用工需求占比居前五位的行业依次是制造业（27.98%）、科学研究和技术服务业（13.63%）、租赁和商务服务业（13.50%）、居民服务、修理和其他服务业（9.46%）以及批发和零售业（7.31%），五大行业用工需求占比合计超七成。

2024年各行业用工需求稳中有变，服务业相关行业用工需求大多呈现阶段性小幅下降趋势，租赁和商务服务业用工需求占比同比下降2.08个百分点，批发和零售业、住宿和餐饮业用工需求占比分别微降0.98个和0.02个百分点，属常态化小幅波动，随着广州加快建设"12218"现代化产业体系，推动制造业与服务业"两业融合"，服务业有望实现稳中向好发展。与制造业高质量发展关联密切的科学研究和技术服务业用工需求占比明显提高，占比同比提高3.29个百分点，体现广州推动构建人力资源与实体经济协同发展的现代化产业体系的效果显著。

值得关注的是，2024年教育行业用工需求占比同比提高1.80个百分点，提升幅度最大，从2023年的第15名提升至2024年的第10名，反映广州持续加快构建公平卓越、活力创新、开放包容的教育高质量发展体系，办好人民满意的教育，为实现老城市新活力和"四个出新出彩"、为推进中国式现代化广州实践贡献教育力量等一系列行动效果显著。

从行业用工需求占比较高的5个行业用工结构变化看，各行业用工需求占比差异较大，制造业及科学研究和技术服务业用工需求占比止跌回升，恢复向好态势凸显，相反，租赁和商务服务业、批发和零售业以及信息传输、软件和信息技术服务业用工需求占比出现阶段性小幅下降（见图11），回暖态势较缓，需持续关注这三个行业用工需求的后续波动。

（2）灵活用工模式上升势头强劲，各用人单位用工需求波动较大

2024年，广州用人单位用工需求占比居前的依次为有限责任公司（60.62%）、私营企业（15.04%）、其他企业（9.04%）和股份有限公司（4.73%）。

与2023年相比，2024年各用人单位用工需求占比波动幅度较大。有限责任公司用工需求占比同比大幅下降6.72个百分点，高占比优势有所减弱。与之相反，私营企业和其他企业等灵活性较大的企业用工需求占比呈现强劲上升势头，同比分别上升12.02个和8.52个百分点，有限责任公司用工需求向新业态灵活用工模式显著倾斜。外商投资企业和港、澳、台商投资企业用工需求占比下降，同比分别下降3.51个和3.50个百分

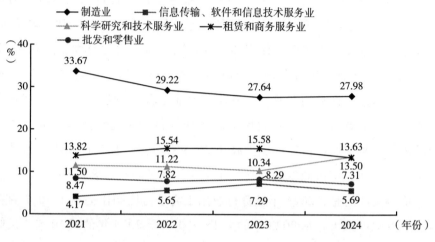

图 11　2021~2024 年广州部分行业用工结构变化

资料来源：课题组调查数据。

点。随着广州进一步加大吸引外商投资力度，优化外商和港、澳、台商投资环境，外商投资企业和港、澳、台商投资企业用工需求有望在下一年迎来触底反弹。

根据用工需求占比较高的 5 类用人单位用工结构变化趋势，各用人单位用工需求占比年度波动差异性较大，私营企业和其他企业等灵活性较大的企业用工需求占比多期增长，2024 年增幅最大，用人单位用工需求的灵活性发展势头走强；外商投资企业和港、澳、台商投资企业用工需求占比连年下降，恢复和回稳态势不稳固，需持续关注。国有企业、个体经营、其他新业态用工需求均呈常态化波动下降态势。

二　重点人力资源服务机构监测信息分析

为进一步了解广州人力资源市场供需匹配特征的微观状况，从 2023 年第二季度开始，广州市人力资源市场服务中心对一些代表性较强的经营性人力资源服务机构进行季度跟踪调查，2024 年第四季度对 10 家重点经营性人力资源服务机构进行调查。本报告从企业经营状况、人力资源市场信心匹配情况、企业与求职者培训供需匹配情况三个方面进行分析。

（一）企业经营状况分析

企业经营状况呈两极分化态势，企业经营信心有提振空间。2024年第四季度，10家重点人力资源服务机构共服务调查企业2968家，将企业经营状况分为很差、差、中等、好和很好5个等级。跟踪调查结果显示，各等级占比分别为0.38%、2.16%、80.40%、13.34%和3.72%。其中，经营状况中等及以上的占比为97.46%，环比和同比分别微降0.58个和1.76个百分点；经营状况好及以上的占比为17.06%，环比微升0.36个百分点、同比下降6.23个百分点（见图12）。

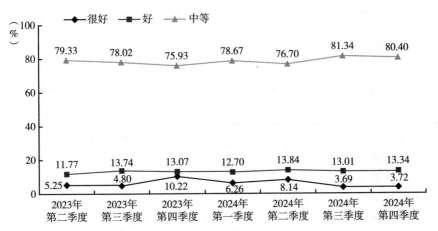

图12 2023年第二季度至2024年第四季度广州企业生产经营状况变化

资料来源：课题组调查数据。

综合来看，企业经营状况各等级均呈现不同趋势的小幅波动状态，2024年第四季度企业经营状况好和很好的占比同步增长，呈回升态势；而经营差和很差的也均呈小幅上升，在一定程度上体现了企业经营状况存在两极分化发展态势，经营状况好及以上的占比不高，企业经营信心仍有较大的提振空间。

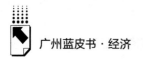

（二）人力资源市场信心匹配情况分析

求职者信心足与企业招聘难阶段性并存，需持续提振企业对人力资源市场发展信心。针对人力资源市场求职者信心与企业招聘难易度的匹配特征，本报告分别按照5个等级对725578人次求职者和2968家企业进行调查。数据显示，求职者求职信心方面，有信心和很有信心的占比分别为60.70%和18.00%，两者合计78.70%，合计占比环比上升2.40个百分点、同比下降10.56个百分点，求职者求职信心较上季度有所增强。企业招聘难易度方面，中等、容易和很容易占比分别为83.78%、5.89%和1.14%，中等及以上合计占比为90.81%，合计占比环比下降7.23个百分点、同比微升0.44个百分点。同时，招聘难及以上占比为9.19%，占比环比上升7.23个百分点、同比下降0.44个百分点（见表2），企业招聘难度有所提升，招聘信心不足略有增加。

表2 2023年第四季度至2024年第四季度广州求职者求职信心与企业招聘难易度情况

单位：%

季度	求职信心					企业招聘难易度				
	很没信心	没信心	信心不足	有信心	很有信心	很难	难	中等	容易	很容易
2023Q4	0.96	3.48	6.30	78.61	10.65	3.57	6.06	75.69	10.36	4.32
2024Q1	1.00	2.53	4.33	82.89	9.25	3.72	6.72	76.59	6.71	6.26
2024Q2	0.97	2.68	4.70	82.66	8.99	3.27	7.25	75.33	10.37	3.78
2024Q3	1.39	8.12	14.19	63.08	13.22	0.24	1.72	81.35	13.00	3.69
2024Q4	1.45	6.02	13.83	60.70	18.00	3.49	5.70	83.78	5.89	1.14

资料来源：课题组调查数据。

综合来看，2024年第四季度求职者和企业对广州人力资源市场发展态势的认同度呈反方向变化趋势。企业招聘难占比较大幅度提升和求职者求职信心较足的矛盾分化态势阶段性并存，这种发展态势在一定程度上体现了当前广州人力资源市场存在阶段性人才结构匹配度不够和行业人才竞争加剧等问题，这些问题后期需持续关注。

（三）企业与求职者培训供需匹配情况分析

企业和求职者对员工培训的意愿基本趋同，企业提供的新员工培训能够满足求职者需求。本报告对725578人次求职者培训需求和322101人次新员工培训状态进行匹配调查分析，结果显示，在求职者方面，期望新员工培训占比为82.90%，同比下降8.36个百分点、环比上升7.13个百分点，同时，期望直接上岗的占比为17.10%，同比上升8.36个百分点、环比下降7.13个百分点，求职者培训就职意愿较大幅度提升。在企业培训服务实施方面，有新员工培训的占比为99.94%，环比和同比分别微增1.07个和0.72个百分点（见图13）。

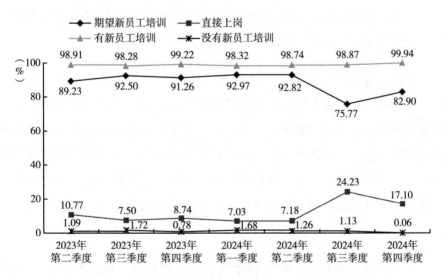

图13 2023年第二季度至2024年第四季度广州企业员工培训情况

资料来源：课题组调查数据。

综合来看，企业有新员工培训的占比实现三连升，所提供的新员工培训能够满足求职者需求，求职者希望培训上岗的意愿有所增强，体现求职者个人成长和长期稳定发展的意愿增强。

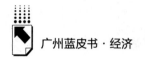

三 2025年广州就业形势展望与对策建议

展望2025年，一方面，广州应深入分析人力资源市场供需态势，精准对接企业用工需求与人才供给，特别是加大对制造业、科学研究和技术服务业等重点行业的支持力度，促进人力资源与产业发展深度融合。同时，针对新业态用工形式的崛起，积极探索灵活多样的就业服务模式，满足新业态用工需求。另一方面，全力推进人力资源市场的数智化、绿色化服务改革，以科技赋能人力资源服务，加强与新业态合作，推动人力资源服务与新业态深度融合，夯实广州"12218"现代化产业体系发展的人力资源基础。

（一）完善劳动力供需动能释放机制，增强企业发展信心与市场预期，为经济高质量发展提供持续有力的人力资源支撑

以相关系列存量政策为工作导向，加快人力资源服务现代化体系建设，推动劳动力要素在粤港澳大湾区便捷高效流动，优化营商环境，激发市场主体活力，推动"12218"现代化产业体系构建，引导人力资源服务机构与制造业、战略性新兴产业重点企业结对发展，为劳动力供需双方提供高效、精准的对接服务。提升人力资源市场动能释放强度，提振企业经营信心与积极预期，为广州经济高质量发展提供高强度和可持续的人力资源驱动力。

（二）深入探索两业融合和新业态用工新模式、新结构，为广州构建"12218"现代化产业体系提供可持续的人力资源保障

持续监测制造业等行业重点企业的用工供需状况，着力破解结构性匹配难题，确保重点企业用工平稳有序。同时，积极探索制造业与服务业深度融合过程中的用工新结构、新模式，为构建"12218"现代化产业体系提供坚实的人力资源保障。

（三）构建智慧人力资源服务体系，以数智赋能提升人力资源服务效能

加快推进人力资源服务数字化、智能化、绿色化转型升级，深化大数据、人工智能等新一代信息技术应用，在现有城市大数据平台建设基础上持续优化平台管理机制，实现垂直支撑城市大数据平台、横向赋能人力资源服务业务精细化和科学化目的。同时，持续提升人力资源服务人员的数智化和绿色化应用及创新能力，推动人力资源服务行业的数智化和绿色化发展。

综合战略篇 **>**

B.6
关于"再造新广州"的战略思考
与路径研究

广州市人民政府研究室课题组 *

摘　要： "大干十二年、再造新广州"是广州对标贯彻党的二十大战略部署和习近平总书记赋予的使命任务，奋力在新征程上走前列、挑大梁、作贡献提出的重大目标和实践举措。要聚焦推进中国式现代化的广州实践，把握"大规划"顶层设计，塑造"大产业"发展优势，打造"大平台"强力引擎，提升"大城市"治理水平，完善"大民生"保障机制，构筑"大安全"格局合力，推动综合实力和城市功能实现由内到外、由量到质、由形到神的全方位跃升，加快实现老城市新活力、"四个出新出彩"，更好发挥

* 课题组组长：陈容秋，广州市人民政府副秘书长、研究室主任、一级巡视员，研究方向为宏观经济、产业经济、城市经济。课题组副组长：金永亮，广州市人民政府研究室党组成员、副主任，研究方向为产业经济、城市经济；杨宏利，广州市人民政府研究室综合处处长，研究方向为产业经济、城市经济。课题组成员：陈宣宇，广州市人民政府研究室综合处副处长，研究方向为城市经济；史剑炜，广州市人民政府研究室综合处一级主任科员，研究方向为城市经济。执笔人：陈宣宇、史剑炜。

"排头兵、领头羊、火车头"作用。

关键词： 中国式现代化 高质量发展 再造新广州

"大干十二年、再造新广州"是广州对标贯彻党的二十大战略部署和习近平总书记赋予的使命任务，更好在新征程上走前列、挑大梁、作贡献提出的重大目标和实践举措。当前广州正处在动力转换期、优势再造期、新一轮大发展突破期，既有国家大战略引领、科创大产业布局、市场大空间支撑、投资大项目带动等发展机遇，也面临外部性、周期性、结构性矛盾问题交织叠加的挑战。要坚持推进中国式现代化这个最大的政治，把握高质量发展这个新时代的硬道理，持续在顶层设计、产业发展、平台引擎、城市治理、民生保障、安全格局等方面下功夫，推动综合实力和城市功能实现由内到外、由量到质、由形到神的全方位跃升，加快实现老城市新活力、"四个出新出彩"，更好发挥"排头兵、领头羊、火车头"作用，为强国建设、民族复兴伟业作出新的更大贡献。

一 准确把握"大规划"顶层设计

坚持把广州工作置于全国大背景、时代大潮流、世界大趋势下，加强前瞻性思考、全局性谋划、战略性布局、整体性推进，细化实化城市发展蓝图和施工图，努力在未来国家乃至世界城市体系格局中抢占有利位势。

（一）服务国家重大战略目标

党的二十大部署推进制造强国等 13 个"强国"、数字中国等 5 个"中国"建设①，2023 年 10 月中央金融工作会议、2024 年 5 月全国旅游发展大

---

① 《习近平：高举中国特色社会主义伟大旗帜 为全面建设社会主义现代化国家而团结奋斗——在中国共产党第二十次全国代表大会上的报告》，中国政府网，2022 年 10 月 25 日，https://www.gov.cn/xinwen/2022-10/25/content_5721685.htm。

会先后提出建设金融强国、旅游强国的战略目标。广州作为我国重要的中心城市、粤港澳大湾区核心引擎、省会城市，在担当履行国家重大战略使命上责无旁贷，同时也具备坚实基础和明显优势。要坚持把国家战略导向作为广州发展主攻方向，持续深化先进制造业强市等14个"强市"、数字广州等5个"广州"建设，扎实做好中字头、国字号各类平台、工程、项目，真正把国家战略势能转化为高质量发展动能。

（二）强化城市性质功能优势

城市性质功能标定了一个城市在国家发展大局中的突出地位和独特优势，是城市的"基本盘"和"实力盘"。改革开放以来，国家在1984年、2005年、2016年和2024年先后批复了4版《广州市国土空间总体规划》，可以清晰地看到广州从省会城市到华南地区中心城市、国家中心城市，再到我国重要的中心城市的演变轨迹，总体趋势就是定位更高、功能更强、责任更重。特别是国务院最新批复的"6+4"城市性质和核心功能①，这是基于历史积累、当下发展、未来潜力赋予的定位，也是对广州比较优势和核心竞争力的集中认定。要围绕锻长长板、做强强项，把蕴含其中的产业优势、商贸优势、交通优势、文化优势、科教优势、人才优势等发挥到极致，特别是在重构基础设施、产业发展、科教人才新优势上聚焦发力，打造人无我有、人有我优的核心竞争力。例如，在建设彰显海洋特色的现代化城市方面，广州自古以来向海而生、因海而兴，是国家经略海洋的重地，也是支撑海洋强国建设的主力军。2024年全市海洋经济生产总值近5000亿元，占全省25%，单位岸线海洋经济产值排名全国第二。要围绕建设海洋创新发展之都，加快规划建设临港经济区，推进深海科技创新中心等重大平台建设，加强海洋电子信息、海洋新能源新材料、海洋生物医药等产业孵化，促进现代航运服务产业集聚发展，更好激活高质量发展的"蓝色引擎"。

---

① 《国务院关于〈广州市国土空间总体规划（2021—2035年）〉的批复》，中国政府网，2024年9月15日，https://www.gov.cn/zhengce/zhengceku/202409/content_6975565.htm。

（三）前瞻把握发展战略时序

广州对标 21 世纪中叶全面建成社会主义现代化强国，编制形成《广州面向 2049 的城市发展战略》，提出建设"中心型世界城市、引领型国家中心城市、开放型大湾区核心引擎、高能级省会城市"的发展愿景。[①] 这不仅是广州保持经济长期平稳健康增长的现实需要，更是确保不掉队、不失位、不降维，牢牢掌握未来发展主动权的迫切要求。要主动识变应变求变，聚焦构建兼顾国内与国际、当前与长远、定性与定量的奋斗目标体系，既要"抬头看路"抓谋划，又要"低头拉车"抓落实，分类管理好约束性和预期性、总量型和人均型等指标，提早统筹土地、资金、人才、技术、数据等要素配置，为支撑实现城市未来发展战略目标打下坚实基础。

二　加快塑造"大产业"发展优势

构建以科技创新为引领、实体经济为支撑、先进制造业为骨干、现代服务业为依托的现代化产业体系，是实现广州未来城市发展战略的基石和底盘，也是进一步增强经济发展动能的关键所在。广州要坚持产业第一、制造业立市，推进先进制造业、现代服务业"两业融合"，数智化、绿色化"两化转型"，全力构建"12218"现代化产业体系[②]，打造新质生产力发展重要阵地，坚决挺起高质量发展的产业脊梁。

（一）聚力打造优势支柱产业

围绕构建"12218"现代化产业体系，持续细化产业赛道的精准度和颗粒度，提出符合广州实际的产业分类、发展目标和指标体系，精准绘制产业

[①] 《面向 2049，以城市发展战略推进中国式现代化广州实践》，广州市规划和自然资源局网站，2024 年 2 月 6 日，http：//ghzyj. gz. gov. cn/xwzx/gzdt/content/post_9485028. html。

[②] 《"12218"解开广州产业发展新密码》，广州市人民政府网站，2025 年 1 月 4 日，https：//www. gz. gov. cn/zt/gzlfzgzld/gzgzzlfz/content/post_10061452. html。

招商业务图谱，确保走对路、踩对点、干对事。要全面实施重点产业优先发展战略，在规划工作上优先布局，在园区配套上优先建设，在政策设计上优先倾斜，在扶持资金上优先安排，在招商引资上优先考虑，切实把"产业第一、制造业立市"战略落到实处。要将产业布局落实到具体企业和项目上，围绕企业发展构建产业经济发展监测指标体系，确保产业规划有效实施、产业政策可感可及，形成良性循环，以企业发展进步推动广州产业蝶变升级。

（二）用好科技创新关键变量

广州高校和科研院所众多，是全国唯一聚集国家实验室、综合类国家技术创新中心、国家重大科技基础设施、国际大科学计划、国家未来产业科技园等战略创新平台的城市，全社会研发投入超过 1000 亿元、研发投入强度 3.44%，"自然指数—科研城市"全球排名第八，独角兽企业数量位居全球城市第九，7 所高校入围国家"双一流"建设名单，集聚两院院士和发达国家院士 135 人，在校大学生规模稳居全国城市第一。要聚焦建设重大科技基础设施集群和一流技术创新平台体系，把握"投入—产出"这一核心思路，推动关键核心技术攻关和成果转化落地。要高水平规划建设活力创新轴，打造一批校地融合、产城一体的创新园区，集聚一批具有全球号召力的领军人才和创新团队。把做强创新主体作为重中之重，引育一大批具有产业控制力和市场话语权的龙头企业，以及细分行业领域的"单项冠军"和"配套专家"，进一步提升创新发展成色。

（三）打造国际一流营商环境

近年来，广州迭代推出 6 版营商环境改革方案，开展国家营商环境创新试点、世界银行营商环境评估体系建设等，取得显著成效。作为产业生态高地、应用市场高地、国际科创高地、全国人才高地、政策创新高地，广州在打造营商环境核心竞争力上具备战略性、综合性、长期性的优势。要对标产业生态最好、政务服务最优、综合成本最低，扎扎实实为企业提供优质服务，全力打造"产业友好型""企业友好型""企业家友好型"营商环境，让企业、企业家、科学家更加满意、更好发展、更快成功。要以招商引资体制机制改革为契机，加快构建"市场+资源+应用场景"招商引资新模式，结合广州资源优势和营商环境开展靶向招商、精准招商，特别是针对不同国家、产业、行业、企业的个性化需求，以行业版规划对接服务头部企业的最新业务动向，实现广州经济发展与企业业务拓展的"相互赋能、双向奔赴"。

三 全力打造"大平台"强力引擎

城市重大发展平台承载着人口发展、产业经济、城市建设等基本要素，是城市发展质量水平的集中体现和显著标志。要围绕提升城市能级和核心竞争力，做强做优重大发展平台，打造竞先争优、多点支撑的高质量发展动力源和增长极。

（一）把握打造大平台的时代机遇

习近平总书记强调把粤港澳大湾区建设作为广东深化改革开放的大机遇、大文章抓紧做实，使粤港澳大湾区成为新发展格局的战略支点、高质量发展的示范地、中国式现代化的引领地。[①] 2024 年，粤港澳大湾区经济总量超 14 万亿元，以不到全国 1% 的土地面积、6% 的人口，创造了全国 1/9 的经济总量；穗港深科技集群连续五年位居全球第二；粤港澳大湾区机场群旅客吞吐量超 2.14 亿人次，港口群集装箱吞吐量超 8000 万标准箱，主要城市间基本实现 1 小时通达；"港车北上"、"澳车北上"突破 450 万辆次；食品、中医药、养老等领域的"湾区标准"超 200 项。粤港澳大湾区建设的快速发展为广州提供了优越战略空间、广阔经济纵深、深厚市场潜力，是聚力打造重大平台的最佳发展机遇。

---

① 《坚定不移全面深化改革扩大高水平对外开放　在推进中国式现代化建设中走在前列》，《人民日报》2023 年 4 月 14 日。

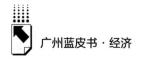

（二）统筹打造大平台的布局考量

要坚持跳出广州看广州，在空间战略思维上打开边界，以前瞻眼光谋篇江海空天，更好认识和把握重大平台布局的战略考量。《广州面向2049的城市发展战略》提出优化提升"三脉、三轴、三核"城市空间格局，明确"两洋南拓、两江东进、老城提质、极点示范"的城市空间发展方针。在坚定"南拓""东进"基础上，从"湾区—流域"的空间视野出发，围绕"狮子洋—伶仃洋"南拓、"珠江—东江"东进，形成纵向引领"黄金内湾"、横向联动东西两岸的粤港澳大湾区核心引擎；在"中调"基础上，以"老城提质"进一步提升空间品质与文化活力，引导非核心功能疏解与更新焕新；同时以"极点示范"发挥比较优势，带动区域协调发展与全域共同繁荣。

（三）推进打造大平台的重点突破

按照比较优势和资源禀赋，谋准谋实各区域核心功能和产业发展方向，多级联动、聚力协同打造更多增长点、增长极、增长带。从南沙重大战略性平台看，当前已基本完成夯基垒台、立柱架梁工作，要坚持以"产业发展全面展开"带动"南沙开发全面展开"，加快三大先行启动区等重点区块产业导入，推动海港、空港、数港、金融港、人才港"五港联动"；特别是进一步发挥"协同港澳"的特色、优势，在要素跨境流动、投资贸易便利化等领域形成更多突破，做实做强中国企业"走出去"综合服务基地等平台，助力提升粤港澳大湾区市场一体化水平。从东部中心看，区域横跨黄埔、增城两区，面积896平方公里，拥有广州开发区、增城开发区两大国家级开发区，要加快东部公铁联运枢纽等重大项目建设，畅通两大开发区要素联通与资源整合，更好协同深莞，打造担当高质量发展的动力引擎。从北部增长极看，地处"黄金内湾"顶点，拥有白云国际机场、广州北站、广州国际港等世界级交通枢纽，要坚持向枢纽要速度、向产业要质量、向开放要动力，提升花都国家经开区、临空经济示范区、粤港澳大湾区"绿能谷"等功能性平台承载力，培育壮大低空、新能源等产业集群，推动广州北部从"交通枢纽"向"经济枢纽""开放枢纽"迭代升级。

四 大力提升"大城市"治理水平

深化城市建设、运营、治理体制改革，加快转变超大城市发展方式，是新时代广州高质量发展的重大课题。要坚持人民城市为人民，统筹好规划、建设、管理，统筹好生产、生活、生态，统筹好老城更新、新城建设、地上地下空间开发利用，持续优化空间、强化功能、提升品质，促进城市集约发展、精明增长，走出超大城市内涵式高质量发展新路子。

（一）强化综合枢纽功能

基础设施是城市的骨骼。广州拥有世界级的空港、海港和铁路港，以及华南地区最大的公路枢纽，同时也是重要的信息枢纽，形成了国际性综合交通枢纽、全国综合性门户等功能地位。要突出向空而强、向海而兴，强化空港、海港、铁路港、公路港一体化联运功能，提升面向全球的枢纽连接能力，培育壮大"空港+""海港+""高铁+"等枢纽型经济，真正把交通物流"流量"转变为经济贡献"增量"。要坚持顶层设计和底层架构两手抓，将数字赋能理念融入城市规划建设治理全过程，加快城市全域数字化转型，引领带动广州加快建设国际一流智慧城市。

（二）提升城市品质气质

广州享有"花城"美誉，山、水、林、田、湖、海自然本底优越，城市既有"国际范"，也有"中国风""岭南韵""广州味"。要深化绿美广州生态建设，协同推进降碳、减污、扩绿、增长，打好科技、政策、创新"组合拳"，突出做好"碳"的文章，促进节能环保和生态产业链发展，加快发展方式绿色低碳转型。要坚持城市体检先行，有序疏解中心城区非核心功能，优化提升城市空间布局和重点片区规划设计，谋划推进新中轴南段、

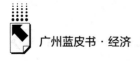

环白云山高质量发展带、环南昆山—罗浮山县镇村高质量发展引领区等重点工作。要以承办全运会为契机，深入实施城市品质提升行动，推动赛事场馆改造与周边环境改善同频共振，同步优化市政道路、环境卫生、绿化美化等民心工程，全面提升城市品质气质、环境品质和文明程度。

（三）聚力打造城市品牌

城市品牌是城市实力、魅力、竞争力的综合体现，是参与全球城市竞争的重要资源。巴黎以"时尚之都"汇聚全球时尚界顶奢品牌，圣何塞以"硅谷之心"集聚世界大量科技人才，迪拜以"奇迹之城"吸引众多科幻大片在此取景。近年来，西安、长沙、重庆、成都、哈尔滨等城市在打造网红品牌、集聚人气流量上更是频频"出圈"。广州历来重视城市形象塑造，在亚运会、财富全球论坛、广交会等重大场合密集推出城市形象宣传片，聚焦"羊城""花城""广州"等关键词，推介宜居宜业宜游的发展环境。要根植历史底蕴和文化基因，将城市品牌塑造贯穿经济社会发展各领域全过程，以国际消费中心城市建设为主线，推动资源整合、串珠成链，智慧赋能、品质提升，全要素、多维度提升广州城市综合竞争力和品牌显示度，推动品质、品位、品牌相互赋能、融合出彩，更好展现广州"老"的经典魅力和"新"的时代活力。

五　持续完善"大民生"保障机制

广州实时服务人口近2500万人，2024年末常住人口近1900万人，快速集聚的人口既为广州发展增添了活力动力，也对城市民生保障和公共服务提出了更高要求。要践行以人民为中心的发展思想，进一步完善民生保障机制，提升公共服务优质化、均衡化水平，努力在高质量发展中创造高品质生活。

（一）统筹需要和可能的关系

2024年，广州一般公共预算支出2777.4亿元，用于各项民生支出1951.2亿元，占一般公共预算支出比重超70%，其中教育支出和卫生健康支出两项合计就已超千亿元。要重点加强基础性、普惠性、兜底性民生保障，聚焦"小切口大民生"，着力解决人民群众急难愁盼问题；同时也要坚持从实际出发，立足长远、量入为出，将福利水平提高建立在经济和财力可持续增长基础上，坚决防治无视群众实际需求、超规模建设没有实际效益的民生类项目。

（二）统筹事业和产业的关系

构建社会事业与产业发展互促共进的新格局，对于促进投资稳定增长、培育经济发展新动能、实现经济社会协调发展具有重要意义。以医疗卫生事业与生命健康产业为例，广州是国家三大医疗中心之一，拥有医疗卫生机构7141家、三甲医院48家，2024年医疗机构总诊疗人次达1.88亿人次；全市有生物医药企业6500多家，生物医药与健康产业总产值超2000亿元。一方面，继续促进优质医疗资源扩容和区域均衡布局，巩固基层医疗卫生服务网底，更好满足人民群众看病就医刚需。另一方面，瞄准未来生物医药和健康产业发展方向，聚焦人民群众健康、养老、医美等新需求，因应消费升级趋势，着力在构建政策体系、强化科研实力、推动产业整合等方面综合施策，打造全球生物医药创新与产业发展高地。

（三）统筹政府和市场的关系

在强化政府保基本、兜底线的同时，发挥市场优供给、提品质的灵活优势，深化民生服务领域市场化改革和对内对外开放，更好实现社会效益和经济效益相统一。以养老服务为例，"七人普"结果显示，广州户籍人口老龄化不断加深，全市65岁及以上老年人口占比近14%，正逼近中度老龄化社会，未来养老负担、社保支出和政府债务压力较大。从政府层面看，要完善基本养老服务体系，加大力度推进养老服务设施建设，优化健全"三支柱"养老保险体系，夯实兜底性养老服务保障。从市场层面看，则要加快发展银发经济，积极扩大适老产品供给，丰富发展养老金融产品，打造智慧健康养老，更好满足人民美好生活需要。

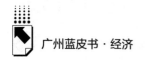

六 汇聚构筑"大安全"格局合力

广州地处"两个前沿",各种安全风险因素交织叠加,风险的联动性、倒灌性、放大性更加显著。必须更好统筹发展和安全,推进城市安全体系和能力现代化,提升城市安全水平,实现高质量发展和高水平安全动态平衡、相得益彰。

(一)坚决贯彻总体国家安全观

总体国家安全观关键在"总体",突出的是"大安全"理念,涵盖政治、军事、国土、经济、金融、文化、社会、科技、网络、粮食、生态、资源、生物、人工智能、数据等诸多领域,并随着经济社会发展不断拓展。要深刻把握总体国家安全观的"五大要素",妥善处理好"五个统筹",切实把总体国家安全观贯彻到经济社会发展全过程,不断增强防风险、迎挑战、抗打压的实力,确保政治安全、经济安稳、社会安定、人民安宁。

(二)防范化解重点领域风险

广州作为超大城市,日常面临道路交通安全、水上安全、建筑施工安全、危化品安全、工贸安全、消防安全、燃气安全、自然灾害等风险挑战,以及各种极端恶劣天气带来的严峻考验。要以"时时放心不下"的责任感和"眼睛瞪得大大"的敏锐性,聚焦提升城市安全治理体系和能力,打好维护国家政治安全主动仗,有效防范化解经济、金融、房地产等重点领域风险,深入开展安全生产重大事故隐患排查整治,优化提升社会治安防控体系,筑牢平安稳定的"铜墙铁壁"。

(三)创新完善社会治理体系

坚持和发展新时代"枫桥经验",用好镇(街)综治中心、最小应急单元、"广州街坊"、社会工作者等共治力量,分类施策有效化解各类矛盾纠纷,加大力度救助帮扶困难群体健全社会心理服务体系,确保预防在源头、化解在萌芽、解决在基层。坚持标本兼治,高效解决信访、人民建议征集、"12345"热线等反映的热点问题、高频共性问题,更好激发全社会共建共治共享热情,形成上下同心、齐抓共管、协调联动的工作格局。

参考文献

《习近平:关于〈中共中央关于进一步全面深化改革、推进中国式现代化的决定〉的说明》,中国政府网,2024 年 8 月 15 日,https://www.gov.cn/yaowen/liebiao/202408/content_6968537.htm。

《粤港澳大湾区发展规划纲要》,中国政府网,2019 年 2 月 18 日,https://www.gov.cn/zhengce/202203/content_3635372.htm#1。

《2025 年广州市政府工作报告》,广州市人民政府网站,2025 年 2 月 27 日,https://www.gz.gov.cn/zt/jj2025gzlh/hyjj/content/post_10134377.html。

《2024 年广州经济运行情况》,广州市统计局网站,2025 年 1 月 27 日,http://tjj.gz.gov.cn/stats_newtjyw/sjjd/content/post_10096827.html。

陈小兰、陈穗、苏琳婷:《广州市生命健康产业链高质量发展对策研究》,《决策咨询》2023 年第 5 期。

B.7
2035年经济翻番目标导向下
广州经济增长动力研究

广州市社会科学院经济研究所课题组*

摘　要： 广州锚定"排头兵、领头羊、火车头"的标高追求，聚焦高质量发展和中国式现代化之广州实践，提出"二次创业"再出发，"大干十二年、再造新广州"，到2035年实现经济总量翻一番。2010年以来，从产业维度来看，第三产业对广州经济增长的贡献最大，与重点城市相比，广州第三产业相对占优而第二产业优势明显弱化；从需求维度来看，广州经济增长的需求动力呈现消费和投资双轮驱动特征，与重点城市相比，消费和投资对广州经济增长的拉动作用相对较弱；从要素维度来看，不同时期资本、劳动和技术对广州经济增长贡献差异较大，与重点城市相比，三大要素对广州经济增长的贡献率仍有提升空间。对2024~2035年广州经济增长主要指标的预测结果表明，在乐观情景下广州可以实现2035年GDP倍增目标，在中性和悲观情景下与2035年GDP倍增目标仍有一定差距。建议聚焦产业提质、加力构建以实体经济为支撑的现代化产业体系，聚焦创新驱动、加快培育新质生产力，聚焦有效投资、切实增强经济发展后劲，聚焦潜力消费、着力建设国际消费中心城市，聚焦布局优化、做大做强新经济增长极，聚焦开放发展、积极推进全方位开放合作，聚焦要素保障、全力破解发展瓶颈，聚焦深化改革、努力营造优质发展环境，夯实广州经济增长动力，促进经济高质量发展。

关键词： 经济增长动力　经济倍增　广州

---

* 课题组组长：欧江波，博士，广州市社会科学院经济研究所所长、研究员，研究方向为宏观经济、产业经济、房地产经济。课题组成员：唐碧海、伍晶、范宝珠、陈璐。

按照全面建成社会主义现代化强国总体战略安排，到 2035 年我国将基本实现社会主义现代化，这意味着经济总量翻一番、人均 GDP 达到中等发达国家水平。广州是国家中心城市、粤港澳大湾区核心引擎和广东省省会城市，在 2035 年全国实现经济倍增目标的大背景下，广州锚定"排头兵、领头羊、火车头"的标高追求，聚焦高质量发展和中国式现代化之广州实践，提出着眼服务全国全省大局，推动"二次创业"再出发，"大干十二年、再造新广州"，到 2035 年实现经济总量翻一番①，朝着中心型世界城市阔步前进，更好为全省、全国的经济发展及共同富裕的中国式现代化挑大梁、作贡献。经济增长动力是经济社会发展的核心问题。从 2014 年开始，广州经济增长结束了年均 10%以上的高速增长，进入增速换挡期，2014～2024 年经济增速分别为 8.5%、8.3%、7.6%、6.7%、6.0%、6.9%、2.7%、8.1%、1.0%、4.6%、2.1%。本报告从产业、需求、要素等维度对 2010 年以来广州经济增长动力进行定量分析和城市比较，对支撑 2035 年广州经济增长动力进行综合分析，并在此基础上提出未来广州增强经济增长动力、促进经济高质量发展的对策建议。

一　基于产业维度的广州经济增长动力分析

（一）从三次产业来看，第三产业对全市经济增长的贡献最大

第一产业、第二产业、第三产业增加值分别由 2010 年的 168.62 亿元、4053.30 亿元、6418.75 亿元增加到 2024 年的 334.47 亿元、7839.45 亿元、22858.58 亿元，2011～2024 年年均增长 3.6%、5.8%和 7.4%。② 三次产业结构由 2010 年的 1.59∶38.09∶60.32 调整为 2024 年的 1.08∶25.26∶73.66，第一产业占比变化不大，第二产业占比明显下降，第三产业占比明显上升（见图 1）。

---

① 广州经济实现 2035 年翻番目标指 2035 年广州 GDP 总量达到 6 万亿元（按 2022 年可比价）左右，为 2022 年的 2 倍，按此计算，2023～2035 年年均增长率须达到 5.5%左右。

② 增长率均考虑价格因素，按可比价格计算，下同。

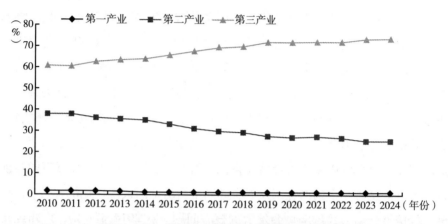

图 1　2010~2024 年广州三次产业结构变化情况

资料来源：广州市统计局。

从三次产业对广州经济增长的贡献率来看，2011~2023 年第一产业、第二产业、第三产业年均贡献率分别为 1.0%、25.1%、73.9%，第三产业是经济增长的绝对动力。"十二五"时期、"十三五"时期以及"十四五"前三年，第一产业的年均贡献率略有提高，但贡献率总体不大；第二产业的年均贡献率单调下降且 2021~2023 年大幅下降；第三产业的年均贡献率单调上升且 2021~2023 年显著上升。这表明第三产业对经济增长的拉动作用更为明显，也表明第二产业景气不足是影响广州经济增长的重要原因（见表 1）。

表 1　不同时期三次产业对广州经济增长的年均贡献率

单位：%

时期	第一产业	第二产业	第三产业
2011~2023 年	1.0	25.1	73.9
2011~2015 年	0.4	34.1	65.5
2016~2020 年	1.2	27.8	71.0
2021~2023 年	1.7	5.7	92.6

资料来源：广州市统计局。

（二）从工业来看，三大支柱产业产值占比较高但增长明显分化

2024年规模以上汽车制造业、电子产品制造业和石油化工制造业三大支柱产业共完成工业产值10632.54亿元，占全市规模以上工业总产值的46.9%，占比较2010年提高了1.7个百分点，其中汽车制造业占22.3%、电子产品制造业占15.7%、石油化工制造业占8.9%。

三大支柱产业分化明显。汽车制造业在三大支柱产业内部占比高（47.54%），增长波动对广州工业影响极大，2011~2024年汽车制造业产值年均增长5.1%，低于全市平均水平（6.0%）0.9个百分点；电子产品制造业表现相对较为平稳，2011~2024年电子产品制造业产值年均增长8.0%，高于全市2.0个百分点；石油化工制造业近年来受原材料价格大幅波动、市场需求不足等影响，表现持续低迷，占比明显下降，2011~2024年石油化工制造业产值年均增长3.3%，低于全市2.7个百分点。

（三）从服务业来看，金融业、批发和零售业增加值占比有所提高且增长较快

批发和零售业、金融业、房地产业增加值占GDP比重排前，2024年占比分别为13.1%、9.8%、8.4%，且较2010年均有所提高，分别提高0.6个、3.7个、1.1个百分点。交通运输、仓储和邮政业及住宿和餐饮业的增加值占GDP的比重分别为6.3%、1.9%，较2010年分别低0.4个、0.9个百分点。

近年来金融业、批发和零售业增长较快。2024年金融业实现增加值3049.01亿元，2011~2024年年均增长10.1%，高于同期GDP增速3.3个百分点。2024年批发和零售业实现增加值4068.40亿元，2011~2024年年均增长7.5%，高于同期GDP增速0.7个百分点。2024年交通运输、仓储和邮政业实现增加值1949.50亿元，2011~2024年年均增长7.7%，高于同期GDP增速0.9个百分点。2024年房地产业实现增加值2591.85亿元，2011~2024年年均增长4.7%，低于同期GDP增速2.1个百分点。2024年住宿和餐饮业实现增加值585.21亿元，2011~2024年年均增长1.2%。

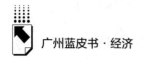

（四）与重点城市相比，广州第三产业相对占优而第二产业优势明显弱化

2011~2024年，广州第二产业增加值年均增长5.8%，低于全国（6.3%）、广东（6.2%），弱于重庆（9.3%）、成都（8.4%）、武汉（7.4%）、深圳（7.3%）和苏州（6.2%），在重点城市中排名第6，增加值增速居中游水平。2024年广州第二产业增加值达到7839.45亿元，低于深圳（13909.28亿元）、苏州（12516.70亿元）、重庆（11690.68亿元）和上海（11637.57亿元），列第5位，比2010年排名下降了1位，被重庆超越（见图2）。2010年以来广州第二产业保持了中位水平增长，但产业规模与深圳、重庆和苏州的差距增大，产业竞争力相对下降。

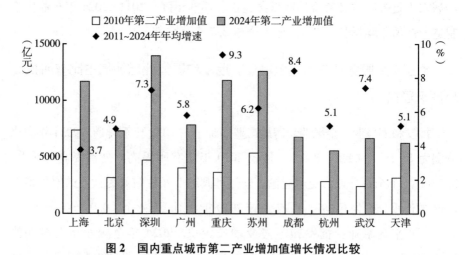

图2　国内重点城市第二产业增加值增长情况比较

资料来源：各城市统计局。

2011~2024年，广州第三产业增加值年均增长7.4%，高于全国（7.1%）、广东（7.2%），弱于杭州（8.9%）、重庆（8.8%）、苏州（8.4%）、深圳（7.9%）、武汉（7.8%）、成都（7.7%），在重点城市中排名第8。2024年广州实现第三产业增加值22858.58亿元，低于北京（42499.90亿元）、上

海（42189.44 亿元）和深圳（22866.22 亿元），排名第 4 位，比 2010 年排名下降了 1 位，被深圳超越（见图 3）。2010 年以来广州第三产业增长总体稳健但低于全国重点城市平均水平，产业规模排名第 4，第三产业的传统优势有所弱化。

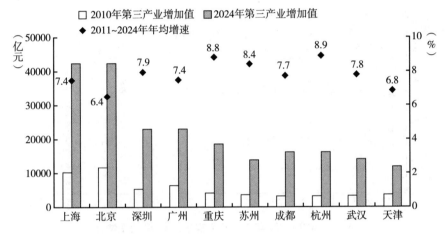

图 3 国内重点城市第三产业增加值增长情况比较

资料来源：各城市统计局。

二 基于需求维度的广州经济增长动力分析

（一）广州经济增长的需求动力呈现消费和投资双轮驱动特征，货物及服务净流出在广州经济发展中具有重要作用

2011~2021 年，消费是最重要的需求动力，各年消费率（最终消费支出占 GDP 的比重，下同）保持在 50% 左右的水平，不过受服务需求减少等因素影响，2020~2021 年①分别下降至 47.2% 和 46.5%；投资是次重要的需求动力，各年投资率（资本形成总额占 GDP 的比重，下同）基本保持在

---

① 广州市统计局自 2022 年起不再公布 GDP 的需求维度数据，故本部分"最终消费支出""资本形成总额""货物及服务净流出"均无 2022~2024 年数据。

35%左右的水平,2010 年以来总体呈现上升趋势,2021 年达 37.7%,比2010 年高 2.9 个百分点;货物及服务净流出在广州经济发展中具有较为重要的作用,各年净流出率(货物及服务净流出占 GDP 的比重,下同)基本保持 15%左右的水平,2021 年为 15.8%(见图 4)。

图 4　2010~2021 年广州三大需求占 GDP 比重情况

资料来源:广州市统计局。

(二)居民消费支出占 GDP 比重有所下降,居民消费升级趋势明显

最终消费支出包括居民消费支出和政府消费支出。2011~2021 年,居民消费支出占 GDP 比重基本保持在 35%左右,2020~2021 年受经济下行、居民收入增长放缓等因素影响占比回落至 34.0%左右,是广州消费率下降的主要原因;政府消费支出占 GDP 比重总体稳定,基本保持在 13%左右的水平,不过受财政收入增长放缓、落实习惯过紧日子要求等因素影响,2021年占比降至 12.5%(见图 5)。

2010 年以来广州消费呈现如下特点:一是消费品市场规模稳步扩大,2024 年社会消费品零售总额达 11055.77 亿元,2011~2024 年年均增长7.9%,高于同期 GDP 增速 1.1 个百分点,不过受基数提高等因素影响,

图5　2010~2021年广州最终消费支出情况

资料来源：广州市统计局。

2020年以来增速波动下行；二是居民消费升级趋势明显，用于交通通信、医疗保健等的发展型享受型消费支出持续增加，2023年交通通信、医疗保健支出占比分别为12.9%和5.2%，较2015年高0.7和0.9个百分点，而受房价和租金上升等因素影响，2023年居住支出占比为25.9%，比2015年高3.1个百分点；三是网上消费等新兴消费模式发展迅速，2016~2023年限额以上批发零售业实物商品网上零售额年均增长17.5%，是拉动广州消费增长的重要动力。

（三）固定资本形成总额占GDP比重有所提高，投资规模持续扩大

资本形成总额包括固定资本形成总额和存货增加。2010~2021年，固定资本形成总额占GDP比重有所提高，2021年达35.3%，比2010年高4.3个百分点，是近年来广州投资率上升的主要原因；存货增加占GDP比重基本保持在2%左右的水平，2021年为2.5%（见图6）。

2010年以来广州投资增长呈现如下特点：一是投资规模持续扩大，2024年投资额达8638.08亿元，2011~2024年年均增长8.8%，高于同期

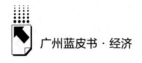

图6　2010~2021年广州资本形成总额情况

资料来源：广州市统计局。

GDP增速2.0个百分点；二是2016年以来建设改造投资增长较快，"十三五"时期和"十四五"前三年分别增长9.5%和8.4%，高于同期房地产开发投资0.4个和10.1个百分点；三是第三产业投资占比较高、第二产业尤其是工业投资增长较快，2024年第三产业投资占全市投资总量的80.0%，2021~2024年工业投资年均增长13.5%，高于同期投资增速10.3个百分点。

（四）货物及服务净流出占GDP比重呈"U"形走势，出口结构持续优化

2010年以来货物及服务净流出占GDP比重呈"U"形走势，2011~2017年受全球经济危机爆发等因素影响占比持续回落，由17.6%下降至11.5%，2018~2021年在跨境电商等外贸新业态快速发展的带动下占比回升至15%左右（见图7）。

2010年以来广州出口呈现如下特点：一是出口实现平稳增长，2024年广州实现商品出口总值7005.48亿元，2011~2024年年均增长5.6%，高于同期进口增速4.7个百分点；二是一般贸易占比大幅上升，2024年

图7　2010~2021年广州货物和服务净流出情况

资料来源：广州市统计局。

出口额达到 5141.70 亿元，占比达 73.4%，较 2010 年高 31.5 个百分点；三是民营企业出口规模不断扩大，2024 年出口额达 4395.33 亿元，占比达 62.74%，较 2010 年高 43.3 个百分点；四是对新兴市场出口持续增加，2024 年广州对东盟、拉丁美洲和非洲出口分别达 956.54 亿元、581.24 亿元、430.97 亿元，合计占比达 28.1%，比 2010 年高 9.8 个百分点；五是跨境电商等外贸新业态蓬勃发展，2024 年广州跨境电商进出口额超过 1700 亿元，占全市外贸总额比重超过 15%，是拉动广州外贸增长的坚实力量。

（五）与重点城市相比，消费和投资对广州经济增长的拉动作用相对较弱

2010~2021 年广州消费率基本低于全国和广东省，与北京和上海存在较大差距、略高于重庆，2021 年广州消费率为 51.7%，分别低于全国和广东省 6.7 个和 3.5 个百分点，低于北京、上海和重庆 10.2 个、9.9 个和 0.4 个百分点，说明广州消费需求对经济增长的拉动作用弱于全国、广东省以及北京、上海和重庆。

2010~2021年广州投资率低于全国和广东省，也低于北京和上海，与重庆差距较大。2021年广州投资率为37.7%，分别低于全国和广东省5.8个和7.9个百分点，低于北京、上海和重庆1.8个、2.7个和16.2个百分点，说明广州投资需求对经济增长的拉动作用弱于全国、广东省以及北京、上海和重庆。

2010~2021年广州净流出率高于全国和广东省以及北京、上海和重庆，2021年为15.8%，分别高于全国、广东省12.5个和11.4个百分点，高于北京、上海和重庆12.0个、12.6个和16.6个百分点，说明广州外向型经济的特征明显，外需对经济增长的拉动力较大。

三 基于要素维度的广州经济增长动力分析

（一）不同时期资本、劳动力和技术对广州经济增长贡献差异较大

本报告根据广州经济增长的索罗模型估计，可得到广州的资本、劳动力、技术三大要素对经济增长的贡献率（见表2）。

表2 要素对经济增长贡献率测算结果

单位：%

	GDP	资本	劳动力	技术
年均增长率				
1995~2010年	12.6	14.5	3.5	5.5
2011~2023年	5.5	11.2	3.9	1.0
要素对经济增长贡献率				
1995~2010年	100.0	34.9	20.2	44.9
2011~2023年	100.0	47.3	37.9	14.8

资料来源：课题组测算结果。

根据模型测算结果，在1995~2010年、2011~2023年两个时期，资本、劳动力、技术三大要素对经济增长的贡献率分别为34.9%、20.2%、44.9%

和47.3%、37.9%、14.8%，可见1995~2010年技术和资本是经济增长的主要驱动力，2011~2023年资本和劳动力是经济增长的主要驱动力，资本始终是广州经济增长的主要驱动力。有两个特殊因素导致2011~2023年相比1995~2010年劳动力贡献率上升和技术贡献率下降：一是广州劳动力人数年均增速在2011~2023年为3.9%，比1995~2010年提高0.3个百分点；二是美国在2011~2023年对中国实施各种贸易、技术等限制措施，加上中国技术已达到较高水平，技术进步的难度增大。

（二）资本对广州经济增长的贡献率快速上升

广州多年以来通过吸引国内外投资、优化金融环境、推动资本市场发展等措施，实现了资本要素的有效集聚和高效利用，在1995~2010年、2011~2023年两个时期，资本要素对经济增长的贡献率分别为34.9%、47.3%，后者比前者提高了12.4个百分点，资本要素的重要性越来越高，虽然近年来固定资产投资增速有回落趋势，但无论是劳动力素质的提升，还是技术升级，都离不开新的资本投入，资本仍然是经济增长重要驱动力。

土地要素供应量呈增长趋势。2011~2023年广州累计供应（含公开出让、协议出让和划拨）各类用地32807.14公顷。土地供应量呈现持续增长态势，"十二五"时期、"十三五"时期、2021~2023年年均土地供应量分别为1589.80公顷、2627.02公顷、3907.68公顷。

新增存贷款持续增长。2011~2023年广州累计新增人民币存贷款6.15万亿元和6.07万亿元，年均增加4394亿元和4336亿元。"十二五"、"十三五"、2021~2023年年均新增人民币存贷款分别为3638亿元和2230亿元、4808亿元和5480亿元、6429亿元和7388亿元。

（三）劳动力对广州经济增长的贡献率快速上升

广州劳动力要素对经济增长的贡献率从1995~2010年的20.2%迅速提升至2011~2023年的37.9%，2010年以来广州经济发展投入的劳动力数量总体实现了较快增长，2023年就业人员数比2010年增长了55.4%，年均增长3.4%。随着我国人口总量进入下降通道，劳动力供给发生历史性转变，广州依靠劳动力数量增加驱动经济增长的条件逐渐消散，广州就业人员数量年度增速呈回落趋势，"十二五"、"十三五"、2021~2023年三个时期就业人员数年均分别增长5.5%、增长4.5%、下降0.6%。从全国人口数量的未来发展趋势看，全国劳动人口数量近期回升的可能性不大，需要通过提升劳动人口素质以及提高劳动力资源利用效率来增强经济增长动力。

服务业就业人员翻番且比重大幅上升。在产业转型升级和城市化的大潮下，部分制造业或外迁或关停或服务化，同时大批"四新"产业蓬勃兴起，带动广州第三产业就业人数持续较快增长，而第一、第二产业就业人数增长缓慢。2023年广州第一、第二、第三产业就业人员数分别为44.6万、257.1万、837.1万人。与2010年相比，分别下降26.8%、下降8.8%、增长114.6%，占全市就业人员总数的比重分别下降4.4个、下降15.9个、提高20.3个百分点，人均增加值分别名义增长1.57倍、1.14倍、63.44%（见图8）。

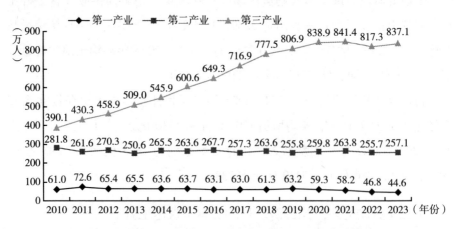

图8 2010~2023年广州市三次产业就业人员数变动情况

资料来源：广州市统计局。

（四）技术对广州经济增长的贡献率明显回落

技术对广州经济增长的贡献率从 1995~2010 年的 44.9% 回落到 2011~2023 年的 14.8%，随着技术水平的提升，依靠引进技术促进经济增长的空间大幅缩窄，加上部分发达国家的科技封锁导致技术进步的难度增大。近年来广州高度重视科技创新，加大研发投入，推动科技成果转化，技术进步有望成为未来经济增长的主要驱动力。

专利授权量实现较快增长。2023 年专利授权量达 118070 项，比 2010 年增长 6.8 倍，年均增长 17.2%；其中，发明专利授权量持续较快增长，2023 年发明专利授权量达 36339 项，比 2010 年增长 17.3 倍，年均增长 25.1%，"十二五"、"十三五"、2021~2023 年发明专利授权量年均分别为 4490 项、11022 项、29354 项。

（五）与重点城市相比，三大要素对广州经济增长的贡献率仍有提升空间

尽管广州在提升资本、劳动力、技术三大要素驱动力方面已经取得了显著成效，但与国内先进城市相比仍有提升空间。在资本要素方面，广州固定资产投资规模近几年仍徘徊在万亿元以下，相对其他先进城市无论是规模还是增速均有提升空间。在劳动力要素方面，广州在吸引劳动人口流入和加强人才保障方面相对于成都、深圳、苏州等城市仍有提升空间。在技术要素方面，广州拥有较好的技术资源条件基础，但在发挥这些资源的作用方面仍有提升空间，发明专利授权量相对北京和深圳仍有较大差距。

2021~2023 年广州就业人员数增速低于全国和广东省。与 2010 年相比，2023 年广州就业人员数增速在 11 个重点城市中排名第二，仅次于深圳，但 2021~2023 年，广州就业人员数增速在 11 个重点城市中排名回落到倒数第 5 位，增速也比全国、广东省低 0.3 个和 1.9 个百分点。2010~2023 年重点城市就业人员数变动情况如图 9 所示。

广州发明专利授权量增速较快，但总量与北京和深圳差距较大。2023

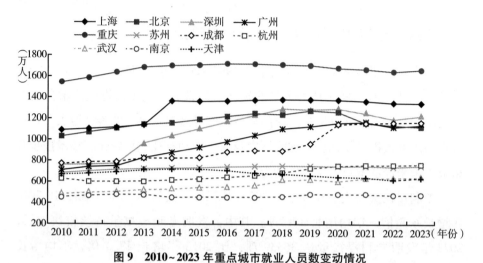

图9　2010~2023年重点城市就业人员数变动情况

资料来源：各城市统计局。

年，广州发明专利授权量增速在11个重点城市中排名第2位。2023年，广州发明专利授权量在11个重点城市中排名第4位，低于北京、深圳、上海，但比2010年提高了2位（见图10），占全国和广东省的比重分别比2010年提高2.5个、10.9个百分点。

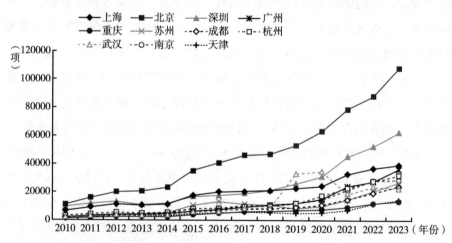

图10　2010~2023年重点城市发明专利授权量变动情况

资料来源：各市统计局。

四 2024~2035年广州经济增长指标预测

（一）预测思路

本报告对国内外经济社会环境和广州经济增长态势按照乐观、中性、悲观三种情景进行了假设，对三种情景下的外生变量2024~2035年走势进行合理预判和设定赋值。备选外生变量包括全球、发达经济体、发展中经济体和中国的实际GDP增速和CPI，以及人民币兑美元汇率等。利用1996年以来的内生变量和备选外生变量数据，对第一、第二、第三产业增加值指数及其价格指数进行模型构建，对三种情景下2035年广州经济增长主要指标进行预测。预测思路如图11所示。

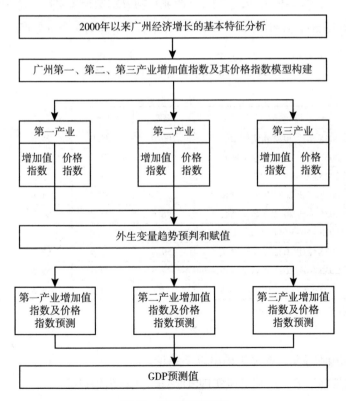

图11 预测思路框架

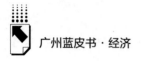

（二）预测结果

根据模型测算，在乐观情景下，2035年广州GDP将比2022年实际增长100.0%，年均实际增长5.5%，增速比2011~2022年年均水平回落1.9个百分点，其中，第一、第二、第三产业年均增长3.4%、5.3%和6.1%，分别比2011~2022年年均水平回落0.3个、1.2个和1.9个百分点。在中性情景下，2035年广州GDP将比2022年实际增长75.6%，年均实际增长4.4%，年均增速比2011~2022年年均水平回落3.0个百分点，其中，第一、第二、第三产业年均分别增长2.6%、4.2%和4.9%，分别比2011~2022年年均水平回落1.2个、2.2个和3.1个百分点。在悲观情景下，2035年广州GDP将比2022年实际增长59.9%，年均实际增长3.7%，增速比2011~2022年年均水平回落3.7个百分点，其中，第一、第二、第三产业年均分别增长2.2%、3.5%和4.1%，分别比2011~2022年年均水平回落1.6个、2.9个和3.9个百分点（见表3）。

表3　2035年广州经济增长预测结果

单位：%

		GDP	第一产业	第二产业	第三产业
乐观情景	2035年比2022年实际增长	100.0	55.2	94.6	116.0
	2035年比2022年名义增长	123.7	125.6	56.6	148.7
	2023~2035年年均实际增长	5.5	3.4	5.3	6.1
中性情景	2035年比2022年实际增长	75.6	38.7	71.8	86.7
	2035年比2022年名义增长	96.6	73.3	54.7	112.5
	2023~2035年年均实际增长	4.4	2.6	4.2	4.9
悲观情景	2035年比2022年实际增长	59.9	32.4	56.1	68.2
	2035年比2022年名义增长	79.5	39.2	55.5	89.1
	2023~2035年年均实际增长	3.7	2.2	3.5	4.1

资料来源：课题组预测结果。

根据预测结果，本报告得出以下结论。

1. 在乐观情景下广州可以实现2035年GDP倍增目标

在乐观情景下，2035年广州GDP将比2022年实际增长100.0%，年均实际增长 5.5%，可以实现 GDP 倍增目标，其中，第一、第二、第三产业年均分别增长 3.4%、5.3% 和 6.1%；中性和悲观情景下，2035 年广州 GDP 将比 2022 年实际增长 75.6% 和 59.9%，与 GDP 倍增目标仍有一定差距。

2. 在所有情景下第三产业在广州地区生产总值中的占比都将进一步上升

在乐观、中性、悲观三种情景下，广州三次产业占比都呈现如下特征：第一和第二产业占比将下降，第三产业占比将上升。在乐观、中性、悲观情景下，2035 年第三产业增加值占 GDP 比重将分别达到 80.1%、78.0%、76.0%，比 2022 年提高 8.0 个、5.9 个、3.9 个百分点（见表 4）。

表 4　2035 年广州三次产业增加值比重预测结果

单位：%

	第一产业	第二产业	第三产业
2022 年产业结构	1.1	26.8	72.1
乐观情景 2035 年产业结构	1.1	18.8	80.1
中性情景 2035 年产业结构	1.0	21.1	78.0
悲观情景 2035 年产业结构	0.8	23.2	76.0

资料来源：课题组预测结果。

五　夯实广州经济增长动力、促进经济高质量发展的对策建议

（一）聚焦产业提质，加力构建以实体经济为支撑的现代化产业体系

加快制造业高质量发展。坚持产业第一、制造业立市，加快发展壮大新质生产力。积极推动汽车产业提质增效，着力打造具有国际竞争力的新材料和绿色石化产业集群。持续开展"四化"平台赋能企业提升专项行动，促进信息技术与制造技术深度融合。做优做强现代服务业。发展产业互联网平台，大力发展研发设计、检验检测、人力资源、跨境租赁等专业服务业。加快发展基于大数据、云计算、物联网、区块链等新技术的信息服务，促进平

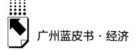

台经济健康发展。推动品牌营销、市场推广、技能培训、供应链管理等服务机构集聚发展。发展壮大战略性新兴产业。加快培育壮大新一代信息技术、新能源汽车、生物医药与健康等战略性新兴产业，积极拓展生物制造、商业航天、低空经济、海洋科技、新型储能等新领域，前瞻布局人工智能、量子科技、生命科学、纳米科技、深海空天等未来产业发展新赛道。发展壮大数字经济，高水平建设广州人工智能与数字经济试验区、国家数字服务出口基地。

（二）聚焦创新驱动，加快培育新质生产力

建设完善创新平台。鼓励广州现有大学和科研机构强化人才集聚和创新能力培育，加速关键核心技术攻关和科技创新成果转化。创新建设广州实验室、粤港澳大湾区国家技术创新中心等新型研发机构，推动实施"投资+孵化""学科+产业"等新型创新模式，精准服务产业链。培育壮大创新主体。支持产业链"链主"企业牵头组建体系化、任务型创新联合体，聚力在战略性、前沿性、颠覆性技术领域实现突破。支持"小巨人"企业和各类企业专注于细分产品市场的创新和品牌培育，支持专精特新中小企业提升技术创新能力，大力培育"独角兽"企业，形成一批"隐形冠军"企业、创新领军企业、未来新兴企业。努力营造创新生态。深化科技体制机制改革，支持建设概念验证中心、中小试基地，推动更多科技成果沿途转化。完善金融支持科技创新全链条服务体系，丰富区域股权市场培育科创企业功能。完善人才发展环境，培养引进一批战略科学家，集聚科技与产业领军人才和创新团队。

（三）聚焦有效投资，切实增强经济发展后劲

切实加大产业发展投资。推动制造业存量企业投资跃增，积极推动企业开展新一轮技术改造和设备更新投资，大力支持企业增资扩产。加大项目招引力度，在战略性新兴产业、未来产业、高端服务业等领域招引一批高质量大项目。积极推动央企与地方合作，吸引更多央企来穗投资发展。用好用足

"两重"政策，紧盯国家政策导向、资金投向及发展需求，加力推进项目建设。加快推进基础设施建设。扎实推动国铁、城际、地铁、综合交通枢纽项目建设，持续完善高快速路网和市政骨架路网。持续推动重大科技基础设施投资，系统布局建设新型基础设施，推进传统基础设施数字化改造。积极稳步推进"平急两用"公共基础设施建设。深入实施"百县千镇万村高质量发展工程"，持续推进农村人居环境整治提升。稳步推进城市更新改造。坚持"拆、治、兴"并举推进城中村改造，加强改造资金、规划指标和土地资源统筹，有序推进改造项目实施。加快盘活低效用地及物业，推进低效产业用地、老旧厂房及物业、村镇工业聚集区等存量资源更新改造。大力争取专项债券等国家资金，积极推进存量商品房收购和闲置存量土地盘活工作。

（四）聚焦潜力消费，着力建设国际消费中心城市

充分激发消费潜能。用好用足"两新"政策。发展新型消费，培育"国潮"消费，壮大"老字号"。扩大服务消费，挖掘文化、体育消费潜力，发展医疗服务消费，增加育幼服务消费，支持住房改善消费。拓展农村消费，推动农业与消费融合，大力发展农产品直播带货、农业休闲体验、农产品交易平台等特色业态。持续提升消费空间品质。加快推进太古里、万象城等高端商业综合体建设，打造集国际消费目的地和标志性城市景观于一体的世界级消费地标。积极推进街区改造提升，充分发挥北京路、上下九步行街等特色街区作用，形成文商旅共振的国际化商业街区矩阵。运用新兴商业元素，推动"传统商业+场景"融合，突出数字化赋能，积极推广直播电商、新零售、智慧商圈等数字消费模式，做强"首店经济""首发经济"，支持高能级品牌和轻奢潮牌首店、旗舰店、概念店入驻。以争创国家文旅消费示范城市为契机，培育更多消费新场景新热点。

（五）聚焦布局优化，做大做强新经济增长极

科学优化城市功能空间布局。促进"三脉"传承发展，推动"三轴"融合互动，促进"三核"联动发展，围绕中心城区建设"历史文化核"，围

绕东部中心建设"现代活力核",围绕南沙重大战略性平台建设"未来发展核"。大力推动南沙开发开放取得新突破。推进南沙国际港航中心建设,加快三大先行启动区产业导入和功能提升,推动万顷沙南部片区开发建设。完善轨道交通网络,加密路桥交通网络,扎实推进狮子洋通道等路桥项目建设。加快打造广州东部中心。重点发展半导体与集成电路等先进制造业,提升生产性服务业和都市消费工业。打造东部中心技术创新策源基地,高水平建设科创产业联动发展平台。着力推进广州北部增长极发展。巩固提升枢纽运输与现代物流等三大空铁核心产业,做大做强汽车智造等五大先进制造业,升级发展现代会展等四大现代服务业。以"白云国际机场—广州北站—广州国际港"为支点,努力打造空铁融合经济示范区。

(六)聚焦开放发展,积极推进全方位开放合作

全面深化区域合作。持续深化与港澳全面合作,推进粤港澳大湾区国际科技创新中心建设,积极拓展穗港澳在金融、产权等新兴领域规则衔接,高水平建好用好港澳青年创新创业基地。全面加强广深产业合作,协同布局一批重大科技基础设施,联合实施一批战略性新兴产业重大工程。全力建设广州都市圈,加强与东莞、中山等周边城市在重大规划、基础设施、产业发展等方面合作。持续推动更高水平对外开放。全面增强国际商贸中心功能,推进外贸、外资、外包、外经、外智"五外联动"。深化规则、规制、管理、标准改革,推动范围更广、程度更深的制度型开放。深入开展国家服务业扩大开放综合试点、跨境贸易投资高水平开放试点,推进国家进口贸易促进创新示范区建设。优化外资高质量发展政策体系,提升制造业利用外资水平。建设国际交往中心城市,鼓励广州企业加强全球布局,打造全球性高端资源和要素集聚枢纽。

(七)聚焦要素保障,全力破解发展瓶颈

全力打造高水平人才高地。实施更加积极、更加开放、更加有效的人才政策,丰富完善产业人才供给体系,构建产业需求导向的人才发现集聚、培

养使用、评价激励体制机制。依托国家实验室、重大科技基础设施等重大科技创新载体,"雁阵式""成建制"引进顶尖科学家、青年科学家。积极拓宽资金筹措渠道。用好新增债券资金,做好项目筛选储备和申报工作,力争将更多优质新型基建、新能源等政策鼓励项目纳入债券项目库。充分发挥新兴产业发展资金等财政资金作用,加大重点产业发展支持力度。积极争取中央预算内资金、政府专项债、政策性开发性金融工具等支持,多渠道解决城中村改造资金需求。切实保障用地需求。积极做好土地整备工作,加快发展建设用地二级市场,推动土地综合开发利用、用途合理转换,盘活存量土地和低效用地。创新产业用地供应模式,积极推广"大项目供地、中项目供楼、小项目租赁厂房",加快推进"工业上楼"建设,为不同类型企业提供高品质、低成本、定制化产业空间。

(八)聚焦深化改革,努力营造优质发展环境

积极打造"产业版"营商环境。贯彻落实党的二十届三中全会重要部署,结合广州实际开展穿透式调研,推出一批企业可感可知的实施措施、争取一批大胆探索的政策试点,助力行业发展、产业壮大。抓好国家营商环境创新试点建设。树立"产业友好型"理念,推出新一轮"产业版"营商环境改革举措,全面推行首席服务官制度,鼓励更多企业家、专业人士参与营商环境政策制定。推进建设高标准市场体系。全面落实国家市场准入负面清单制度,依法平等保护各种所有制企业权益。深化税收征管改革,落实好国家财税管理和减税降费各项部署。深入推进要素市场化配置综合改革试点,健全要素市场一体化运行机制。开展现代化市场监管机制改革试点,探索更具弹性的包容审慎监管,健全新技术、新产业、新业态、新模式分类监管规则和标准。

参考文献

白柠瑞、李成明、杜书等:《新旧动能转换的内在逻辑和政策导向》,《宏观经济管

理》2021 年第 10 期。

陈梦根、侯园园：《中国经济增长动力结构变迁：2000—2019》，《经济研究》2024 年第 1 期。

郝大江、张荣：《要素禀赋、集聚效应与经济增长动力转换》，《经济学家》2018 年第 1 期。

马海良、陈仔浩：《新旧动能转换的时空演变与区域差异：基于长三角与粤港澳大湾区城市群的比较》，《科技管理研究》2023 年第 4 期。

庞磊：《双向直接投资联动促进了产业新旧动能转换吗——来自中国数据的实证》，《中国经济问题》2022 年第 3 期。

王澎波、于涛、程龙：《间接融资发展下的经济增长——基于增长动力的研究》，《经济论坛》2018 年第 7 期。

余顺坤、侯咏、张哲人等：《"十五五"时期世界经济增长态势分析》，《宏观经济研究》2024 年第 4 期。

周晓波、王继源、陈璋：《中国经济增长动力的转换——基于技术进步视角的实证研究》，《经济问题探索》2018 年第 6 期。

工业经济篇 ⟫

B.8

产业互联网赋能广州传统特色产业
高质量发展研究

广州市发展与改革研究中心博士后创新实践基地课题组*

摘　要：　传统产业是现代化产业体系的基底，是培育新质生产力的重要阵地，产业互联网是推动传统产业转型升级的重要途径和驱动力量。产业互联网赋能广州传统特色产业已初步形成生产制造侧赋能、销售侧反向赋能、全产业链赋能和基座侧赋能 4 种赋能模式，但还存在中小微企业应用动力偏弱、互联网平台供给存在局限、政策规划引领有待提升等方面的问题，建议注重政策端、企业端、平台端集中发力，打造产业互联网政策高地、产业高

*　课题组成员：潘其胜，广州市发展与改革研究中心主任，研究方向为产业经济、科技创新；蒋国学，广州市发展与改革中心一级调研员、博士后创新实践基地主任，研究方向为产业升级、社会发展；陈嘉平，广州市城市规划勘测设计研究院区域规划设计所副所长，研究方向为产业经济；郑米良，广州市发展与改革研究中心二级调研员、博士后创新实践基地副主任，研究方向为产业经济；钟梦琪，广州市城市规划勘测设计研究院规划师，研究方向为产业经济；吴凯滔，广州市城市规划勘测设计研究院规划师，研究方向为产业经济；李昕卓，广州市城市规划勘测设计研究院规划师，研究方向为产业经济。执笔人：潘其胜、蒋国学、陈嘉平。

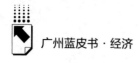

地、平台高地、业态高地、技术高地、人才高地，促进产业互联网赋能传统特色产业升级发展。

关键词： 产业互联网　传统特色产业　产业升级

一　广州传统特色产业①的基本情况

广州传统产业发达，在全国乃至全球都具有强大影响力。当前七大类传统特色产业集群仍然是广州产业体系的基本盘，在广州经济社会发展中发挥重要作用。

（一）规模大特色强，是推动高质量发展的"硬支撑"

2023年，广州传统特色产业规上工业总产值3102.79亿元，是工业经济稳增长的支柱力量。其中，纺织服装产业规上工业总产值388亿元，销售额约占全国10%；美妆日化规上工业总产值268.72亿元，持证生产企业1800余家，约占全国1/3；箱包皮具总产值156.6亿元，规上工业企业331家；珠宝首饰规上工业总产值47.46亿元，40年来稳坐我国珠宝文创行业头把交椅；食品饮料规上工业总产值1441.32亿元；家居家具规上工业总产值357.52亿元，获"全球定制之都"称号；灯光音响规上工业总产值443.17亿元，约占全国1/3，企业205家。由此可见，广州传统特色产业规模大、特色强，对推动经济高质量发展发挥重要作用。

（二）稳就业保民生，是吸纳就业的"蓄水池"

传统特色产业链条完整，创造广阔的就业空间，是稳就业、保民生、促

---

① 根据《广州市国民经济和社会发展第十四个五年规划和2035年远景目标纲要》，广州传统特色产业包括纺织服装、美妆日化、箱包皮具、珠宝首饰、食品饮料、家居家具、灯光音响等七大类。

发展的重要渠道。据统计，广州传统特色产业制造板块贡献了约2/3的制造业企业数量和就业岗位，规上企业用工 37.59 万人，相关专业市场集聚商户近 9.5 万家、从业人员超 150 万人。广州有箱包皮具企业万余家，商铺 2 万余家，从业人员超 30 万人。纺织服装产业就业人口约占全市制造业人口的10%，带动下游销售企业 24 万余家。综上，传统特色产业对于全市产业稳定、就业稳定具有重要意义。

（三）促消费稳外贸，是激发区域经济活力的"动力源"

传统特色产业是促消费的"强支撑"。2023 年，以纺织服装、美妆日化、珠宝首饰等传统特色产业为主体的时尚消费品工业产值 4862 亿元，占规上工业总产值的 20.4%，已培育出一批时尚名品、时尚名店和时尚龙头企业，延续并构筑了广州作为"千年商都"消费品产地优势。传统特色产业是稳外贸的"主力军"。2023 年广州服装及衣着附件出口额 310.46 亿元，占全市出口总额的 4.77%；纺织纱线、织物及制品出口额 153.33 亿元，占全市 2.36%；箱包及类似容器出口额 166.21 亿元，占全市 2.56%；家具及其零件出口额 128.58 亿元，占全市 1.98%。传统特色企业是"走出去"的"顶梁柱"。希音（Shein）从番禺南村走向全球 224 个国家地区。名创优品扎根荔湾、面向全球，在 111 个国家和地区建立了超过 6600 家门店的零售网络，将"广州制造"带到世界各地。

（四）潜力大活力足，是发展新质生产力的"生力军"

随着数字化供应链、柔性生产、小单快反模式日趋成熟，依托 Temu（拼多多旗下国际电商平台）、TikTok（抖音海外）等电商平台"出海"发展，大量中小微企业借网升级、借船出海，创新动力强、发展潜力大。当前，传统特色产业依托完善的产业生态，通过数字经济和智能生产赋能产业升级、技术创新，实现新一轮蝶变，加速向"微笑曲线"两端集聚，向产业链、价值链中高端跃升。

随着生产成本、商业成本的攀升，广州传统特色产业市场竞争力下降，产业外流风险加剧，同时受制于多主体、长链条、低利润等特点，传统特色产业"旺丁不旺财"、有规模没数据、增值难纳统等问题突出，亟须借助新技术、新业态、新模式赋能促进传统特色产业"老树发新芽"，枝繁叶茂。

二 产业互联网赋能广州传统特色产业的模式创新

产业互联网泛指以企业为服务对象，以生产活动为应用场景，体现为互联网技术对各产业的生产、交易、融资、流通等各环节的改造，推动企业内部以及产业链各环节降本增效，实现高质量发展。近年来，广州围绕传统特色产业，推动建设5个"1+2+N"① 行业特色数字化转型公共平台。2023年7月，五大集群工业互联网平台已服务企业8812家，连接设备4107台，接入生态合作伙伴近162家，提供应用服务159个，初步形成4种赋能模式，推动互联网平台赋能传统特色产业转型升级焕发活力。

（一）模式一：生产制造侧赋能

生产制造侧赋能是指产业互联网平台聚焦传统特色产业的生产制造环节，运用数智技术、绿色技术，推动生产制造侧产业数字化转型升级，打破信息壁垒、消除资源错配，提升产业链全环节效率。

一是以数智系统提升企业智能生产水平。如致景科技建立三个平台赋能传统纺织服装业；"全布"纺织工业互联网平台，运用"飞梭智纺""边织边检"等数智系统，赋能全国9000余家传统纺织企业效率倍增和协同制造能力提升；"天工"服装智能制造云平台运用选款平台、Fashion3D、Fashion Mind、"易菲"等数智系统，提升企业快速响应能力；"百布"成品布交易服务平台招揽全国近七成布料一级批发商，将企业的寻布时间从2天缩短至2分钟，提升企业库存周转率。

---

① "1+2+N"即面向每一个集群，形成行业解决方案服务商、跨行业跨领域平台等两方紧密合作的建设主体，协同N个数字化转型合作伙伴。

二是以云端系统提升产业链协同制造能力。如广州盖特软件打造的箱包皮具行业云端生产管理信息系统，带动产业链上下游系统互联，吸引千家皮具箱包企业"上云上平台"，协同效率提升 40% 左右，成本降低 10% 以上。生产流程"云管理"，通过 ERP 箱包企业管理系统，与材料供应商系统、生产加工厂系统互联互通，帮助企业实现从采购、生产、库存到销售的全流程数字化管理。设计要素"云共享"，通过箱包设计软件，实现资料库云共享及 3D 仿真设计，汇集供应商、设计师、生产商、销售商形成产品研发协同体系。生产材料"云匹配"，通过包料人找料卖料系统，应用电子色卡、拍图找料等人工智能技术，形成产品标识、订单、物流、金融的智能协同和各种增值服务；通过共享加工中心接单发单系统，实现接单企业在线自助业务，供需匹配优化供应链资源，远程可视化管理；通过升产亿生产绩效管理系统，实现工资自动计算、数智决策、生产数据实时可视化；通过搜料亿仓储可视化系统，实现仓库管理全条码化作业，提高效率。

（二）模式二：销售侧反向赋能

销售侧反向赋能是指产业互联网平台聚焦传统特色产业的产品销售环节，从销售侧反向切入，运用数智技术广泛收集分析消费者需求，帮助生产企业精准对接客户需求，节约销售成本，提高经营效益。

一是赋能产品出海。在提升商户运营能力方面，Temu 针对传统中小型制造企业出口贸易体量小、信息渠道有限问题，开创"互联网+全托管"模式。在规避贸易风险方面，入驻商户只需要将商品运送至平台境内仓库，余下的跨境物流、定价汇率换算、海外市场规则等风险均由 Temu 承担。在市场行情透明化方面，针对中小型制造企业没有直接获客能力、严重依赖中间商等问题，开创"互联网+实时生产"模式，及时识别、归集不同国家市场的消费需求，帮助企业掌握市场行情。Temu 平台美国商城的服装鞋履品类均价可低于希音的 30% 以上，家居百货品类均价低于亚马逊的 50% 以上，而商户的利润提升仍超过 20%。

二是赋能尾货处理。唯品会打造的低成本尾货商贸平台，针对品牌商线下零售尾货处理过程长、成本高、品牌形象受损等问题，广泛收集品牌尾货货源，借助互联网平台信息密集、响应迅速等优势，精确对接客户，快速售卖尾货，助力品牌商降低尾货处理成本、加快回款速度。由于平台对货品的价格、真伪实施严格管控，有效保护了品牌形象，因此对品牌产品具有较强的吸引力，部分品牌尤其是中、高端品牌入驻唯品会的时间甚至早于京东、天猫旗舰店。

（三）模式三：全产业链赋能

全产业链赋能是指产业互联网平台聚焦传统特色产业的原材料、设计、生产、销售、物流等产业链各环节，运用数智手段助力企业提升响应速度和灵活性，降低运营成本，提高运营效益，持续赋能相关产业领域的关联企业，构成产业生态圈。

一是企业嵌入式赋能，即平台企业吸引生产企业嵌入平台企业的供应链系统。希音针对服装产业个性需求不断增长的趋势，聚焦"小单快反"商业模式，运用数智技术建立专用服装供应链管理系统，采取资金补贴方式，引导众多中小微服装企业接入供应链系统，实现服装产业上下游企业的无缝连接。运用供应链系统及时捕捉全球市场的个性化需求，指导相关企业分工协作，快速生产个性化产品。通过希音供应链赋能，众多中小微企业协作生产的品牌商品库存率降低至个位数，而行业其他品牌未销售库存率平均水平为30%，大幅降低生产成本。

二是系统嵌入式赋能，即平台企业将供应链智能系统嵌入生产企业。如三维家科技聚焦定制家居企业的供应链管理，建立集3D云设计、3D云制造、工业数控三大平台于一体的家居智能制造系统，实现销售、设计、制造和装配多环节赋能。在销售环节，企业运用VR展厅、AI方案、直播解答等手段，与消费者实时互动，掌握个性需求；在设计环节，家装设计师根据客户需求，联动系统内置的图纸、采购、预算等数据设计家装方案，实时呈现实际效果；在制造与装配环节，工厂运用平台内置DMS板式家具拆单系统，根据设计方案进行标准化、模块化、自动化生产，还可为每一组产品生成适配的墙体、管道、门窗装配指引，极大降低安装出错率。通过赋能，家居家具销售门店每年可节省租金成本，提升成单率；工厂可节省材料成本和时间成本，极大地提高了中小家具企业的生产效益。

（四）模式四：基座侧赋能

基座侧赋能是指产业互联网基座型企业根据传统特色产业生产企业的实际需求，将母公司在垂直领域的数字化实践体系化、产品化，为企业提供个性化、特色化的自主数字化解决方案，支持企业实现全环节、全流程数字化转型升级。如日化智云依托立白集团，为大日化行业提供全产业价值链的研发供销一站式产业互联网平台。通过产业数据库、专家库和优质供应链资源整合立白科技集团的能力资源，打造研产供销一站式、个性化解决方案。平台汇集产业链上下游信息、汇聚供应商资源、开放通路运营服务，为行业企业提供新品智造、采购交易、营销代运营和供应链金融等服务。2024 年 3 月，日化智云平台已链接行业上、下游商家与客户近 1500 家，未来 5~8 年预计链接上下游企业接近 10000 家。

三 产业互联网赋能广州传统特色产业面临的问题挑战

近年来，广州产业互联网赋能传统特色产业取得了明显成效，先后培育了优势显著的产业互联网平台 120 多个，全市"上云"企业数量超过 10 万家，其中传统特色产业企业近万家，但在企业端、平台端和政策端仍面临一些问题和挑战。

（一）企业端表现为应用动力偏弱

广州传统特色产业以中小微企业为主，占比超 90%，在大规模平台应用方面动力偏弱。一方面，中小微企业数字化转型的自身基础条件和外界支撑条件不强，企业人才吸引力和人才培养能力偏弱，"产业+数字化"复合人才较为匮乏，数据采集、数据分析水平偏低，难以满足数字化平台开发运维、生产流程优化、商业模式创新等需求，影响企业转型进程。另一方面，广州传统特色产业多以"前店后厂"模式发展起来，较难跳出薄利多销的路径依赖和惯性锁定，部分中小微企业基于成本考虑，不愿进行数字化转型或者使用产业互联网，"低端锁定"现象较为明显，影响企业转型效率。

（二）平台端表现为供给存在局限

近年来，广州产业互联网平台数量不断增长，但以垂直领域、细分行业互联网平台为主，具有一定的局限性。具体而言，一是缺技术。产业互联网是传统特色产业转型升级的关键支撑。广州产业互联网平台赋能模式、关键技术等方面与国际先进水平还有差距。核心软硬件对外依存度高，95%以上的高端 PLC①、96%的高端传感器、50%以上的高端分布式控制系统（DCS②）以及95%的工业网络设备芯片需要进口。研发设计类、生产控制类、CAD/CAE 等工业应用软件市场主要由国外企业占据，国内工业软件企业市场化进程缓慢。二是缺资金。多数产业互联网平台企业处于净投入的阶段，需要大量资金支持，但当前整个创投市场活跃度较低，平台企业融资难度较大，另外，创投平台对处于早期发展阶段、尚未实现盈利的互联网平台企业的投资持谨慎态度。三是缺协同。平台赋能大多立足单个企业，对于推进行业或产业整体转型升级关注较少。另外，中小微企业缺乏协同意识，行业及产业链上下游协同性不够，产业集群效应尚未充分发挥。

（三）政策端表现为规划引领有待提升

近年来，广州先后出台一系列政策文件，为推动传统特色产业数字化发展提供政策支撑，但这些政策还有一定的优化提升空间。一是政策颗粒度不

---

① PLC 是一种以微处理器为基础，集合计算机技术、自动控制技术和通信技术的数字运算操作电子系统，能够实现工业自动化控制中的逻辑控制、过程控制、顺序控制、数据处理、通信联网等功能。

② DCS 即集散控制系统，由输入输出模块、通信模块、控制器和人机界面组成，用于实现对生产过程的数据采集、控制和监视功能。

齐。目前，广州仅有海珠区出台了促进产业互联网发展扶持办法，但支持方式以事后资助为主，支持内容主要为规模发展、产业园区建设、标准制定，没有切中互联网平台企业实际需求。二是政策覆盖面不够广。一方面，现有数字化相关政策较少覆盖产业互联网平台企业；另一方面，现有产业支持政策支持硬件类多、软件类较少，一次性奖补多、连续性扶持少，且多数产业互联网平台提供的服务偏软件类，服务周期为 2~3 年或 3~5 年，能享受的支持政策比较有限。三是相关法律法规更新不够及时。现行法律法规尚未完全覆盖产业数字化转型领域，企业被侵权时难以获得法律支持，导致部分中小微企业不愿接入产业互联网。

四　重点城市发展产业互联网的经验借鉴

近年来，国内各大城市围绕产业互联网平台建设进行大量实践探索，形成因地制宜、各具特点的赋能模式，北京、上海、深圳、杭州的先进经验可资借鉴。

（一）注重政策引导

各大城市出台专项政策，推进各类互联网平台上链互联。北京发布《北京市"新智造 100"工程实施方案（2021—2025 年）》《北京工业互联网发展行动计划（2021—2023 年）》《关于推动北京互联网 3.0 产业创新发展的工作方案（2023—2025 年）》等文件。上海出台《推动工业互联网创新升级实施"工赋上海"三年行动计划（2020—2022 年）》《上海市促进产业互联网平台高质量发展行动方案（2023—2025 年）》，提出产业互联网平台"集群"发展行动等政策。杭州发布《关于实施"新制造业计划"推进高质量发展的若干意见》《杭州市人民政府办公厅关于加快推进人工智能产业创新发展的实施意见》，深入实施数字经济创新提质"一号发展工程"。深圳发布《深圳市推进工业互联网创新发展行动计划（2021—2023）》，推进工业互联网创新发展，促进新一代信息技术与制造业深度融合创新。

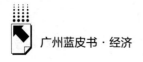

（二）注重协同发展

各城市从生产、流通、消费等各环节各领域推动产业可能性边界向外移动，推动产业互联网产业链、价值链、供应链协同发展。北京以氢能、智能网联汽车、工业互联网等产业为突破口，推动创新链产业链供应链联动。上海聚焦集成电路、生物医药和人工智能等关键领域，推动创新链产业链融合发展，培育壮大骨干企业。杭州以数字经济重大核心产业项目投资建设为重要抓手，努力打造数字安防、高端软件、集成电路、网络通信、智能计算等标志性产业链和产业集群。深圳促进制造业产业链、供应链、价值链的融会贯通，推动效率变革，提升制造业核心竞争力。

（三）注重场景培育

北京提出通过城市全域应用场景开放，梳理典型场景与应用实践，在新一代数字化出行、新型数字化健康服务、数字化社区、文商旅消费、公共服务等领域催生新应用，并及时遴选产业互联网应用场景典型案例与标杆。上海提出建设"分领域、全品类、全链路"的产业互联网平台集群，融合前沿技术，打造生产场景、采销场景、运维场景，形成"上海技术赋能全国，资源要素上海调度"的生态格局。杭州提出拓展"AI+工业互联网"创新应用，促进中小微企业"上云用数赋智"，鼓励制造业企业加快5G与制造业、视频娱乐、医疗服务等应用场景融合，打造网络通信产业集聚区，聚焦区块链核心技术和应用场景，探索无人机在智慧物流、医疗救援、应急保障等场景应用创新。深圳以5G技术为引领，围绕无人驾驶、车联网、增强现实/虚拟现实（AR/VR）、医疗、交通、金融等领域，定期推出优质应用场景示范项目。

（四）注重载体建设

北京支持在产业集群、园区等建设公共型数字化转型促进中心和开源社区，强化平台、服务商、金融等数字化转型公共服务。上海围绕临港智能制造主示范区及松江区、嘉定区、宝山区、闵行区等智能制造集聚区，推进数字赋能产业互联发展。杭州注重打造高能级产业承载空间，高质量构建物联网小镇、人工智能小镇等数字经济特色小镇和产业聚集区，建设杭州产业互联网创新港。深圳整合提升各基地、园区、产业集聚区功能和产业平台载体功效，以"互联网+"未来科技城等重大项目为引导，推动数字经济产业园、数字经济小镇、数字经济小微园区建设。

五 产业互联网赋能广州传统特色产业高质量发展的对策建议

依托广州产业体系完备、制造业基础雄厚、应用场景丰富的资源优势，借鉴上海、北京等城市先进经验，抓住产业互联网与传统产业相互赋能的关键环节，注重政策端、企业端、平台端协同发力，突出政策引领、企业引导、平台引育、模式引进、科技引能、人才引培，加快推进传统特色产业转型升级，筑牢高质量发展的产业基础。

（一）强化政策引领，统筹推进传统产业转型升级向纵深发展

深入贯彻落实中央关于推动传统产业转型升级的战略部署，进一步完善政策法规体系，明确发展路线图，抢抓产业发展机遇，打造产业互联网政策高地，促进产业互联网和传统特色产业协同发展。一是加大产业政策支持力度。积极争取政策先行先试，探索产业赋能、平台应用、数字技术等方面的制度创新，增强政策对产业互联网新业态新模式的适应性和实用性。加快制定全市推进产业互联网高质量发展的指导性文件。二是加大财政政策支持力度。通过奖励、补贴、政府投资基金入股、研发项目支持、示范推广活动等方式，助力平台企业做大做强；补贴上云上平台的中小生产企业，资助优秀的创新项目，鼓励创新应用互联网平台；引导政府基金与社会资本联合设立产业互联网子基金。三是完善产业互联网平台规范。密切跟进国家政策动向，组织一批产业互联网龙头企业总结行业规范，参与"国家标准"的制

定和推广。四是健全数据安全制度体系。完善法规体系，明确产业互联网对企业数据的收集、存储、处理、传输、应用和销毁等方面的规范，确保平台企业的数据安全和用户隐私安全，保障中小微企业合法权益。

（二）强化企业引导，提升传统产业转型升级的内生动力

目前，广州特色产业数字化转型水平参差不齐，产业互联网赋能传统产业的广度和深度都亟须提升，要重点解决中小微企业"不想转""不会转""不敢转"等问题。一是加强宣传推广，强化示范引领，解决"不想转"问题。宣传推广优秀服务商、解决方案以及数字化转型标杆企业经验，营造良好氛围。培育融合发展新模式新业态标杆企业，发挥示范作用。二是加强业务指导，强化技术攻关，解决"不会转"问题。指导中小微企业找准数字化转型的难点、痛点，按照从自动化到智能化、从单点智能到全局智能的步骤，逐级推动产业互联网应用。匹配平台项目与企业需求，引导企业向云端迁移基础设施、设备及管理系统。三是强化要素供给，降低企业成本，解决"不敢转"问题。通过财税支持、政府购买服务等方式，支持企业推进数字化转型，鼓励中小微企业上云上平台。引进低成本易见效的微数字化改造方式，降低转型门槛。创新人才共享模式，助力企业快速匹配技术人才。

（三）强化平台引育，提升传统产业转型升级的整体水平

按照"引育并用"的原则，坚持"建平台""用平台"协同推进，加快引进、培育、集聚、链接一批引领性强的跨行业、跨领域的行业级特色产业互联网平台，打造产业互联网平台高地。一是支持产业互联网平台企业发展。巩固提升纺织服装、美妆日化、箱包皮具等时尚消费品产业领域现有互联网平台发展水平，支持其深耕垂直产业领域。支持珠宝首饰、灯光音响、家居家具、食品饮料等产业领域的"链主"企业、互联网企业，或联合瞪羚、独角兽企业布局打造垂直领域平台。支持世界500强等国内外大型产业互联网企业设立总部或区域型总部。二是壮大产业互联网平台集群。依托国家级平台，推动特定行业特定领域平台集群化发展，培育数据价值突出的标

杆平台，支持跨行业跨领域平台发展。三是优化产业互联网特色空间布局。实施"一园一平台"或"一园多平台"发展路径，形成产业园、小镇、小微园区（楼宇）梯度发展的载体体系，带动全市产业生态数字化转型。

（四）强化模式引进，深化产业互联网与传统产业融合应用

借鉴四大赋能模式，从供应端、生产端到消费端全链条赋能传统特色产业，实现数字化转型、网络化协同、智能化改造和绿色化提升。一是生产制造赋能型，鼓励龙头企业数字化升级，带动基础好的中小微企业接入生产赋能型平台。借鉴杭州阿里巴巴犀牛工厂模式，由行业龙头牵头建立共享工厂为中小微企业提供小单快返路径，建立柔性生产线，精准供需匹配，有效赋能初创品牌、设计师等小规模采购企业。二是销售侧反向赋能型，引导基础差的中小微企业接入龙头企业商贸平台，优先利用商贸链接型平台拓展销路，先做大做强再推进生产数字化。做强销售渠道，优化直播产业生态，打造广州时尚品牌 IP。三是全链条赋能型，培育希音等时尚产业供应链龙头企业，整合供应链上下游企业接入全链条赋能型平台，推进全链条数字化转型，提升时尚产业链能级。四是基座侧赋能型，培育吸引产业互联网重点企业，鼓励龙头企业加强创新基础能力建设，提升专利化、标准化、品牌化水平，支持龙头企业建设产业互联网平台，推进供应链产业链数字化转型，优化产业互联网生态。

（五）强化科技引能，增强传统产业转型升级的技术支撑

针对部分传统特色产业数字化基础薄弱等问题，加强技术攻关，加强数字基础底座支撑，聚焦"卡脖子"领域推出首创技术、首制产品。一是突破"卡脖子"技术。加强工程化攻坚和产业化发展，推进信息技术软硬件产品产业化、规模化应用，提高基础软硬件、核心电子元器件、关键基础材料和生产装备的创新和供给能力。二是创新应用场景。抓住不同特色产业的运营场景共性，推动人工智能、集成电路、5G 等技术集成创新，发展数据加工存储、平台经济、数字金融等新业态，促进技术融合。优化数智产业创

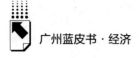

新生态，支持上下游企业开放数据共享，吸引中小微企业积极参与数字化改革。三是保障数字安全。开展网络数据安全科技攻关，加快人工智能安全技术创新，提升安全风险实时监测、动态感知、快速预警、灾害评估、保障服务能力。推广产业互联网安全技术应用，提高数据安全防护能力。定期进行数据安全风险评估，及时发现并规避潜在风险。

（六）强化人才引培，夯实传统产业转型升级的智力支持

针对"产业+数字化"复合型人才短缺的情况，发挥广州科研院校密集、互联网产业发达的优势，多措并举吸引培育人才。一是鼓励校企合作。建立产业互联网生态联盟，促进产业链上下游企业、科研机构、高校及行业协会等合作，探索产业互联网赋能的新模式、新技术和新应用。加快构建高校数字人才培养体系，强化产教融合，畅通校企人才输送通道，共同培养"产业+数字化"人才，带动传统特色产业转型升级。二是招引复合型人才。针对"互联网+行业"特点，实施定向招聘计划，引进、集聚和培育相关领域的复合型人才。制定有吸引力的人才引进政策，提供税收优惠、住房补贴、研发资助等一站式人才引进服务，完善人才配套，提升广州对国际人才的吸引力。

参考文献

朱国军、王修齐、孙军：《工业互联网平台企业成长演化机理——交互赋能视域下双案例研究》，《科技进步与对策》2020年第24期。

丁守海、徐政：《新格局下数字经济促进产业结构升级：机理、堵点与路径》，《理论学刊》2021年第3期。

李鹏、胡汉辉：《企业到平台生态系统的跃迁：机理与路径》，《科技进步与对策》2016年第10期。

陈红玲、张祥建、刘潇：《平台经济前沿研究综述与未来展望》，《云南财经大学学报》2019年第5期。

尹振涛、陈媛先、徐建军：《平台经济的典型特征、垄断分析与反垄断监管》，《南开管理评论》2022年第3期。

B.9
广州汽车产业转型突围的机遇及策略选择[*]

巫细波　王翔宇　吴康敏[**]

摘　要： 加速变革的汽车产业已成为我国培育新质生产力的突破口和着力点，深圳乘势跃居全国汽车第一城，而转型步伐相对滞后的广州汽车产业正面临持续下行压力。本报告从研发创新、资本结构、产品类型、产品市场、生产网络、产业融合六个方面系统分析广州汽车产业转型突围面临的机遇及先进城市转型经验。展望"十五五"新时期，广州汽车产业进入技术创新、自主品牌及全球市场驱动的第三阶段，需重新审视发展定位和坚定发展信心，侧重在产业资本多样性、产品多元化、产业稳健性方面发力，统筹国企、民营、合资、外资各类企业构建各有侧重、富有活力的创新体系，能够快速响应市场变革推出新产品、新服务和开拓新市场，积极做强做大民营企业提升产业获取全球资本支持能力，推动广州汽车由生产驱动转向智造驱动、由产品驱动转向产品与服务驱动、由国内市场驱动转向全球市场驱动，通过转型突围为深入落实"产业第一、制造业立市"战略和推动构建"12218"现代化产业体系提供更强大支撑。

关键词： 汽车产业　转型突围　智能网联　新能源汽车　新质生产力

* 本报告系2024年广州市宣传思想文化青年人才项目"广州因地制宜发展新质生产力，积极抢占未来产业新赛道"、广州市社会科学院2025年度专项课题"加快培育广州智能网联与新能源汽车产业发展新优势研究"阶段性成果。

** 巫细波，广州市社会科学院区域发展研究所研究员，研究方向为区域经济、汽车产业、可解释人工智能与地理信息系统应用；王翔宇，博士，广州市社会科学院区域发展研究所副研究员，研究方向为产业创新转型、城市与区域发展；吴康敏，博士，广东省科学院广州地理研究所副研究员，研究方向为创新地理。

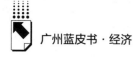

当前汽车产业逐渐发展成为能够引领融合新一代电子信息、新能源、大数据、人工智能等产业新一轮创新的超大产业集群，具有巨大发展空间和潜力。从全国层面看，汽车产业已经发展成为我国产值规模第二、利润规模第一的支柱产业，在生产投资、消费、出口等方面的支撑作用越来越突出。从全省层面看，尽管2024年以来广州汽车产业产值和产量持续下滑，但比亚迪的强势崛起成为广东汽车产业转型突围的新引擎，助力广东成为我国第一个汽车制造业规模破万亿元的省份。从城市层面看，上海、重庆、北京等传统汽车城市的转型升级，深圳、合肥、西安等新兴汽车城市的快速崛起，深圳更是乘势跃居全国汽车第一城，广州汽车产业地位和竞争力面临巨大挑战，急需转型突围。汽车作为广州"12218"现代化产业体系的核心优势板块，对软件与互联网、人工智能、半导体与集成电路、新能源与新型储能等战略性新兴产业集群具有强大的带动效应。随着2024年中国蝉联全球最大汽车出口国、中国品牌国内市场份额超过60%及2025年"智驾平权"加速推进，广汽埃安、小鹏汽车等以智能网联和新能源汽车为主的自主品牌逐渐发展壮大，《广州市智能网联汽车创新发展条例》的发布推动广州汽车产业进入第三个全新发展阶段。总体上看，广州汽车产业第三次发展须坚定新一轮发展信心并向先进城市学习取经，面向全球高瞻远瞩谋划新未来，紧抓新机遇深挖传统领域优势、积蓄新兴领域后发优势实现转型突围，引领广州构建"12218"现代化产业体系。

一 广州汽车产业转型突围面临的机遇

（一）研发创新：新兴领域技术加速普及，大幅降低广州汽车新技术规模化落地难度

汽车核心技术研发与突破是广州实现新旧动能规模化转换的关键，单依靠本土企业难度大且周期长，还存在技术路线选择风险，加上国内汽车新兴技术更新步伐较快，广汽、小鹏等龙头车企虽然研发投入力度不断加大，但在产品快速升级新形势下大量研发投入未能及时转化为大规模量产。而当前

以特斯拉、比亚迪、华为等为代表的企业已率先在自动驾驶、新能源汽车、智能座舱等方面实现技术突破、大规模量产及部分新技术开源，大幅降低了广州车企在汽车新兴领域技术路线的试错成本及开发难度。其中，在智能网联汽车领域，传统基于规则驱动的智驾方案不仅成本高且难以提升系统性能，而端到端大模型智驾方案特别是国产 DeepSeek 大模型的落地和开源，为小鹏汽车、广汽埃安等实现高阶智驾降低了技术研创难度，同时华为、地平线、黑芝麻等国产智驾方案也为广汽自主品牌及旗下合资企业大规模量产平价智驾车型创造了可能。在新能源汽车方面，比亚迪的单挡插混及"智驾平权"方案、理想和鸿蒙智行的增程方案、磷酸铁锂动力电池市场份额持续提升等为广州传统燃油汽车转型指明了方向和重点，可尽快推出基于磷酸铁锂电池的油电混动、单挡插混和增程式动力系统，助力广州新旧动能加速转换。此外，我国"车路云一体化"已经在标准规范、示范应用、商业化运营等方面实现重要突破，为广州推进"车路云一体化"提供了国家标准和地方案例参考。

（二）资本结构：民营汽车企业逐步发展壮大，有利于提升广州汽车产业获取全球资本支持能力

汽车产业作为资金密集型产业，高效研发创新和市场开拓离不开国内外资本市场的支持，发展壮大民营车企有利于破解广州国有车企在资本市场长期表现不佳的困局。以小鹏汽车、文远知行、小马智行等为代表的广州民营汽车企业陆续在美国上市，实现了企业创新、市场运营与资本市场的良性互动，也有效改善了广州长期过于依赖合资企业的发展模式。其中，小鹏汽车重点围绕智驾方案、智能座舱、汽车芯片、增程混动系统、飞行汽车等领域坚持研发并成功发布鲲鹏超级电动技术、图灵 AI 芯片、沧海底座、天玑 AIOS 等新兴汽车技术，带动广州鸿图实现超大型一体化智能压铸技术创新并开创"厂中厂"新型整车与零部件合作模式，助力小鹏向大众汽车提供智能网联和新能源汽车技术，开创我国汽车领域"反向合资"新模式。全球资本市场的支持是小鹏汽车在多年亏损状态下仍能够

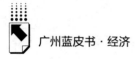

保持高研发投入的重要保障。此外，文远知行和小马智行分别于 2024 年
10 月和 11 月在纳斯达克上市，小马智行更是成为 Robotaxi 第一股，有利
于广州加速自动驾驶的可持续商业模式落地，有效提升了广州汽车产业获
取全球资本支持能力，也有利于下一步广州车企的新产品研发和全球市场
开拓。

（三）产品类型：中国汽车服务化及品牌高端化趋势明显，为广州
汽车产品和服务升级指明了方向和着力点

开发新产品、培育新服务和推动品牌升级是广州汽车产业转型突围的
重要任务，中国汽车服务化及品牌高端化趋势越来越明显，为广州汽车新
产品和新服务转型升级指明了方向和着力点。电气化、智能座舱、高阶智
驾正积极赋能中国汽车品牌高端化发展，成为汽车产业新趋势并朝服务化
方向发展。当前广州汽车产品仍以传统乘用车为主且缺少高端豪华车型，
商用车规模小且广汽比亚迪已经停产，而比亚迪旗下的仰望、华为赋能的
赛力斯、理想汽车等品牌均依托电气化和智能化实现了品牌升级与高端
化，为广汽传祺、广汽埃安、小鹏汽车的崛起提供了很好的经验借鉴。如
祺出行、广汽、小鹏飞行汽车、文远知行和小马智行自动驾驶服务等丰富
了广州汽车产品和服务的多样性，推动广州汽车产业由工业领域向服务业
延伸，有利于广州汽车产业围绕电气化、智能座舱和高阶智驾等领域推动
产品和服务提升竞争力，解决广州汽车新旧动能转换缓慢、自主品牌高端
化受阻等难题。

（四）产品市场：中国汽车产品及服务出口呈现高速增长态势，有
利于广州汽车加速构建全球性营销服务网络

推动汽车产品服务全球化发展和产业全球价值链升级是广州汽车产业
转型突围的重要方向，但全球汽车市场复杂多变且逆全球化现象逐渐抬
头，贸然开拓市场面临较大风险。我国凭借智能网联和新能源汽车领域的
优势跃升为全球最大汽车出口国并呈现高速增长态势，中国汽车品牌全球

影响力和竞争力的提升降低了广州汽车企业开拓全球汽车市场的难度和潜在风险，有利于广州汽车企业构建全球营销服务网络。2024 年以来的价格战导致国内汽车市场竞争日趋白热化，全球汽车市场风险也呈现复杂多变态势。例如，俄乌冲突使大量西方车企退出俄罗斯市场，客观上为中国品牌车企创造了新机会，但卢布汇率不稳定也带来较大风险；美国以强化网联汽车供应链的安全性为由拟禁止中国智能网联汽车在美国销售，通过《通胀削减法案》削弱中国汽车动力电池市场竞争力，并通过持续制裁中国芯片企业制约智能汽车发展；欧盟则颁布《欧盟新电池法》大幅提高汽车进入欧盟市场的门槛等。随着奇瑞、上汽、长城、比亚迪等车企加速全球化，中国车企已初步搭建起中国汽车品牌营销网络，中国汽车品牌的知名度和竞争力大幅提升，为广州车企积累了市场探索和培育经验，有利于广汽、小鹏、如祺出行、文远知行、小马智行等更加便利和稳健地开拓全球市场。

（五）生产网络：国内外汽车产业链和供应链进入深刻调整期，有利于广州车企新一轮合资合作并构建全球生产网络

受中国汽车品牌在全球范围内强势崛起、俄乌冲突、欧盟反补贴调查等影响，全球汽车产业链和供应链进入深刻调整期，给广州车企新一轮合资合作带来新机遇，同时有利于促进广州车企加快构建全球生产网络。近年来，电气化和智能化转型较慢的传统跨国车企营收和利润大幅下滑（见表1），美国禁售中国智能网联汽车、欧盟针对中国电动汽车加征关税、俄乌冲突等加剧了传统跨国汽车企业的下行态势，为广州车企并购经营不善的知名汽车品牌创造了新可能。随着中国汽车产业全球竞争力提升和汽车贸易持续繁荣，中国汽车行业协会、海外华人汽车工程师协会全球联盟等汽车行业组织日趋活跃，可为广州车企的全球化并购重组提供更多有价值的信息资讯，增加全球汽车专业技术人才交流机会。

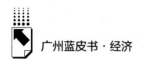

表 1　2024 年第三季度全球汽车企业净利润排名

单位：亿美元，%

排名	公司	净利润	同比增长
1	丰田	37.59	−55
2	通用	30.56	0
3	现代	22.93	−3
4	特斯拉	21.67	17
5	奔驰	18.43	−54
6	大众	16.83	−64
7	比亚迪	16.17	11
8	福特	8.92	−26
9	本田	6.56	−61
10	宝马	5.10	−84

资料来源：各车企公布的 2024 年 Q3 财报数据。

面对比亚迪、吉利、理想、赛力斯等民营汽车企业的强势崛起，一汽、上汽、北汽等国企普遍面临下滑和转型压力，将倒逼广汽、小鹏等广州车企与其他国企在新旧动能转换、智能网联汽车、动力电池、移动出行、海外营销网络、合资打造专业运输船等领域寻求合资合作新模式。此外，广州及国内传统汽车产业链和供应链优势有助于广汽丰田、广汽本田、东风日产等合资企业调整聚焦国内市场的发展策略，升级广州工厂为全球工厂，助力广州构建全球汽车生产网络。

（六）产业融合：汽车关联产业加速发展，有利于广州汽车产业培育新增长点

随着汽车产业加速转型及竞争日趋激烈，汽车制造业对广州 GDP 的贡献率整体呈下降趋势（见图 1），而汽车类社会消费品零售总额呈现持续增长态势，同时新能源、电子信息、大数据、人工智能、服务业等汽车关联产业持续繁荣发展，汽车芯片设计及制造、自动驾驶及大数据、充电、移动出

行、飞行汽车、跨境汽配电商、汽车文化、动力电池回收等新兴业态不断涌现，为广州汽车产业培育新增长点创造了良好条件。

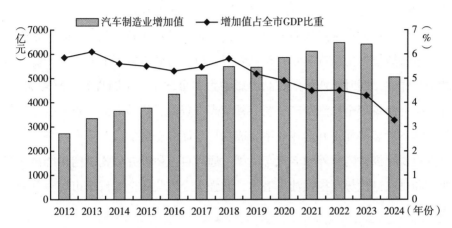

图1 2012～2024年广州汽车制造业增加值及其占GDP比重变化

说明：由于2024年广州汽车制造业增加值数据暂未公布，本报告按照往年广州汽车制造业产值与增加值关系推算得到。

资料来源：广州统计信息网。

此外，我国已建成涵盖基础芯片、传感器、计算平台、底盘控制、网联云控的完整的智能网联汽车产业化体系，特别是国家层面针对智能网联和新能源汽车出台的产业规划、财政补贴等支持技术发展的政策为自动驾驶技术创新和市场推广创造了有利条件，加上广州汽车保有量持续增长及《广州市智能网联汽车创新发展条例》的发布，有助于移动出行、汽车文化、汽配跨境电商、汽车改装等汽车服务业持续繁荣发展。

二 先进城市汽车产业转型突围的经验与启示

（一）上海：汽车生产与销售网络全球化

上海汽车产业规模多年来居国内城市之首，面对汽车产业新一轮转型突围，关键在于引进和本土培育高端产业资源，进而构建参与全球竞争的汽车产业双循环新发展格局，侧重于在汽车生产与销售网络全球化方面培育转型动力。2024年上汽集团海外市场销量达到108.2万辆，上海特斯拉交付量达91.6万辆，占特斯拉全球交付量的比重已超过50%。

总体上看，有两点经验值得学习。一是瞄准汽车新赛道，以外资独资形式引进特斯拉，抢抓汽车新兴领域发展先机，有效丰富了上海汽车产业资本结构多样性，同时依托特斯拉品牌影响力和全球工厂不断提升全球影响力，有利于上海集聚全球汽车产业新兴领域高端资源，扭转上海合资车企国内销量持续下滑态势并提升产业效率，成功构建面向全球的汽车生产网络。二是上汽集团积极并购海外知名汽车品牌，通过自主研发并依托国内传统汽车产业链和供应链优势深挖燃油车潜力，增强了上汽集团全球汽车市场经营和开拓能力。

（二）深圳：汽车技术创新和产业融合

深圳汽车产业发展晚于上海、广州、重庆等传统汽车城市，经深入研究后瞄准新能源汽车赛道并重点引进比亚迪龙头企业并长期扶持培育，依托民营企业构建有活力且能够快速响应市场变革的汽车研发创新体系，同时能够利用新能源、电子信息、人工智能等关联产业优势赋能汽车产业实现跨越式发展。2024年，深圳以新能源汽车产量293.53万辆跃居国内汽车第一城，其中2024年比亚迪销量达427.21万辆并跃升为国内汽车销量冠军和全球销量第五，在《财富》世界500强榜单中的排名快速上升到第143位。

总体上看，有三点经验值得借鉴。一是深圳通过深入研究并前瞻性决策瞄准新能源汽车新赛道，以长期主义扶持龙头企业和产业链引育，在技术研发、产业用地、产业链培育、专业人才支持、政府采购等方面制定精准支持政策，最终培育了世界500强汽车企业和全球一流新能源汽车产业链。二是充分依托民营汽车及关联企业的灵活性及响应性构建有活力、可持续的汽车产业创新体系，能够在全球汽车产业变革期抢抓新机遇，实现创新崛起并跃升为全球最大新能源汽车城市。三是深圳积极利用电子信息、人工智能、大数据、新能源等关联产业的世界级领先优势，以创新推动产业深度融合，实现汽车产业在新一轮发展中的跨越式提升。

（三）重庆：汽车产品升级与产业融合

作为国内传统汽车强市，重庆同样因长期过于依赖合资企业导致在产业转型期面临产销快速下滑困境，重庆市政府瞄准智能汽车新领域并充分发挥国有资本的引育功能，积极引入并充分依托华为人工智能芯片、操作系统及算力方面的独特优势，谋求在产品升级与产业融合方面培育转型突围新动力。2024年，重庆汽车产量达254万辆，新能源汽车产量达95.3万辆，汽车整车制造业增加值增长35.6%，汽车零部件制造业增长19.3%[①]，其中赛力斯年度销量达42.68万辆并成长为重庆市值最高的企业。

总体上看，有两点经验值得学习。一是积极发挥国有资本的引育功能和杠杆效应。通过重庆产业投资母基金、两江新区开发投资集团、两江新区产业发展集团三大国有资本平台成立龙盛新能源科技，累计投资45.5亿元并带动社会资本投资140亿元，为赛力斯在智能网联和新能源汽车领域的初创、成长和壮大提供了强有力的支撑。在华为赋能赛力斯发展成为重庆市值最高的上市公司后，又拟以81.64亿元收购龙盛新能源超级工厂为全资子公司，不仅推动了重庆汽车技术和品牌升级，也有效促进了重庆国有资产大幅增值。二是重庆市政府积极推动长安汽车与华为、宁德时代等头部民营企业开展深度合作，通过组建深蓝汽车、阿维塔汽车等自主品牌，有效改善了长安集团过于依赖合资企业的发展模式，同时加速了产业智能化和电气化转型。

[①] 《重庆市统计局工业处处长吴丹解读2024年工业运行数据》，重庆市统计局网站，2025年1月20日，https://tjj.cq.gov.cn/zwgk_233/fdzdgknr/tjxx/sjjd_55469/202501/t20250120_14183132.html。

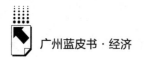

三 推动广州汽车产业转型突围实现高质量发展的策略选择

放眼全球并展望"十五五",广州汽车产业要实现转型突围仍面临传统产能规模偏大且过于集聚国内市场、新产能偏小导致规模效应有限、品牌高端化和全球影响力不足、国内外汽车市场竞争日趋激烈且复杂多变等诸多挑战,需要认清在全国汽车产业新形势下的定位并坚定发展信心,稳住基本盘①,侧重于在产业资本多样性、产品多元化、产业稳健性方面发力,统筹研发创新、资本结构、产品类型、产品市场、生产网络及产业融合等,系统性优化调整,进而形成转型突围新动力,推动广州汽车产业实现第三次跨越式发展。

(一)明确广州汽车技术升级方向与路径,激活产业创新活力实现转型突围

一是面向2035年并立足全球市场编制广州未来汽车技术创新路线图,统筹传统汽车、智能汽车、新能源汽车及研发主体,明确"十五五"及中长期技术发展目标和路径。其中,广汽面向全球市场仍需巩固提升高性能燃油发动机、自动变速器等传统汽车技术,统筹兼顾油混、增程及插混等系列技术研发,积极主动与华为、地平线等企业合作开发智能网联和新能源汽车技术,谋划DeepSeek等国产大模型积极赋能广汽传统乘用车、商用车转型高质量发展;建议广州市区两级融资平台积极扶持小鹏智驾芯片做大做强,争取打造媲美特斯拉FSD、华为乾崑智驾ADS的广州智驾方案。二是统筹构建国企、民营、合资、外资等各有侧重的创新体系。其中,民营企业重点围绕新兴领域开展引领性创新,积极与资本市场形成良性互动,侧重于抢抓新兴领域发展先机;国企侧重于在技术路线较明朗领域加强工艺、质量和服务创新,提升规模效应和稳住广州汽车产业基本盘,加快智能网联和新能源

---

① 即年度汽车制造业产值不低于5000亿元、汽车零售额超过1500亿元。

汽车技术导入合资企业，加快新旧动能转换步伐；合资和外资企业侧重于跨国企业先进理念和技术的本土化改进创新，形成创新示范效应。三是实施汽车新兴领域关键技术及产品攻关"揭榜挂帅"，围绕高性能智驾座舱芯片、车联网关键技术、"DeepSeek 大模型+自动驾驶"、智能底盘等汽车重点领域发布攻关方向，通过"揭榜挂帅"发掘一批掌握核心技术的优势单位，根据项目技术创新性和投入情况给予资金支持。四是重点围绕汽车产业与关联产业深度融合趋势，与本市高职院校、科研机构加强汽车复合型高端人才引育，通过高端引智行动、本地人才培养等方式积极加强专业复合型技术人才队伍建设，为广州汽车新兴领域研发创新提供高水平人才支持。

（二）推进广州汽车产品与服务高端化，以产品和服务升级助力产业转型突围

一是建议广汽紧抓与华为新一轮深度合作契机，重点围绕完全自主可控、智能座舱、高阶智驾等领域争取高端新品牌落户广州，推动广州汽车品牌价值升级，改善广州汽车品牌高端化不足问题。二是建议小鹏、文远知行、小马智行等企业加快无人驾驶出租车、网约车、物流配送等领域的规模化商业化落地，提升"广州智驾""广州无人驾驶"知名度和影响力。三是建议广州车企与市文化广电旅游局加强合作，围绕智能网联和新能源网联汽车、Robotaxi、飞行汽车、移动出行服务开展广州汽车品牌特色文化内涵设计和推广工作，重点打造传祺、埃安、小鹏等汽车品牌文化IP。四是参照"CCTV 国家品牌计划"模式建立广州汽车品牌和服务的全球化建设促进机制，充分利用"一带一路"倡议、新一轮中非产业合作等机会提升广州汽车全球影响力，积极打造 1~2 个全球知名汽车品牌和移动服务提供商。

（三）面向国内外加强统筹、集聚优势资源，打造广州汽车产业全球生产网络

一是建议广汽面向东南亚、南美洲、俄罗斯、西亚等国家和地区以整车

出口、散件出口、海外品牌并购、CKD 组装、SKD 组装、CBU 生产等方式加快全球化生产与营销网络布局。二是建议小鹏汽车、文远知行、小马智行等已实现境外 IPO 车企围绕高阶智驾、自动驾驶加强与大众、丰田等跨国企业开展新型合资合作，争取促成新合作项目落户广州，加快无人驾驶和物流配送的规模化商业化落地。三是重点依托广州番禺汽车城、黄埔小鹏汽车智造基地，对标上海安亭国际汽车城等国内外一流汽车产业园区，提高园区规划、管理及招商引资水平，充分发挥广汽埃安、广汽传祺、小鹏汽车等自主品牌整车企业的辐射带动效应，带动上下游配套企业在两大核心区域集聚发展，力争打造 2 个产值超 3000 亿元的汽车产业园区。四是建议广汽顺应新形势推动合资汽车工厂进行全球化升级。参照上海引进特斯拉建设全球工厂经验，积极破解广州合资车企受外方全球化布局及合约条款限制原则上不得出口的现状，考虑设立对赌协议鼓励合资企业将广州工厂升级为全球工厂，在规定期限内完成生产标准升级和出口量，由广州汽车产业基金进行补贴鼓励，助力广州构建全球汽车生产网络。

（四）调整优化广州汽车产业资本结构，提升广州汽车产业获取全球资本支持的能力

一是发挥广州国有资本的引育及杠杆效应，鼓励市区两级融资平台积极入股有潜力和新兴领域民营车企，可重点依托小鹏汽车、文远知行、小马智行、鹏辉能源等民营自主品牌整车及关联企业积极面向全球资本市场融资，促使新兴技术研发、产销规模与企业股价形成良性循环。二是建议广汽持续优化资本结构，谨慎在全球资本市场开展融资行为，可积极推进广汽与央企开展新型联盟式合资合作，依托原有产能规模优势加快新旧动能转换，降低新技术装车成本，通过入资与核心零部件采购联合应对民营汽车企业快速崛起的冲击；积极争取引进赛力斯、小米、理想等有潜力民营整车企业的南方工厂落户，优化过于依赖合资企业的产业生态，鼓励自主品牌整车与零部件企业形成新型合作关系。三是建议广汽根据产业新趋势及市场变化，优化调整与跨国汽车企业的合资合作方式，加快传祺、埃

安的智能网联和新能源汽车技术反哺合资企业，推动现有燃油车型向智能网联和新能源车型转换，提高广州传统与节能燃油汽车产销规模和市场占有率。此外，广汽本田、东风日产、广汽丰田等企业的合资合作将陆续到期，建议加强对跨国汽车企业的跟踪调研，可考虑由合资模式调整为外资与国资采购合作新模式或调整合资股比，提高国企和合资企业经营效率。

（五）围绕智能网联和新能源汽车带动关联产业跨越式发展，提升广州汽车产业融合能力

一是积极推动广州现有的芯片、软件、人工智能、大数据、云计算、5G等领域重点企业拓展智能网联汽车业务，发挥广州国有融资平台的引育和杠杆效应，鼓励广州自主整车厂、关键零部件供应商通过并购、入股及研发合作等多种形式布局车规级芯片生产线，重点围绕出行服务、智慧物流、示范应用等领域加快高等级无人驾驶汽车量产进程。二是积极推动车联网由示范应用向产业化和商业化落地。以"政府牵头、国企推进、市场跟进"模式加快车联网配套设施建设，鼓励广州车企围绕前车紧急制动预警、闯红灯预警、十字路口横向来车碰撞预警、车流量智能监控等功能逐步装备新车，推动存量出租车、网约车、私家车后装车联网功能，探索车联网由示范应用向产业化落地的广州方案。三是顺应国内外汽车服务发展新形势，围绕白云区永平街、番禺区化龙镇、花都区花城街、增城区新塘镇等传统汽车服务业集聚区重点谋划引进中国高端智能网联和新能源汽车品牌、培育汽配跨境电商、建设汽车文化公园、新车与二手车跨境交易等，不断完善汽车服务业产业链，打造1~2个面向全球的千亿元级汽车服务业集聚区。四是创新广州汽车产业统计制度并加强监测和跟踪。重视汽车全产业链对广州未来经济发展的引擎作用，参考上海嘉定区经验，从汽车制造、汽车销售、汽车研发设计、汽车服务业（汽车物流、咨询管理、汽车租赁、汽车赛事、汽车维修、汽车文化）等维度统计汽车产业的总产出，加强对汽车产业全产业链的跟踪与监测，以产业融合培育汽车产业新增长点，提升汽车全产业链对广州经济的支撑作用。

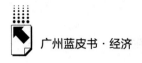

（六）深入实施国际化战略，构建广州汽车产品与服务全球营销网络

一是建议广汽、小鹏等龙头企业选择差异化发展路径，不断开拓东南亚、西亚、南美洲、非洲等低风险国际市场，谨慎大规模开拓北美洲、欧盟、南亚、俄罗斯等风险不确定市场，逐步从以单一出口贸易为主向投资、技术、管理、服务等深度合作模式转变，积极发挥广州作为国家交通枢纽和零部件产业发达优势，大力培育跨境汽配电商产业，加快汽车产品、服务、技术及标准等产业链各环节的国际化进程。二是持续完善广州促进汽车出口专项政策，提高海陆汽车出口通道能级，扩大新车和二手车出口规模，打造全球汽车贸易枢纽。紧抓中非新一轮合作、金砖国家支付系统推出、广州直航秘鲁钱凯港航线开通等历史性机遇，深入研究各国政策法规、风俗文化、消费环境、购买能力等，由市商务局协同省市汽车行业协会、流通协会等，引导广州车企根据目标市场特点进行产品的适应性改进，提高广州本地车企新车出口规模和竞争力；鼓励广州二手车销售从经纪模式向经销模式转变，培育专业二手车拍卖平台，争取打造广州二手车定价评估体系，考虑设置二手车出口专用牌照，持续优化二手车对外贸易机制，进一步做大广州二手车出口规模。三是积极对接港澳并充分利用其金融、国际咨询、人才等优势，为广州车企整合国际汽车产业高端技术及人才资源提供强大助力。四是建议广汽集团、小鹏汽车、比亚迪等粤港澳大湾区内龙头整车企业协同零部件企业，选择海外重点发展地区建设汽车产业园区，合资打造出口船队，形成科学布局、联动发展的产业格局，构建广州汽车产品与服务全球营销网络。

参考文献

石伟：《智能网联新能源汽车未来路在何方?》，《汽车与配件》2024年第7期。

张莉：《新质生产力赋能北京市新能源汽车产业发展的思考》，《节能与环保》2024年第9期。

周晓晔、王萱、朱梅琳：《电动汽车产业链供应链韧性提升策略研究》，《商业经济》2024年第11期。

黄心深、李浩：《我国新能源汽车出口面临的挑战及应对措施》，《中国海关》2024年第10期。

方红燕、邢晓威：《我国智能网联汽车产业政策及标准体系研究》，《汽车与配件》2024年第20期。

巫细波、覃剑、陈智颖：《欧盟对中国电动汽车实施反补贴调查的影响及对策》，《对外经贸实务》2024年第5期。

巫细波、王艺晓、柳坤：《转型期下的全球汽车市场变化特征及突发事件影响效应研究——基于双重机器学习模型》，《产业创新研究》2024年第19期。

B.10
广州加快发展合成生物制造产业的对策研究

柳 坤　周智豪　郭志龙*

摘　要： 合成生物技术在生物医药、美妆、农业和工业原料等领域具有广阔的应用前景和巨大的市场价值，目前正处于从导入期向成长期转换的关键阶段。广州在合成生物制造产业领域已具备较好的创新基础条件，尤其是生物医药和医美等产业应用领域优势明显，产业发展生态已初步形成，然而该领域仍面临产业主体有待多元化集群化培育、缺乏高能级创新平台支撑原创突破、支撑创新孵化的资本市场有待激活、相关政策创新亟待加速落地等问题。本报告建议广州加快完善顶层设计、强化产业创新制度保障，提升创新策源能力、建立技术多维供给体系，完善孵化育成生态、畅通产业创新迭代路径，着力提升招商效能、引进一批优强创新主体，合力打造合成生物制造产业高地。

关键词： 合成生物制造　未来产业　广州

一　合成生物制造产业基本内涵、发展趋势和经验借鉴

（一）基本内涵

合成生物学是运用跨学科知识和技术，通过人工合成方法重新设计、改

---

* 柳坤，博士，广州市社会科学院国际商贸研究所助理研究员，研究方向为城市创新及消费经济；周智豪，华南理工大学材料科学与工程学院博士后，助理研究员，研究方向为新型材料；郭志龙，广东省广新创新研究院有限公司科技经理人，研究方向为生物制造。

造自然生物系统或创造人造生命,以研究生命规律并实现有用目的的设计驱动型科学。自 21 世纪初问世以来,合成生物学经历了 DNA 工程、生物分子工程、宿主工程、计算机技术等多个方向的技术突破,已经发展成为一门高度体系化的学科。从广义的产业分类来看,合成生物制造产业可被界定为以生物基材料替代化石基材料、以生物技术路线替代传统化工技术路线的科技产业,致力于对医疗、消费、农业、化工等整个生产制造行业进行升级。

合成生物制造产业链的上游企业聚焦使能技术开发,中游企业提供赋能型技术平台,下游企业则为各垂直行业带来创新产品(见图 1)。上游包括读—写—编—学、自动化/高通量化和生物制造等,关注底层技术颠覆及降

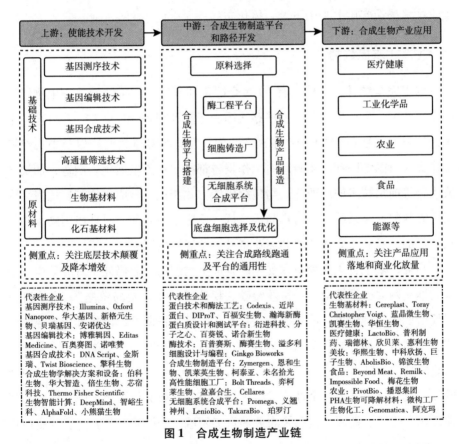

图 1　合成生物制造产业链

资料来源:根据《中国合成生物学产业白皮书 2024》、山西证券、西部证券及申万宏源研究报告整理。

本增效，代表性企业如华大智造、金斯瑞等，这些企业提供了合成生物学研究和应用的基础工具和技术支持。中游是对生物系统及生物体进行设计、改造的技术平台，核心技术为路径开发，关注合成路线跑通（如底盘细胞选择及优化、培养条件优化、纯化方法开发等），与下游企业相比，更强调技术平台的通用性，代表性企业如百葵锐、恩和生物等。下游涉及应用开发和产品落地，核心技术在于大规模生产的成本、批间差及良品率把控等，与中游企业相比，更强调产品应用落地及商业化放量，如华熙生物、华恒生物等，专注于开发生物基材料、生物医药、食品添加剂等有市场潜力的产品。中下游企业之间并无明确界限，现阶段行业整体尚处在产业发展早期，不少生物技术公司实质上为中下游一体化布局。

（二）发展趋势

据不完全统计，全球已有 60 多个国家和地区制定生物制造或生物经济的专门政策，出台生物制造发展路线图和行动计划。[①] 我国《"十四五"生物经济发展规划》《关于推动未来产业创新发展的实施意见》以及中央经济工作会议、国务院和广东省政府工作报告都指出重点发展生物制造，加快合成生物等前沿技术的产业化。与传统生产方式相比，合成生物制造凭借细胞工厂高效的代谢系统，具备产品成本低、反应条件温和、对环境污染较小等核心优势，具有重要的战略和商业意义，发展潜力巨大。

当前，基于合成生物技术支撑的合成生物制造产业仍处于发展早期，未来发展受两大因素推动。一是欧盟碳关税造成"绿色贸易壁垒"，生物基材料凭借低碳减排优势，渗透率有望提升；二是从长期看，以粮食为碳源的合成生物制造面临"与人争粮"隐忧，生物质资源利用技术将逐步转向非粮生物质技术。随着 AI 技术发展，基因测序、基因合成、基因编辑技术快速升级迭代、成本下降，全球合成生物技术研发有望取得持续突破，应用端涵盖医药、化工、能源、食品及农业等众多领域。《中国合成生物学产业白皮

---

① 《生物制造，第四次工业革命?》，《中国改革报》2023 年 12 月 28 日。

书 2024》数据显示，2018~2023 年，全球合成生物制造产业市场规模从 53 亿美元增至 171 亿美元，预计 2028 年将成长为体量近 500 亿美元的全球性市场。从投资内涵来看，合成生物制造利用科技赋能传统产业，高度契合新质生产力的特征。在全球倡导 ESG① 投资及国内"双碳"目标的背景下，随着基因测序、基因合成、基因编辑技术快速迭代升级，以及工程师红利和工艺改进能力提升，国内合成生物制造产业发展迎来多重利好，未来将在全球经济蓝图中占据重要地位。

（三）国内先进城市的经验借鉴

合成生物制造产业作为未来产业的重要赛道，已成为国内城市竞相布局的战略高地。北京、天津、上海、杭州、深圳等城市通过政策创新、平台建设、生态培育等系统性举措，形成了各具特色的经验做法。

1. 构建多层次政策支持体系

一是出台专项支持政策。2023 年杭州发布国内首个地级市层面的合成生物专项政策，并于 2024 年推出三年行动计划，该计划涵盖平台建设、企业培育、产业链完善等支持措施。上海市出台《上海市加快合成生物创新策源 打造高端生物制造产业集群行动方案（2023—2025 年）》，金山区、徐汇区配套区域细则，实现政策纵向贯通。二是推动监管协同创新，重点突破审批壁垒。北京组织国家相关监管部门与企业共同研究，推动建立我国遗传修饰微生物生产的新食品原料的管理路径和构建评价体系，拓展 D-阿洛酮糖功能性替代糖应用场景，为产业规范发展提供前提和保障。杭州设立生物制品绿色通道，压缩二类医疗器械审批时限。天津针对合成生物制造项目豁免参照石化、化工类审批标准，特设审批通道缩短项目落地周期。三是以法治保障统筹推进产业加快成势。深圳发布《深圳经济特区促进合成生物产业创新发展若干规定（草案）》，巩固以源头创新促进技术转化的优势，创新央地协同创新审评审批模式，构建以企业为主体、以市场为导向、应用

① ESG 是英文 Environmental（环境）、Social（社会）和 Governance（公司治理）的缩写。

可预期的产业体系，推动从源头创新到技术转化再到产业应用的协同联动。湖南常德启动合成生物产业立法工作，已完成《常德市合成生物制造产业发展促进条例（草案）》第二次审议。

2. 搭建高能级创新平台

一是布局国家级平台。北京依托"天空之境"公共技术平台，建成工业微生物高通量筛选平台，筛选效率提升300%；天津依托国家合成生物技术创新中心，攻克人工淀粉合成等12项底层技术，形成"研发—转化—产业化"三级体系。深圳落地全国首个合成生物重大科技基础设施、首个定量合成生物学全国重点实验室、首个合成生物学院，承接全国首个部市联动国家重点研发计划合成生物学重点专项。二是集群化整合科研平台。杭州整合浙江大学、西湖大学等资源，形成浙江大学杭州国际科创中心、西湖大学合成生物学与生物智造中心等"四大科研高地"。北京依托中粮营养健康研究院，建设以移液工作站为核心的工业微生物高通量筛选平台；依托北京化工大学谭天伟院士团队，建设北京市合成生物制造技术创新中心；依托中国食品发酵工业研究院，建设集研发、中试、验证、孵化等功能于一体的食品生物合成产业综合创新平台。三是加强中试转化平台建设。深圳首创"楼上楼下创新创业综合体"，在光明科学城实现实验室与中试平台垂直布局，截至2024年底，仪器共享率提升至85%，孵化企业117家，总估值超360亿元。2024年6月，天津建成全球最大合成生物中试平台，可同时开展30个项目的公斤级放大试验；2025年1月，北京市合成生物制造技术创新中心与合成生物制造转化加速中心启动试运行，中试周期从18个月压缩至9个月。

3. 培育全链条产业生态

一是梯次培育创新企业。杭州实施"龙头+专精特新+初创"三级培育计划，并成立浙江省合成生物产业技术联盟，联合56家单位构建协同创新网络；钱塘新区构建"链主企业+创新平台+投资基金"三角架构，区域产业集聚度达65%；深圳光明区集聚覆盖DNA合成、底盘细胞开发等12个细分领域的116家合成生物企业，形成"基础设施+研究院+企业群"生态。

二是资本赋能创新转化。上海成立天使基金专项支持合成生物初创企业；杭州与国投集团组建总规模 100 亿元的生物制造产业基金，国投聚力与杭实集团、萧山经开区携手成立 10 亿元生物制造产业基金，钱湾生物港通过科技城产业发展基金、中金传化产业股权投资基金等支持企业全周期成长；深圳光明区创设 15 亿元合成生物产业基金，首创"沿途下蛋"模式，已推动 8 项科研成果实现即时转化。三是拓展应用场景。上海金山区建设生物制造应用场景示范区，落地化妆品原料、生物燃料等 12 个示范项目，推动合成生物技术商业化应用；北京开发 PHA 材料细胞培养支架等 5 类医疗器械产品，拓展生物制造在医疗领域的场景。

4. 创新人才引育机制

一是建立产业需求导向的人才培养体系。深圳理工大学设立全球首个合成生物学院，构建"3+2+X"本硕博贯通培养体系，并通过星空学院培养技术与管理复合型人才；湘湖实验室与瑞典隆德大学共建合成生物学联合创新中心，开展国际联合培养计划。二是创新灵活用人机制。天津依托合成生物学海河实验室，建立"项目制"人才培养模式，已输送复合型人才 300 余人，实施"全责科学家"制度，赋予科研任务调整权和经费调拨权；杭州依托浙江大学等高校，形成郑裕国、曾安平等院士领衔的科研团队，2023年人才净流入率全国领先。三是通过竞赛引才创新。深圳连续五年举办合成生物学竞赛，吸引全球 127 所高校参与，累计挖掘创新项目 236 个；天津举办中国创新挑战赛生物制造专题赛，通过"张榜出题"解决企业技术难题 57 项；杭州依托浙江大学国际科创中心，开展全球合成生物黑客松，吸引国际团队落地项目 12 个。

二 广州合成生物制造产业发展现状分析

（一）发展现状

1. 科技创新基础条件较好

广州涉及合成生物学领域的高校、科研机构数量居全国前列，在国家

"双一流"建设学科方面,拥有契合合成生物制造产业发展的生物学、食品科学与工程、化学等优势学科,在培养后备人才方面具有较强的实力。在基因测序、基因编辑、基因合成等底层生物工程技术方面,广州拥有良好的研发基础和人才储备。另外,广东省微生物菌种保藏中心、中国科学院南海海洋研究所、中山大学生命科学学院、慕恩(广州)生物科技有限公司等单位拥有庞大的种质资源库,对合成生物的基础研究起到关键作用。广州市科技局将合成生物学作为重点科研支撑方向,进一步促进产学研用融合。

2. 产业应用领域优势明显

现阶段,合成生物制造产品在医疗和美妆领域的应用最为深入,其市场价值非常确定,具有高成长性和高确定性的细分赛道。广州生物医药产业集群和医美产业集群优势突出,本地应用市场优势明显,为合成生物制造产业细分领域创新协同和产业集群打造奠定了良好基础。广州生物医药产业集群在 2023 年全国战略性新兴产业集群评比中获优秀,发展水平跻身国家第一梯队。2024 年,广州生物医药产业总营收突破 2200 亿元[1],化妆品产业年产值超过 1000 亿元,占比超过广东省的 70%,居全国首位[2]。在产品应用端,广州本地企业丸美生物的重组胶原蛋白、知易生物科技的活体生物药、启点生物的美容生物活性蛋白、慕恩活菌药物以及防治作物土传病害的功能性微生物产品等市场成长驱动强劲。

3. 产业发展生态初步形成

广州合成生物企业已基本覆盖合成生物产业链的上中下游环节,包括工具层、平台层和应用层等,主要集中于医美、医药及食品等领域。多家公司已进行产业化融资,如云舟生物以 70 亿元人民币、超 10 亿美元的估值,成为广州首家生物科技独角兽企业和广州生物制造产业链上的重要一环。慕恩生物作为专注于细分领域微生物发掘与生物制造的平台型生物技术公司,于

---

[1] 《"生物医药与健康产业高地"广州迈向新能级》,《广州日报》2025 年 2 月 10 日。
[2] 数据来源:《2024 广州化妆品产业白皮书》。

2024 年 6 月完成 3 亿元 C+轮融资。态创生物已获融资过亿美元，实现 50 多种物质的商业化，成为平台型合成生物企业。2024 年知易生物已完成近亿元 C 轮首期融资，拥有中国首个获得 FDA 临床批准的采用二代益生菌开发的活体生物药。

（二）存在的不足

1. 产业主体有待多元化、集群化培育

作为新兴领域，合成生物制造产业现有主体以中小企业为主，上下游产业链较为零散，主要集中在美妆、医药等领域。产品市场高度分散，高端原料很大比例依赖长三角地区供应或进口。据广州市生物产业联盟不完全统计，广州有 10 多家上市公司布局了合成生物相关业务，但主营业务集中在医药、医疗保健等领域，不属于合成生物制造领域。在产业主体培育过程中，科研端到产业端中试熟化制约明显，部分科研机构和初创企业缺乏足够的资本和平台开展中试验证，导致成果成熟度较低，进而影响后期研发和进一步商业化进程。另外，高校科研人员作为主力研究队伍之一，受限于个人精力以及高校成果转化服务人才队伍不健全，其成果在市场匹配需求、成果转化咨询、政策法务、投融资及成果宣传推介等方面缺乏专业指导和帮助。

2. 缺乏高能级创新平台支撑原创突破

目前，合成生物在底层技术层面仍有待突破。系统生物学尚处于研究阶段，存在成本高、周期长等问题。细胞内各类生化反应机制尚未完全破解，细胞工厂设计、构建仍具有挑战。国内企业菌种自主知识产权较少，核心菌种往往被国外企业垄断。合成生物原始创新依赖重大创新平台的支撑，近年来，天津、深圳、北京和上海等城市已先后布局国家合成生物技术创新中心、合成生物研究重大科技基础设施、国家生物制造产业创新中心、合成生物制造技术创新中心、上海张江合成生物创新中心等创新平台，围绕细分领域着力突破核心底层技术，聚力提升源头创新能力。广州高校院所虽然布局了相关实验室，但研究课题和研究领域相对分散，与产业发展需求的协同性不足，行业影响力和产业牵引力仍有待增强。由于缺乏重大创新平台牵引，

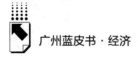

广州在聚智引才育才、核心技术攻关方面难以形成有组织的"饱和式"投入和学科交叉，难以形成面向产业化原始创新的需求。

3. 支撑创新孵化的资本市场亟待激活

根据 SynBioCon 统计，截至 2023 年，国内共有 52 家合成生物相关企业完成累计 57 笔融资或募资，而广州仅有 1 笔。2024 年 1~7 月，国内合成生物领域完成 39 笔融资，上海 6 笔、深圳 5 笔、北京 4 笔、广州 2 笔。[①] 从资金来源看，这些热点城市投资事件中城市政府的投资基金或专项引导基金以直投、股权投资、子基金类投资等多元化方式参与，为产业培育壮大提供了耐心资本护航。相比之下，广州投资基金和国有资本对合成生物制造领域科创企业的融资支持不足，对市内偏基础、前沿的研发成果转化投入较审慎。部分处于成长期的企业因资金问题，难以推进产品的规模化生产或商业化进程，导致新产品上市及市场推广被迫延迟。

4. 相关政策创新亟待加速落地

近年来，各地不断加强对合成生物底层技术研究与产业化规模应用的部署，相比之下，广州的相关政策支持稍显滞后，导致少数企业前往补贴力度较大或者监管审批宽松的深圳或华东地区城市注册新公司。部分领域监管审批有待松绑，如未来可能成为继玻尿酸、肉毒素以外第三个常用的医美生物材料重组胶原蛋白，因审批较为审慎严格，个别本地企业担心错过当前市场上合规产品较少的红利和品牌建设窗口期，为加速获批重组胶原蛋白，在异地注册新公司申请获批。科技成果转化方面的利好政策亟待从"纸面"加速落实到"地面"，目前广州部分高校科研人员依旧担心定价过低或转化失败需要承担国有资产流失的法律责任，导致许多科技成果"沉睡"在实验室。

三 广州加快发展合成生物制造产业的对策建议

合成生物制造产业作为战略性新兴产业和未来产业的重要领域，目前处

[①] 上海市生物医药科技发展中心统计数据。

于产业化中前期阶段。建议广州尽快谋局，加快完善顶层设计，在增强创新策源能力、完善育成孵化生态、着力提升招商效能等方面协同发力，加快抢占合成生物制造产业高地。

（一）加快完善顶层设计，强化产业创新制度保障

1. 加强政策创新探索

发挥国家营商环境创新试点、服务业扩大开放综合试点、南沙自贸区等先行先试条件，积极争取国家层面支持，探索合成生物创新策源、新产品市场准入、行业监管政策创新等前瞻性制度框架。完善卫健、市场监管等部门在合成生物领域监管中的职责，优化研发、生产、经营和使用等各环节的配套政策和规范，创新项目落地审批分类，对于合成生物制造领域产业化项目，无须参照石化、化工类相关文件进行审批。深化职务成果权属管理改革，创新设置直接赋权、过程赋权、提前赋权等赋权方式，调动科研人员积极性。

2. 鼓励企业、科研机构加强场景开放

支持新技术概念验证、新产品试点应用，促成一批有示范带动效应的标志性成果转化项目。鼓励大企业、大平台发挥资源和技术交叉的边缘效应优势，促成合成生物领域跨场景应用孵化。支持企业、科研机构开放供应链和场景应用，面向研发、生产、检测、运维等环节开放应用试验场景。以支持创新为导向，切实破除各种壁垒，支持新技术新产品平等参与企事业单位招标投标活动，助推场景应用落地。开放医疗应用场景，支持合成生物技术在生物医药、疾病诊疗等领域的非临床研究与评价和前沿技术应用落地。

3. 支持新技术新产品应用推广

运用政府采购、消费补贴、金融保险等机制，对技术适用、安全可靠的自主创新产品及服务予以支持，带动市场破冰。对具有技术领先性、现实经济价值和环保意义的生物制造产品授予绿色制造标签，发布合成生物应用领域重点产品清单，推进碳标识在消费品领域推广应用。鼓励科研机构和企业牵头或参与成立高水平国际科技组织，牵头参与制定合成生物制造领域国际

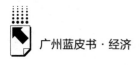

标准。支持企业布局海外知识产权、取得境外上市资质和市场专业资质认证。

4. 加强产业高端智库和协会建设

组建广州合成生物产业战略咨询委员会，在国家级集群申报、省市重点项目遴选、创新平台建设、重大项目布局、投资融资等方面给予智力支持。发挥广东省生物技术产业化促进会、广州合成生物产学研技术创新联盟及行业协会的桥梁纽带作用，团结政产学研资各界力量，共同推进政策法规、行业标准、监管治理创新。研究制定合成生物制造专项统计体系，建立统计监测机制，辅助科学决策。

（二）提升创新策源能力，建立技术多维供给体系

1. 组建广州合成生物创新研究院

建议整合中国科学院广州生物医药与健康研究院、广东省科学院微生物研究所等创新平台和基础，探索利用基金制、多级财政联动投资等多样化资金来源模式，组建广州合成生物创新研究院，申报国家重点实验室及国家重大科技基础设施，开展前沿研究、交叉研究，提升源头创新能级。推进实验室对外开放与国际合作，建设开放的科学生态体系。

2. 搭建高水平创新平台

支持头部企业联合高校、科研院所建立合成生物领域创新联合体，承担参与国家重大专项、重点研发计划，围绕全新工程菌发现和构建、代谢网络挖掘和调控、人工生物系统设计与组装等开展技术攻关。加强自主知识产权的菌种、原药、生物基材料研发和工艺路线构建。利用国家超级计算广州中心等平台资源，支持多组学数据、生物医学和健康数据、生物元件、生物种质资源等载体平台建设，打造生物信息计算支撑平台。支持广东省合成生物产业工程技术研究中心等省级创新平台升级为国家级创新中心。

3. 支持企业研发生产提档升级

鼓励合成生物制造企业申报国家和本市"首台（套）装备、首批次新材料、首版次软件"等产品认定，同时支持企业引进国内外项目或科研成

果等实现产业化，对符合条件的企业，依据广州市促进高质量发展相关政策给予支持。以新一轮大规模设备更新为契机，用好各级相关配套政策和资金，支持合成生物领域相关企业、科研机构开展研发和生产设备、生产工艺迭代升级，提升研发创新条件和生产效率。鼓励保险机构进一步拓展创新保险产品和服务，指导企业用足用好首台（套）重大装备、首批次新材料保险补偿政策，帮助企业降低创新风险。

4. 加强创新人才引育

分领域绘制合成生物制造产业人才地图，实行顶尖科学家全权负责制，重点引进掌握核心技术、拥有自主知识产权的创新科研团队和高层次领军人才。锚定合成生物制造上下游发展需求，开展发酵工艺、智能装备设计复合型人才以及菌种选育、生物体设计等领域领军人才、青年英才、卓越工程师等人才梯队支持计划。支持高校院所追踪合成生物学前沿科研领域，调整专业设置，开展应用型、工程化紧缺人才的产教融合培养。

（三）完善孵化育成生态，畅通产业创新迭代路径

1. 支持产业化共性平台建设

用好广东省加快构建现代化中试平台体系的政策契机，支持高校、科研机构及企业探索共享共建模式，打造高标准生物铸造厂、中试放大平台与规模化生产工艺验证功能型平台。建立合成生物领域中试、动物实验、合成生物专用 CNAS（中国合格评定国家认可委员会）认证测试实验室等共享平台。加快培育引进行业龙头合同研发机构（CRO）、合同外包生产机构（CMO）、合同定制研发生产机构（CDMO）等产业公共服务平台，补齐工程化服务短板。

2. 完善合成生物中试产业服务

统筹省、市财政各类专项资金，整合中试平台资源，提升中试、概念验证平台面向高校院所、初创企业的开放程度。对财政资金支持建设的中试平台不设定产值、税收、能耗强度等考核指标。建立以风险投资人、项目经理人为主导的概念验证机制，尽早介入高校院所项目研发活

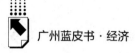

动。依托广州合成生物产学研技术创新联盟，支持建立中试成果本地化场景应用体系，推动中试产业联盟由合成生物向数字信息、装备制造等领域创新拓展。

3.加强创新策源地周边孵化载体布局

支持环五山和环中大、大学城、生物岛、科学城等区域着力建设孵化器、加速器等众创空间，围绕电力、蒸汽、工业用水、环保处置以及危化品仓库等共性需求，完善相关配套设施，承接创新外溢、概念验证和成果转化需求。围绕企业全生命周期，提供创业咨询指导、投融资、共性技术等专业咨询服务，构建"科学家提供创新+概念验证中心验证+共享中心支持"科技成果转化创新孵化机制，实现成果低损耗转化，夯实科创成果本土化根基。

4.加强"耐心资本""投后赋能"支持

成立覆盖合成生物制造产业创新全流程的市、区产业基金，发挥国有资本对投资早期科创项目的补位功能，提高风险容忍度，联动社会资本投入，重点投向早中期、初创型企业，全过程支持企业发展壮大。细化基金、债券、信贷、融资、贴息等支持举措，支持银行等金融机构将碳足迹核算结果作为合成生物领域绿色金融产品的重要采信依据。多渠道整合各委办局、金融机构、上下游企业等资源，在政策法规、融资服务、人才招引、生产用地等方面提供"投后赋能"增值服务。

（四）着力提升招商效能，引进一批优强创新主体

1.开展产业技术导向型招商

创新运用专利大数据和人工智能等技术，发掘高校科研院所的早期实验室成果及前沿技术。以技术驱动为招商导向，侧重于评估项目引入后在人才和技术上的投入，以及在本市的沉淀、溢出效应和产业链汇聚效应。产业链上游重点引入基因组合成与组装、底盘细胞构建、菌种计算设计、高通量基因合成及筛选等技术型企业；产业链中游侧重于合成生物技术平台搭建和生物仪器供应，重点引入生物设计软件、自动化实验设备、新型智能化生物工

厂及生物计算领域等平台型企业，以数据和技术加速药物设计、靶点发现、精准诊断数字医疗等生命科学产品的研发，协同赋能产业集群打造；产业链下游瞄准产品型创新应用企业，重点引入创新药研发、新型疫苗、基因及细胞治疗药物、全新结构蛋白及多肽药物、中药活性成分、医用造影剂、生物基材料等成长性较强的企业。

2. 做强创新创业赛事活动招商

发挥赛事链接人才和项目的枢纽作用，将研究成熟度、落地商业化潜力、规模化应用潜力等因素作为主要评判维度，发掘项目的未来价值。招投联动，整合市场化、专业化资源，提供创新导师深度辅导、对接产业创新需求和场景资源，全要素支持优质项目落地转化。以"论坛+展览+榜单+奖项+发布会"为呈现方式，加强技术、产品、企业、产业、生态等全方位融合互动，打造城市营销和招商的信息汇聚场。

3. 织密国内外招商网络

组建懂科研、懂市场、懂转化的复合型招商队伍，将风险投资"前移"，在国内优势突出的北京、天津及上海等城市提前精准识别、设立联合研发中心，开展"飞地孵化"。发挥省会优势，对接合成生物领域相关央企、省属国企，布局研发中心或区域总部。发挥驻外使领馆、友好城市作用，加强与国外合成生物领域知名企业、研究机构和大学合作，联合海外商协会、外事部门等建立海外招商联络点，在重要节点城市策划开展人才招引和投资促进推介活动。支持企业"出海"建立研发机构，实现"海外研发、广州转化"。

4. 开展场景机会和技术清单招商

整合全市合成生物产业链需求、企事业单位应用需求，发布城市场景机会清单，推动招商从"给优惠"向"给机会"转变。大胆创新整合广州先行先试领域相关政策，在合成生物制造关键核心技术研发与产品突破、临床试验及临床研究、委托生产和市场开拓等环节开放特色应用场景开展招商。梳理全市大院大所重大科技成果，发布投资机会清单，引进战略投资者，吸引一批优质中试放大项目落地。

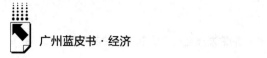

参考文献

赵国屏:《合成生物学:开启生命科学"会聚"研究新时代》,《中国科学院院刊》2018 年第 11 期。

江源、李丹丹、赵若春等:《合成生物学赋能生物制造探索新质生产力未来赛道》,《竞争情报》2024 年第 5 期。

B.11
"十五五"时期增城区加快建设全国先进制造业基地重要承载区的思路研究

广州市增城区发展和改革局课题组*

摘　要: 全国先进制造业基地是广州城市核心功能之一,增城区作为广州东部中心重要组成,承担着建设全国先进制造业基地重要承载区的责任和使命,在产业与科技创新、产业平台建设、营商环境等方面形成了良好发展势头,但存在产业能级与发展定位不匹配、高端要素集聚能力有待提高、空间利用效率相对偏低等问题。本报告结合广州建设全国先进制造业基地的特征内涵以及东部中心功能定位,分析了增城区建设全国先进制造业基地重要承载区的基础条件和存在的不足,提出了育强特色产业集群、强化空间载体"硬支撑"、提升创新发展功能、大力发展枢纽经济、推动黄埔增城协调发展、促进高水平产城融合等建议。

关键词: 广州东部中心　全国先进制造业基地重要承载区　增城区

2023年9月,全国新型工业化推进大会明确"新时代新征程,以中国式现代化全面推进强国建设、民族复兴伟业,实现新型工业化是关键任务"。广东省委强调"突出制造业当家,高水平谋划推进现代化产业体系建设"。广州积极落实广东省委、省政府"制造业当家"部署,坚持产业第

---

* 课题组成员:刘佳洋,广州市增城区发展和改革局局长,研究方向为区域经济、发展改革;吴晓锋,广州市增城区发展和改革局副局长,研究方向为区域经济、体制改革、发展规划;何伟锋、朱伟光、文皓平、冯彦、袁澜娟,广州市增城区发展和改革局综合规划科工作人员。执笔人:朱伟光,研究方向为区域经济、投融资和固定资产投资。

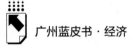

一、制造业立市，加快构建以新质生产力为支撑的现代化产业体系，增强全国先进制造业基地核心功能。增城区作为广州东部中心（以下简称"东部中心"）重要组成，要落实"两江东进"城市战略，发挥增城区枢纽、空间等优势，聚焦高水平产城融合，全力支撑广州建设全国先进制造业基地，助力广州"二次创业"再出发。

一 广州愿景与增城使命

面向 2049 年，广州抢抓国家赋予"6+4"城市性质和核心功能定位[①]的重大机遇，规划布局"三核""三广州"，加快建设出新出彩的中心型世界城市。其中，广州建设全国先进制造业基地的目标为"完善现代化产业体系，改造提升传统产业，培育壮大新兴产业，布局建设未来产业，建设若干产业链条完善、辐射带动力强、具有国际竞争力的先进制造业集群。完善国际货物流通和供应链管理等综合服务，积极建设产业链供应链组织中心，提升产业链供应链韧性，增强全球资源要素配置能力"[②]，提出积极打造全球产业链供应链组织中心、国家新型工业化示范基地和未来产业先导区。

对比深圳、成都等超大城市同为全国先进制造业基地的目标[③]，广州的战略布局除了在产业层面强调培育壮大先进制造业集群这一共性特征，还着重在全球城市网络中标定新方位，即以"中心型世界城市"为目标引领，强调产业链、供应链、创新链的区域协同，以及在全球城市网络中的功能定

---

① 广州"6+4"城市性质和核心功能定位："6"为广东省省会、我国重要的中心城市、国家历史文化名城、国际性综合交通枢纽城市、彰显海洋特色的现代化城市、科技教育文化中心；"4"为国际商贸中心、全国先进制造业基地、全国综合性门户、国际科技创新中心重要承载地。

② 参见《广州市国土空间总体规划（2021—2035 年）》。

③ 深圳推动制造能力不断提升、创造能力显著增强、要素保障能力明显提高、资源整合能力持续强化、生态系统加速完善，建成全球领先的重要的先进制造业中心；成都形成一批世界级、国家级产业集群，成为全球重要的先进制造业中心城市；苏州以"苏州制造"引领最高标准、最优品质、最广市场，打造全球具有领先地位的"智造之城"。

位和广泛影响力,打造全球产业链供应链中心。

同时,随着粤港澳大湾区建设加快,各城市间产业关联越发紧密,而城市之间边界区域已然成为"黏合"相邻城市的最具活力的核心载体。顺应粤港澳大湾区发展趋势,围绕"中心型世界城市"建设,增城区作为东部中心的重要组成,要发挥广州区域辐射带动作用,打造向东纵深推进与东莞、惠州、深圳联动发展的引领性、支撑性平台。东部中心规划提出,围绕建设"现代活力核"定位,面向穗莞深辐射区域,着力集聚创新与先进制造功能,营造产城融合的生产生活新空间,建设担当高质量发展动力源的"新广州"。

立足东部中心发展使命,"十五五"期间,增城区建设全国先进制造业基地重要承载区,要聚势能、打基础,增强聚合力,在建设导向上建议重点加快"三个提升"、做强"三大职能"。一是聚焦产业提升建设现代产业集聚区,深度参与区域产业分工和合作,为"黄金内湾"要素流动、产业扩散提供载体,加快推动实现制造业规模总量、创新能力、产业集群、产业生态大跃升,构建能够体现新质生产力特征、具有核心竞争力的先进制造业产业集群。二是聚焦枢纽提升建设枢纽经济先行区,促进交通区位优势转化为枢纽经济优势,打造粤港澳大湾区产业链关键环节、供应链关键节点、创新链集中承载地,培育粤港澳大湾区珠江东岸科技创新和先进制造业供应链组织中心。三是聚焦城市提升建设现代新城区,服务高素质人口、高水平产业发展需求,促进"人城产"融合共生,创造美好的城市生活、城市服务、城市人居环境,打造劳动者、创造者、奋斗者的理想家园。

二 先进地区的发展经验

(一)苏州昆山市

引领产业发展是昆山走在前列的坚实根基,使其成为全国首个经济总量

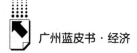

突破5000亿元的县级市。一是深化"2+6+X"现代产业布局①，超万亿元规上工业总产值支撑实体经济强势增长。二是推进科技创新与产业创新深度融合，促进高端人才集聚和产业创新集群良性循环，高新技术企业数量占苏州全市总量的1/5。三是不断增创开放发展优势，深度对标上海、服务上海，高点定位花桥国际商务区，全面融入虹桥国际开放枢纽北向拓展带，与嘉定、太仓共建协同创新核心圈。

（二）南京六合区

六合区抓住长三角一体化等战略机遇，发挥后发优势，打造南京都市圈北翼"桥头堡、连接点、传导区"，加快建设成为南京高质量发展新的重要增长极。一是聚焦新能源、高端装备制造、节能环保等主导产业，集聚链主企业和龙头企业，加速打造千亿元级新能源产业集群。二是围绕实体经济和先进制造业高质量发展抓创新，以经济开发区、高新区、科技创新港为平台，大力推进科技创新驱动产业发展，高新技术企业数量增长较快。三是主动谋划和锻造生态环境长板，推动城乡、产城融合发展。

（三）上海松江区

松江谋划并推进长三角G60科创走廊②建设，跃升为有力服务支撑国家区域重大战略的创新策源地。一是敢破善立打造产城深度融合示范区、城市有机更新实践区，整合发展空间。二是瞄准集成电路、脑科学、人工智能等前沿领域，加快关键核心技术颠覆性突破成链。三是建立国家战略牵引、中央部委和省级政府指导、地方政府积极合作的跨省域科创廊道建设模式，推动科创与产业深度跨区域协同和深度融合。

---

① 做大做强新一代电子信息、高端装备制造两大主导产业，重点布局新显示、新智造、新医疗、新能源、新材料、新数字6个千亿元级战略性新兴产业，加快形成先进计算、航空航天、人工智能等一批先导产业，全力打造数字经济时代产业创新集群。
② 长三角G60科创走廊于2016年启动建设，由上海市松江区发起，现覆盖沪苏浙皖三省一市的松江、嘉兴、杭州、金华、苏州、湖州、宣城、芜湖、合肥九市（区）。

上述地区可供借鉴的共通经验如下：一是聚焦战略所需，围绕实体经济做大做强先进制造业，建设创新型城市；二是服务区域协同，以重大平台为牵引促进跨区域融合共生，争取更多区域资源配置的"话语权"；三是加快产城融合，建设优质生活圈，更好促进高端人才集聚和产业创新。

三　增城区的基础条件和存在的不足

立足东部中心发展使命，增城区抢抓重大历史机遇，聚力发展"芯显车"特色产业，加快推进产业科技创新，培育发展新质生产力，建设全国先进制造业基地重要承载区具备较好的基础条件。

（一）工业经济发展稳中提质

工业经济规模稳步扩大。增城区拥有 41 个工业大类中的 32 个大类、116 个中类和 244 个小类，2024 年完成规模以上工业总产值 1996.37 亿元（见图 1），2021~2024 年均增长 6.1%①，成功上榜全国工业百强区。产业结构持续优化。"十四五"时期以来，增城区围绕"芯显车"三大主导优势产业，聚焦设备制造、高端材料、芯片制造、柔性面板制造、新能源"三电"、汽车电子等重点环节强链补链延链，吸引了广本、万洋、增芯、维信诺、中微、智达星空等一大批带动能力强的骨干企业落户，2024 年战略性新兴产业和先进制造业增加值占全区工业增加值的比重分别提升至 76.1% 和 57.6%，高技术制造业增加值增长 20.3%，工业机器人、液晶显示屏、磁性材料产量分别增长 73.8%、16.3% 和 3.5 倍。重大项目加快建设。2024 年完成工业投资 300.28 亿元（见图 2），总量稳居全市第二，占全区固定资产投资比重达到 42%，2021~2024 年工业投资年均增长 26.4%，增芯一期通线投产，实现国内首条 12 英寸智能传感器晶圆制造新突破，智达星空、海格无人信息产业基地等项目加快建设。

---

① 本部分增长率按可比口径计算。

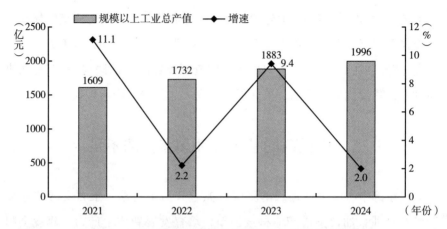

图1　2021～2024年增城区规模以上工业总产值情况

注：增速按可比口径计算。

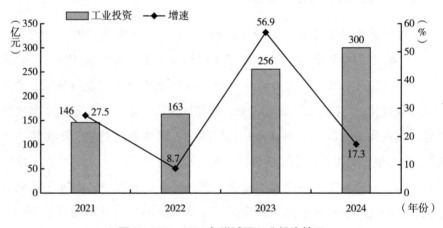

图2　2021～2024年增城区工业投资情况

注：增速按可比口径计算。

（二）重大平台建设卓有成效

增城国家级经济技术开发区提质发展。2024年开发区核心区完成规模以上工业产值1145.85亿元，占全区的比重达到57.4%，在全国229家国家级经开区综合发展水平考核评价中排名第52位，较上年提升27个位次；

"一区多园"建设加快推进，智能传感器产业园获评"广东省特色产业园"，高端电子信息新材料产业园获批设立；扩权强区改革稳步推进，12 项广州市级管理权限调整由开发区实施。广州东部中心枢纽能级持续提升。建成新塘枢纽核心区集疏运系统，目前新塘站可通达 7 省 63 城，班列开行数达到 258 列，可直达香港、上海，新塘枢纽日均到发量超 5.4 万人次；广州东部公铁联运枢纽加快建设，增城西站升级改造顺利推进，目前国际班列可通达 16 国 33 城，2024 年开行国际班列 466 列，发运量占广州市的 51%、广东省的 43%，广州生产服务型国家物流枢纽成功获批，广州希音湾区供应链一期等项目开工建设。广州科教城产教融合顺利推进。目前 12 所院校已全部入驻办学，2024 年在校师生约 8.4 万人；校企合作机制创新工作顺利推进，产教合作联盟促成校企合作项目 56 个。

（三）科技创新能力稳步提升

近年来增城区努力推动以科技创新引领高质量发展，科技成果转化工作打开新局面、迈上新台阶。创新主体不断壮大。截至 2024 年全区高新技术企业累计达到 972 家，累计培育国家级专精特新"小巨人"企业 18 家、省级专精特新中小企业 382 家，国家级制造业"单项冠军"企业 1 家、省级制造业"单项冠军"企业 10 家，2024 年研究与试验发展（R&D）经费投入强度达 3.2%。重大科创平台支撑能力不断增强。工信部电子五所总部、湖南大学粤港澳大湾区创新研究院等科研院所落地并快速发展，引进建设广东微技术工业研究院等重大科研平台。孵化育成体系不断健全。增城区拥有广州唯一的国家级侨梦苑平台，目前已形成"1 个核心区+23 个分园区"发展格局，总面积达 46 万平方米，累计引进各类创新创业项目 1178 个。创新创业生态持续优化。近年来先后出台《增城区促进科技创新发展扶持办法（修订）》《增城侨梦苑分园区及入驻项目评审管理办法》《增城区支持创新创业领军人才科技成果转化项目实施办法》等政策，成立侨梦苑创新创业投资基金，不断健全科技创新扶持政策体系，加快金融赋能创新发展，持续激发创新创业热情。

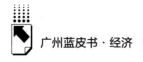

（四）招商引资形势总体良好

精准招商引资体系不断健全。深入实施招商引资"一把手"工程，构建全区"一盘棋"大招商格局，加快推进全链条产业招商。招商引资"双百"计划持续推进。2021~2023 年，全区累计引进项目 446 个，计划总投资额 3184.98 亿元，其中制造业项目 188 个，投资总额 1974.67 亿元，投资或产值营收超 10 亿元的优质项目 226 个。市场主体数量逐年增长，截至 2024 年末，增城区市场主体总量突破 31 万户，2024 年新登记经营市场主体 5.6 万户。产业项目筹建"全生命周期服务"机制优化完善。在广州市率先推出"五证联发"，推行"带方案出让""引进即筹建""拿地即开工"，"产业项目筹建'一件事'改革"入选中国开发区营商环境年度百佳案例，14 项改革经验获国家和省、市复制推广。

（五）要素保障能力持续增强

增城区地处粤港澳大湾区的核心主轴和关键节点，具有区位好、空间大的优势，在广州东部中心和环南昆山—罗浮山县镇村高质量发展引领区建设加快推进等多重机遇叠加下，增城区区位、成本、空间、生态等后发优势更为凸显。产业空间相对充裕。增城区产业用地（包括工业、商业商务和物流仓储用地）面积占全市总面积的 12%，截至 2024 年末，全区已建成可用于招商的产业载体建筑面积共 228.8 万平方米，其中工业厂房 160.3 万平方米、商业楼宇 68.5 万平方米，在建或拟建可招商产业载体建筑面积超 1300 万平方米，且拿地综合成本相对较低，承载大型制造业项目具有优势。资金保障能力逐步提高。积极争取上级资金支持，用好用足专项债、超长期特别国债等政策，2024 年获批项目 39 个、资金 44 亿元。人才后备力量持续壮大。以劳动年龄人口为主的人口流入持续增长，居住半年以上的来穗人口约 80 万人，拥有大学文化程度的人数持续增长。

虽然增城区在建设全国先进制造业基地重要承载区方面已经具备一定基础，但进中有忧，对标先进地区竞争力相对不足、赶超压力较大，当前仍存在以下不足。一是产业能级与发展定位不匹配。规模以上工业产值占东部中心的比重仅 19.4%，主导产业规模偏小，尚未形成千亿元级集群；产业链协同不足，龙头企业对中小企业的带动效应较弱，"芯显车"与新材料、先进装备等产业联动有限。二是高端要素集聚能力有待提高。企业平均注册资本、高新技术企业数量不足黄埔区一半，智能传感器等领域高层次人才储备差距明显。三是空间利用效率相对偏低。产业园区布局零散、配套滞后，建成载体空置率约 40%，低效用地占比达 20%，经济密度低于先进区域。四是产业服务支撑较为薄弱。生产性服务业规模不足黄埔区 1/10，科研机构、中试平台等专业化服务较少，现代物流与供应链管理能力尚未成型。五是区域协同机制有待优化。黄埔和增城跨区政策协调不足，城市建设标准与产业配套的差距制约东部中心整体优势发挥。

四 "十五五"时期发展思路及对策建议

（一）以产业创新为关键抓手育强特色产业集群

坚持国家战略所向、广州发展所需、增城产业所能，主动衔接广州"12218"现代化产业体系，加快构建"12613"现代化产业体系①。

一是谋深做实产业布局。前瞻性研判产业成熟度、成长空间，重点把握高技术、高效能、高质量特征，壮大集成电路、新型显示、绿色石化和新材料、智能网联与新能源汽车等战略性新兴产业，前瞻布局具身智能未来产业，培育一批具备核心竞争力的先进制造业集群。聚焦智能化、绿色化，推动纺织服装、食品饮料、智能家居等传统特色产业改造提升。围绕专业化、

---

① "1"即一个总体要求：产业第一、制造业立区。"2"即明确两个主攻方向：制造业与服务业"两业融合"，数智化与绿色化"两化转型"。"613"即培育壮大半导体与集成电路、新型显示、绿色石化和新材料、智能网联与新能源汽车、时尚消费品、低空经济与航空航天6个战略性新兴产业；前瞻布局具身智能1个未来产业；重点发展科技服务业、物流与供应链产业、文旅休闲康养产业3个现代服务业。

高端化，推动科技服务、物流与供应链、旅游休闲等现代服务业扩量提质、与先进制造业深度融合，为实体经济"增值赋能"。

二是实施先进制造发展"百千万"计划。坚持大项目拉动和大产业联动，围绕招引百亿元企业、培育千亿元集群的目标，推进招商体制机制市场化改革，瞄准智能传感集成电路、电子信息新材料、新能源整车、低空飞行制造等细分赛道，引进龙头项目和核心技术企业，加大力度扶持配套产业发展壮大，力争每年引进亿元以上重点产业项目50个。加强场景供给牵引，创建未来产业先导区，抓紧规划建设跑道型通用机场，打造粤港澳大湾区专业化航空器起降母港，积极抢滩布局低空经济。围绕主导产业培育专精特新"小巨人""单项冠军"，支持企业通过抢占产业链发展的重点节点乘"链"而上，形成中小创新型企业蜂聚效应。

三是培育企业、产品、品牌等独特竞争力。瞄准发展前景好、增长空间大的"大产品"领域，选择一批具有一定市场规模和较强创新能力的头部企业，打造若干家具有全国影响力的新兴产业领军企业。顺应市场消费需求，实施传统产业新制造支持计划，推动纺织服装、食品饮料、家具家居等都市消费工业"数改智转"，鼓励企业制定、实施品牌发展战略，推动新塘牛仔服装智能制造示范基地建设，打造一批可复制的"5G+工业互联网"样板工程和典型场景。依托希音等数字新消费平台，通过"跨境电商+产业带"再造消费品产销体系，探索建设消费品产销融合试验区。

（二）加力提效强化空间载体"硬支撑"

坚持存量增效和增量提质双管齐下，为高端生产制造业的规模化集聚提供充裕的发展空间，放大增城区土地资源和产业载体供给优势。

一是打造更具承载力的产业发展主战场。持续推动增城开发区扩容提质，提高仙村产业园、荔三产业带规划建设标准，建设一批特色鲜明、承载力强的"万亩千亿"园区平台，打造省、市关键产业、重大项目重点布局的重要基地。推动省市共建广州智能传感器产业园，聚焦MEMS特色工艺核心优势，打造粤港澳大湾区智能传感器产业集聚区。建设高端电子信息新材料产业园，打造国家级电子信息新材料创新生产基地。支持增城生物医药产业园联动生物岛建设，打造广州东部生物医药创新成果转化基地。

二是推动产业用地高效利用。完善"整体规划+分片实施+滚动开发"体系，持续加力、有序推进万亩用地计划。以石滩镇全域土地综合整治省级试点项目为带动，推动集中连片土地整理。实施城市更新大攻坚行动，制定更宽松有力的存量用地更新政策，支持新塘开展低效产业用地再开发试点，推动成片连片更新改造。支持申报国家城中村改造试点，加强城中村改造项目产业布局，挖潜置换存量空间，促进高新技术产业集聚。完善集体建设用地入市政策，加快集体建设用地和留用地开发利用。

三是提升园区运营服务水平。优化园区主体开发运营机制，加大专业化、综合配套供给，构建完善的园区配套设施和服务体系。支持区属国企进一步丰富园区投资、建设、运营等功能，探索建设适配制造业发展的可租可售厂房，以万洋科技城、专精特新产业园为标杆，牵引建设一批面向新一代信息技术、汽车及新能源汽车等产业的专用型厂房、定制厂房，打造一批高质量高产田。试点建设智慧园区、零碳园区等新形态。

（三）融入"黄金内湾"提升创新发展功能

抢抓"黄金内湾"规划建设的重大机遇，推动东部中心战略提升，谋划推动产业科技互促双强引领。

一是加快构建源头创新、技术创新、成果转化、企业培育"四大创新体系"。积极融入广州战略创新平台体系，争取重大科技基础设施、技术转化实验室等创新平台落户，按产业需求建设一批制造业中试基地、概念验证中心、检验检测中心，培育一批贯通创新链、产业链的新型研发机构，完善区域产业创新生态。

二是以科创为引领促进跨区域融合发展。利用相对充裕的土地资源，支持广州国家高新区扩区建设增城园区，规划建设中新广州知识城二期，加强产学研创空间融合，为粤港澳大湾区高端创新要素流通、集聚、成果转化提供优质载体。推动成立"芯显车药"跨区域产业联盟以及产业合作园区，促进科技、产业深度对接、融合。

三是促进高端人才集聚和产业创新集群良性循环。实施"广聚英才"工程、智能传感器人才开发培育工程，围绕重点产业靶向引进战略科技人才、领军人才、高水平创新创业团队。探索建立"科学家+企业家+投资家"的协同创新、成果转化和产业孵化机制。对接香港特别行政区政府"粤港澳大湾区青年就业计划"，支持增城侨梦苑吸引更多海内外高层次人才和创新项目落地，高水平建设粤港澳大湾区青年创业创新基地。推动广州科教城高质量建设产教融合实践基地，规划建设粤港澳大湾区技能人才产业园。

（四）以发展"枢纽经济"为重要途径汇聚高质量发展力量

放大东部中心交通枢纽聚流辐射作用，提升对贸易、创新、人才等资源要素的集聚能力。

一是促进供应链空间载体建设。依托广州东部公铁联运枢纽建设粤港澳大湾区国际班列集结中心，规划建设保税物流中心（B型），打造国家城郊大仓基地和国家骨干冷链物流基地，推动产业要素沿着交通通道通过物流供应链组织进行聚集，构建面向粤港澳大湾区的生产制造物流协同服务体系。

二是促进交通枢纽和枢纽产业融合发展。推动新塘站上升为主站，加快增城西站建设，完善融通湾区、辐射全国的门户枢纽能级，提升要素资源整合和配置能力。争取将东部中心纳入中国（广东）自由贸易试验区联动发展范围，发挥希音、抖音、易芽等跨境电商龙头项目带动作用，发展保税物流、跨境电商、大型综合商贸等业态，支持布局海外仓，促进国内国外两个市场双向发力。

三是集聚若干发展潜力巨大、商业模式独特、细分领域优势明显的平台企业，打造国际跨境电商与多元化贸易关键节点，打破物理空间限制以及土地和劳动力成本高的瓶颈，获取更多海内外市场和收益。

（五）主动推动黄埔、增城协同增创发展新优势

锚定东部中心责任使命，以改革创新推动两区合作路径破题、机制

破障。

一是共同推动东部中心树形象塑品质。推动"一带四轴、双城三片"有序、联动开发，提升区域发展整体水平和效率，形成空间重构之势。进一步完善东部中心开发建设机制，协同黄埔制定土地整备、产业合作、城市建设等重大项目、合作事项等方面的年度实施清单，建设一批重大工程，建成一批标志性项目。加强跨区道路和滨江碧道建设的统筹协调，推动沿线地区的土地整备和开发，加快推动珠江—东江高质量发展带建设。

二是共建万亿元制造优势产业集群。坚持市场机制主导和区域产业政策引导相结合，制定东部中心产业发展规划，优化重点产业布局和统筹，共同壮大"芯显车药"优势产业集群。服务万亿元制造和科技创新需求，共建粤港澳大湾区生产性服务中心，合力发展现代金融、物流与供应链、检验检测、工业设计、工业互联网等高端服务业集群，打造东部中心高端服务品牌。推进两区交界区域土地整备和连片开发，规划建设东部产业合作园，探索建立跨区产业协同、资源共享、环境共治、利税共享机制，提升产业载体能力。

三是促进产业创新协同发展。谋划推动成立"芯显车药"跨区域产业联盟以及产业合作园区，促进科技、产业深度对接、融合。主动对接黄埔科技型企业的增资扩产、创新成果产业化等需求，引导黄埔先进制造业转移和创新成果转化在增城布局。组建东部中心产业发展基金，引导发展耐心资本，为东部中心科技创新、产业创新提供资本支撑。

（六）促进高水平产城融合

当前城市竞争从产业竞争转为人才竞争，东部中心要加快提升现代宜居城市品质，为人才提供优质生活服务。

一是打造城市服务核心。高水平建设 5.4 平方公里新塘站枢纽核心区、7.5 平方公里滨江门户区，联动海丝城建设，塑造高品质城市形象气质。加快滨江门户城市更新改造，实施西洲片区改造，推进东江 40 公里活力水岸建设。

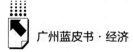

二是提升城市公共服务。规划建设国际人才社区，打造国际人才便捷服务圈，营造适合人才创新发展的生活环境。试点建设未来社区，支持第四代住宅建设，探索在荔城街、荔湖街、永宁街等居民集聚区试点建设未来社区，规划打造集未来邻里、教育、健康、创业、建筑、交通、低碳、服务和治理等场景的现代化基本单元。布局一批市级公共服务设施，推动广州市第八医院、广州科教城医院、广州外国语学校等一批项目建设，争取布局东部中心体育馆、专业会展中心、文化馆和图书馆，加速提升东部中心城市服务能级。

三是提升城市运行现代性品质。建立东部中心城市高质量发展标准体系，制定东部中心品质城市建设指引，加强重点区域城市建筑风貌管控。强化城市智能设施统筹布局和共性平台建设，升级城市运营管理中枢，打造高品质智慧城市。建设"5G+工业互联网"融合应用先导区，建设智慧工业园。聚焦医疗卫生设施、大型仓储基地等，加强平急两用公共基础设施建设，增强城市韧性。

参考文献

《广州面向 2049 的城市发展战略规划》，广州市规划和自然资源局，2024。

庞清辉、王忠宏主编《高质量发展　典型案例（一）》，中国发展出版社，2023。

庞清辉、周健奇等：《高质量发展　典型案例（二）》，中国发展出版社，2024。

唐杰、郭万达、方煜：《新时代硬道理：广东寻路高质量发展》，广东人民出版社，2024 年。

《广州市人民政府关于印发广州市国土空间总体规划（2021—2035 年）的通知》，广州市人民政府网站，2024 年 11 月 6 日，https：//www.gz.gov.cn/zwgk/fggw/szfwj/content/post_9960352.html。

服务经济篇

B.12

广州推动软件产业发展的对策研究

白国霖　谢志斐　梁　霞　杜瑞娟*

摘　要：　软件产业是数字经济核心产业，对推动传统产业转型升级、培育
新兴产业、提高国家整体竞争力具有重要作用。广州作为我国软件产业先发
地区之一，已形成立足自主创新能力的体系化企业集群，但近年来发展速度
和质量逐步被赶超，突出表现在企业规模相对偏小、开源生态相对薄弱和创
新合力相对不足，需进一步强化规划引领作用、集群发展、创新驱动和金融
赋能，加快打造世界软件创新名城。

关键词：　软件产业　云计算　开源　广州

---

* 白国霖，赛昇数字经济研究院（广州）有限公司产业研究中心主任，研究方向为数字经济、
工信安全、科技服务；谢志斐，赛昇数字经济研究院（广州）有限公司高级研究员，研究方
向为数字化转型政策；梁霞，赛昇数字经济研究院（广州）有限公司研究员，研究方向为公
共管理；杜瑞娟，赛昇数字经济研究院（广州）有限公司高级研究员，研究方向为科技
政策。

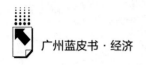

一　全国软件产业发展现状和趋势分析

（一）行业发展现状

2024 年，全国实现软件业务收入 13.7 万亿元，同比增长 11.1%。① 其中，信息技术服务业务发展态势良好，完成收入 9.2 万亿元，显著高于其他类型业务，同比增长 13.5%；软件产品业务完成收入 3.0 万亿元，同比增长 4.8%；嵌入式系统软件业务完成收入 1.2 万亿元，同比增长 14.9%，增速最高；信息安全业务完成收入 0.2 万亿元，同比增长 2.6%（见表1）。

表 1　2020~2024 年全国软件业务收入及同比增速情况

单位：亿元，%

分类		2020 年	2021 年	2022 年	2023 年	2024 年
软件业务（以下四项整体）	收入	81616	94994	108126	123528	137276
	增速	13.7	16.4	13.8	14.2	11.1
信息技术服务	收入	49868	60312	70128	81226	92190
	增速	17.1	20.9	16.3	15.8	13.5
软件产品	收入	22758	24433	26583	29030	30417
	增速	13.4	7.4	8.8	9.2	4.8
嵌入式系统软件	收入	7492	8425	9376	10770	12379
	增速	-4.2	12.5	11.3	14.9	14.9
信息安全	收入	1498	1825	2038	2232	2290
	增速	14.5	21.8	11.7	9.5	2.6

资料来源：工业和信息化部。

2020~2024 年，全国软件业务收入累计增加 5.6 万亿元，年均增长 13.9%，同比增速呈波动放缓趋势。其中，信息技术服务业务收入增量及整体

---

① 规模数据来源于工业和信息化部各年软件和信息技术服务业主要指标，同比增长数据依据其计算所得，余同。

增速均最高，累计增量达 4.2 万亿元、年均增长 16.6%；嵌入式系统软件业务收入发展势头相对较好，同比增速总体呈上升态势，累计增量 0.5 万亿元，年均增长 13.4%；软件产品业务收入年均增长 7.5%，累计增量 0.8 万亿元；信息安全业务收入累计增量不足 0.1 万亿元，年均增长 11.2%。

2024 年，广东实现软件业务收入 2.3 万亿元、同比增长 13.9%，规模位列全国第二、落后北京近 0.9 万亿元。① 各细分业务中，2023 年信息技术服务业务完成收入 1.3 万亿元，占当年整体软件业务收入总量的 65.0%；软件产品业务完成收入 0.5 万亿元，占比为 24.7%；嵌入式系统软件、信息安全两类业务收入分别占 8.9% 和 1.4%。"十四五"时期，广东省软件业务收入增速呈现高开、下行、再回升的波动状态（见表 2）。

表 2　2020~2024 年广东省软件业务收入及同比增速情况

单位：亿元，%

	收入	同比增速
2020 年	13510	13.8
2021 年	15692	15.4
2022 年	17413	11.1
2023 年	19970	14.0
——信息技术服务	——12980.5	——
——软件产品	——4932.6	——
——嵌入式系统软件	——1777.3	——
——信息安全	——279.6	——
2024 年	22744	13.9

注：2024 年各分项业务收入规模和增速尚未发布，鉴于有必要论述细分市场构成情况，故保留 2023 年分项业务数据，下同。

资料来源：广东省工业和信息化厅。

（二）行业发展趋势

1. 人工智能技术趋于成熟，软件功能与行业结构加速变革

随着算力设施建设日渐完善，各领域数据要素进入规模化、多元化发展

---

① 数据来源于工业和信息化部各年软件和信息技术服务业统计公报，各年数据有修正，余同。

阶段，为以大模型为代表的新一代人工智能技术发展奠定了良好的基础。目前全球市场中应用人工智能技术的软件占比已超过60%，预计"十五五"末将提升至80%。一是软件开发水平不断提升。人工智能技术推动软件开发迈向自动化，智能化工具载体使开发人员得以从手动调试、错误修复、识别风险等大部分重复烦琐工序中解脱，助力企业将更多资源投入需求摸查、功能设计、技术攻关等直接关系创新实践的工作，2024年我国软件开发智能工具覆盖率已达69%。二是软件功能持续迭代。大模型技术赋予软件对文本、图像、语音等多模态信息的处理能力和数据关联能力，使软件拥有跨领域场景知识理解应用以及依据执行结果和用户反馈进行实时调整的功能，为使用者带来更加全面、灵活且聚焦的交互体验。此外，大模型技术还可通过知识库、检索增强生成、单智能体、多智能体等方式，赋予软件"理解+生成+决策"一体化功能链路，支持软件从以流程和数据为牵引，迭代至以事件为驱动的运作模式。三是软件行业持续变革。大模型作为智能化软件的重要底座，将逐步成为软件产业链的关键价值环节，相关技术服务和应用供应商将逐渐取代传统外包服务商的"链主"生态位。同时，随着智能化软件开发工具的普及和升级，开发测试服务等传统业务市场将持续萎缩，相关企业需开辟订阅、按需付费等新业务和新商业模式。

2. 云边协同模式价值显现，软件产品服务化加速演进

云计算技术为软件行业提供全新的基础设施和服务模式，改变了传统软件的开发方式，其自动化部署和弹性伸缩特性给企业开展应用部署和管理带来极大的便利性和灵活性，推动产业模式从"以产品为中心"向"以服务为中心"转变。一是软件部署云端化。云技术通过虚拟化方式将软件使用端口及相应的计算和存储资源分配给开发人员，并可根据实际需求动态调整资源的调拨规模，企业无须设立自有服务器等设施或筹划后续改建，在大幅削减软件企业设备投入和运维成本之余，还拓展了软件企业可调用计算资源的规模上限，以及通过云平台管理监控端口获取标准化软件运行实证信息。此外，云技术还为软件开拓线上载体，实现了软件服务和工具线上共享，依托线上平台搭载的操作系统、数据库服务、消息队列、安全监控等通用工具和行业专有工具，可供开发人员搭建个性化服务和应用体系，并通过线上共享分摊工具使用成本。二是软件架构"多云"化。伴随"万物智连"趋势深化，未来有越来越多设备和用户将软件数据上发云端进行统一处理，带来显著的带宽压力和泄露风险，而在计算中心以外的其他地区和企业内部署边缘计算节点，构建核心云与边缘云协同计算模式，可有效释放核心网络压力和分散泄露风险。对此，软件产品及服务未来需具备在"核心云+边缘云"错位架构下的部署和应用能力，处理好基础设施层面资源协同与服务协同的关系，以及平台层面数据协同、智能协同、应用管理协同和业务编排之间的协同关系，更好嵌入不同行业的细分应用场景。

3. 新型工业化战略深入推进，工业应用成为软件最大蓝海

实现新型工业化是以中国式现代化全面推进强国建设、民族复兴伟业的关键任务[①]，工业软件在人工智能等新技术加持下，有力支撑制造业高端化、智能化、绿色化发展。随着国家和地方政策体系的持续完善，工业软件市场机遇愈加凸显。一是工业软件发展进入战略机遇期。新型工业化的重点在于改造升级传统产业、培育壮大新兴产业、前瞻布局未来产业。[②] 一方面，高端制造业生产活动涉及大量图纸和数据，均需使用设计仿真软件和信息管理软件，另一方面，传统制造业实施高端化、智能化、绿色化、融合化转型升级，催生大量生产管理控制软件市场需求，叠加以自主可控、国产化替代为主题的信创战略，CAD、CAX、CAE、EDA 等研发设计类软件，CAM、MES、DCS、PLM 等管理类软件以及相关配套服务将进入发展快车道。二是工业软件发展迎来政策有力支持。中共中央、国务院《质量强国建设纲要》强调工业软件对强化产业基础质量的支撑作用，重点在工业质量分析与控制软件关键技术实现突破；工信部等十部门印发《科技成果赋智中小企业专项行动（2023—2025 年）》，工信部等十七部门印发《"机器

---

① 《新时代加快推进新型工业化的战略考量和实践要求》，中共中央党史和文献研究院网站，2024 年 8 月 30 日，https://www.dswxyjy.org.cn/n1/2024/0830/c427152-40309518.html。

② 《工业和信息化部：2025 年将大力推进新型工业化》，光明网，2024 年 12 月 29 日，https://news.gmw.cn/2024-12/29/content_37766497.htm。

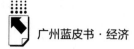

人+"应用行动实施方案》，明确工业软件重点价值领域；财政部和工信部印发《关于开展制造业新型技术改造城市试点工作的通知》，助力开拓工业软件市场。多地出台文件为工业软件发展提供实质性支持，如江苏明确每年验证推广解决方案与应用示范案例 100 项，开展工业软件产品和应用解决方案、首版次软件产品发展任务 100 项以上，面向重点工业软件企业提供最高1 亿元奖励；广东发布首期 21 亿元规模工业软件产业基金，重点支持工业软件及其产业链上下游领域技术领先的未上市企业。

二 广州软件产业发展现状分析

（一）发展成效

1. 产业规模

2023 年，广州实现软件业务收入 7118 亿元、同比增长 10.0%，收入规模占全国的 5.8%、排名第六，占广东省总量 36.6%、排名第二。"十四五"前三年年均增长 12.9%，分别低于全国、广东省整体水平 1.9 个和 0.7 个百分点。细分业务中，2023 年信息技术服务业务完成 4732 亿元，其中在线平台业务收入为其主要组成部分、占比近三成，数据处理和云计算业务收入增速分别达到 24.7% 和 17.6%；软件产品业务完成收入 2160 亿元，其中应用软件业务收入规模最大、占比近七成，基础软件业务收入同比增长 12.9%；嵌入式系统软件和信息安全两类业务分别完成收入 172 亿元和 54 亿元（见表 3、表 4、表 5）。

表 3 2020~2023 年广州软件业务收入及同比增速

单位：亿元，%

	收入	同比增速
2020 年	4949	15.5
2021 年	5865	18.5
2022 年	6470	10.3

	收入	同比增速
2023 年	7118	10.0
——信息技术服务	——4732	—
——软件产品	——2160	—
——嵌入式系统软件	——172	—
——信息安全	——54	—

资料来源：广州市工业和信息化局。

表 4   2023 年广州信息技术服务业务收入及同比增速

单位：亿元，%

业务类别	收入	同比增速	业务类别	收入	同比增速
在线平台	1390	11.7	系统集成	637	7.1
信息技术咨询	908	8.4	数据处理	227	24.7
云计算	762	17.6	集成电路设计	73	7.4
运维服务	706	4.6			

资料来源：广州市工业和信息化局。

表 5   2023 年广州软件产品业务收入及同比增速

单位：亿元，%

业务类别	收入	同比增速	业务类别	收入	同比增速
应用软件	1465	3.8	移动应用软件	68	7.9
基础软件	447	12.9	嵌入式应用软件	41	5.1
定制软件	139	6.1			

资料来源：广州市工业和信息化局。

从收入构成来看，广州信息技术服务业务占全市软件业务收入66.5%，占比与全国、广东省水平大致相当；软件产品业务收入占比30.3%，占比显著高于全国、广东省水平；嵌入式系统软件业务收入占比仅2.4%，占比显著低于全国、广东省水平；信息安全业务收入占比仅为0.8%（见表6）。

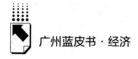

表6 2023年全国、广东、广州软件业务收入构成

单位：%

	全国	广东省	广州
信息技术服务	65.9	69.5	66.5
软件产品	23.6	19.1	30.3
嵌入式系统软件	8.9	10.8	2.4
信息安全	1.6	0.6	0.8

资料来源：工业和信息化部、广东省工业和信息化厅、广州市工业和信息化局。

2. 产业质态

产业集群充实壮大。2023年广州软件和信息技术服务业纳统企业共计2628家，其中亿元级营收企业1071家（含百亿元级企业8家）、同比增加107家，合计产生收入6317亿元、同比增长8.3%，占全市软件业务整体收入的88.8%，省通信服务、海格、北明、广电运通、佳都5家企业入选中国软件业务收入百强；另有亿元级以下软件企业1557家、同比增加205家，合计营业收入800亿元。在网易、阿里等多家头部企业带动下，全市软件企业已形成多个集聚效应明显、门类齐全、应用场景丰富的产业集群。其中，互联网产业集群纳统企业660家，实现软件业务收入3150亿元、同比增长10.1%，规模占全市的44.3%；移动互联网产业集群纳统企业55家，包括腾讯、优视、中移互联等，实现软件业务收入396亿元、同比增长7.9%；网络营销产业集群纳统企业103家，实现软件业务收入504亿元、同比增长27%；电子商务产业集群纳统企业112家，包括品唯、创优、青木等，实现软件业务收入461亿元、同比增长10.8%；"互联网+"应用产业集群纳统企业66家，实现软件业务收入215亿元、同比增长12%。

研发力度不断加大。2023年广州软件和信息技术服务业研发经费投入超过1000亿元，同比增长11%，占主营收入的11.9%，科技信贷风险补偿资金池撬动银行发放企业贷款超500亿元。全市共有软件研发人员30万人，占软件行业从业人员一半以上，新增软件著作权8万余件；共有国家重点实验室 21 家、省级重点实验室 251 家、占全省总量的 70% 和 60%，另有国家、省级科技企业孵化器 95 家，为创新突破提供了强有力的支撑。截至 2023 年，全市高新技术企业、科技型中小企业分别突破 1.3 万和 2.1 万家，其中三成以上为软件和信息技术服务企业，成功引进 Temu、TikTok 等一批头部平台和重点企业落户。一批本地优势产业企业进军、加码投资软件开发业务[①]，2023 年软件和信息技术服务业技术合同成交额达 1420 亿元、同比增长 15%，占全市技术合同成交总额的 54%。

行业应用深入拓展。智能网联汽车领域，实现全国唯一 L4 级智能网联汽车挂正式号牌并开展商业化示范运营，形成 Robotaxi、公交小巴、重卡物流、轻卡货运、环卫清扫、末端配送等 10 类应用场景，2023 年智能网联新能源汽车相关产值达 804 亿元，拉动汽车软件服务业务实现收入 180 亿元、同比增长 35.8%。教育信息化领域，中小学互联网接入率、多媒体教室建设覆盖率实现双 100%，广州智慧教育公共服务平台接入各级资源平台 26 个，广泛开展"一师一优课、一课一名师"等形式数字教育项目，2023 年教育信息化领域营收达 142 亿元、同比增长 37.8%。文化创意领域，VR、5G、大数据、云计算等新兴技术被企业广泛应用，山水比德开发了三维元宇宙电商平台和虚拟长安城等行业样板，奥飞娱乐应用人工智能技术缩短动漫制作周期，一大批文旅企业开拓文化主题展厅展馆、文旅综合体、文旅特色小镇、建筑空间秀、主题情景演艺秀等智慧文旅消费业态，2023 年数字文创产业实现产值 1640.47 亿元、同比增长 2.3%。智慧交通领域，打造形成由智慧交通管理中心与交通数据共享平台、交通运行监测平台、交通决策支持平台组成的智慧交通大数据体系，构建政府部门间、政府与企事业单位间的数据共享机制，累计交换数据 300 多项、日均交换超亿条，佳都科技轨道交通行业大模型获中国智能交通协会科技进步奖。智能装备领域，设立机器人、高档数控机床、赛博物理系统离散制造 3 个领域的省级制造业创新中

---

① 广药集团、科学城集团、广州中船等本地传统产业巨头成立软件和信息化支撑公司，南方电力、广州地铁、南方报业传媒、广汽等行业龙头企业加码拓展软件业务市场，培育形成希音、唯品会、洋葱、卓志等优质跨境电商企业。

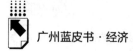

心，成功打造国家级智能制造示范工厂 3 家、国家级和省级智能制造试点示范项目 90 个，累计 109 家单位被列入广东省智能制造生态合作伙伴、占总量的 33%，居全省首位。

（二）存在的问题

2010 年我国开始"中国软件名城"评选工作，2012 年广州作为第四个城市入选，发展至今榜单已有 14 个城市，而在最新一期（2023 年度）评估结果中，广州仅得"二星"、位列第九，不及深圳、杭州、北京、上海，且落后于南京、成都、济南、武汉，反映了广州软件产业的规模效益和发展质量仍有较大提升空间。

1. 企业规模相对偏小

广州软件企业产业链分布比较全面，在基础软件、工业软件、人工智能、区块链、虚拟现实、云计算、网络安全等市场主流路线和未来高价值领域都汇集了一批研产主体，培育形成中望、云从、树根互联、巨杉、赛意等多个细分赛道国内领先的标杆企业，并成功推动广汽、广钢气体等软件下游市场的传统优势产业大型企业"溯源"进军软件产业。但整体上，广州软件企业的产品化能力仍相对较弱，除少数知名企业，大多数企业缺乏前沿技术能力，处于产业链价值链中低端，而由传统优势产业大型企业孵化而成的软件企业，其产品和服务又高度嵌入其集团特定需求，难以向市场广泛复制推广，叠加国外主流软件冲击，广州软件产业表现为头部企业有技术但做不大、腰部企业数量不足、尾部企业无法做大但又不能甩掉。目前，工业软件尤其是 CAD、EDA 研发设计类软件市场由国外软件主导，企业资源管理软件市场情况虽相对较好，但六成以上大型企业仍选用德国思爱普或美国甲骨文公司的管理软件。①

2. 开源生态相对薄弱

开源是软件产业创新发展的主导模式，开源系统、开源工具等资源覆盖

---

① 刘瑶、林郁、吴蕾：《广东省工业软件产业发展对策研究》，《电子产品可靠性与环境试验》2023 年第 3 期。

软件开发全域场景，全球软件产业代码七成以上来源于开源软件①，使用各类开源软件的软件开发者、软件企业占比分别达97%和99%②。目前广州在开源领域已形成一定程度的产业力量和示范案例，南方电网开发出基于OpenHarmony、openEuler系统的电力行业物联操作系统"南网电鸿"，数字广东联合微众银行开发出面向数字政府领域的区块链开源技术应用，智算运行服务平台汇聚智算资源超4000P、适配150多个开源模型，以及落地高水平开源软件公共服务平台等。但广州尚无开发出开源"底座"系统的软件企业，发展相对领先的开源案例主要分布于政府及公共资源领域，市场化程度更高的产业应用领域相对薄弱，大量软件企业受"开源不如自研""开源即是抄袭"等刻板印象影响不愿全面拥抱开源，未与开源社区形成良性互动机制。

3. 创新合力相对不足

开展软件技术、软件产品供需结对攻关、产学研联合攻关是确保有限资源切实转化应用成果、促进软件市场快速发展的有力措施，相关政策长期鼓励开展此类合作。但在实践中，由于保障措施和操作指导意见的缺位，相关主体时常面临成果归属、场景保密等多重难题，合作中断风险增加，抑制了软件产业发展活力。具体来看，供需双方在结对攻关中都有投入，划分攻关成果知识产权归属、收益时极易产生争议，而软件用户一方又极易出于安全考虑，拒绝或大幅减少开放敏感信息、重大基础设施等核心应用场景，导致联合攻关的实施成效不及预期。此外，结对攻关成果有鲜明的个性化特点、与市场常规共性需求有较大差异，难以实现市场化复用，进一步削弱了开展结对攻关的积极性和协作关系稳定性。

---

① 《开源，让软件创新拥有无限可能》，《湖南日报》2024年9月26日。
② 《中国开源软件前景光明》，中国经济网，2023年12月29日，http://www.ce.cn/xwzx/gnsz/gdxw/202312/29/t20231229_38847280.shtml。

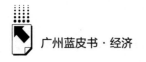

三 广州推动软件产业发展的对策建议

（一）聚焦重点领域，强化规划引领

1. 抢抓制造强国战略机遇，强化工业软件规划

一是大力推进工业软件全产业链建设。重点扩充嵌入式软件、生产控制及管理类软件、协同集成类软件等具有高泛用性的产业力量，强化 CAD、CAM、CAE 等研发设计类软件的产业化攻关力量。二是大力推进工业软件与人工智能融合发展。支持企业通过自有、共有方式获取生产流程信息数据，训练针对产品全生命周期价值的优化类应用软件；支持企业开拓图像、视频、音频等新范式信息数据，开发针对制造及运维服务环节的场景化识别类应用软件；支持企业运用大模型技术，开发针对产品研发设计、经营管理、运维服务等场景需求的生成类应用软件。三是大力推进工业软件与应用行业配套发展。引导软件面向生产经营模式相对成熟的传统优势产业开发突出共性需求的行业专用软件，面向重点新兴产业发展高度契合特定企业群体的自动化智能化应用软件，面向未来产业探索具有人工智能革命性应用价值的标杆软件。

2. 立足现代化建设国产化需求，强化信创软件规划

一是强化"两主一辅"基础软件产业力量。发展锚定新技术赛道的数据库软件主干力量，重点推动从事 NewSQL 和分布式新型技术架构业务的企业发展壮大，培育 HTAP、云原生、AI 原生等前沿技术架构新生主体；发展瞄准新兴技术场景的中间件软件主干力量，支持企业投入 PaaS 云平台、物联网平台、大数据、AI 平台等领域技术研发，引导强化产品安全防护能力、规范性和运维能力，鼓励通过开源技术架构开发对标国外企业的中间件产品；积累一批聚焦底层研发的操作系统企业作为辅助力量，以麒麟、统信两大国产操作系统生态为抓手，引导行业围绕系统内核 Linux 内存管理、进程管理等重要功能，开发自主知识产权并实现市场化，夯实软件生态底座。二是强化"1+1"应用软件产业力量。发展一批适应行业长期需求的 ERP 软件企业，鼓励融合人工智能技术，开发覆盖企业运作全流程的资源规划系统，开展物流、资金流、管理流、信息流再造业务；发展一批具备智能化应用技术的协同办公软件企业，引导开展产品"错位云端化"和业务模式SaaS化改造，支持开发 AIGC 深度融合 RPA 的市场化应用，优化产品交互模式和自动化水平。

（二）聚焦区域特征，强化集群发展

1. 立足各区突出优势，重点打造"两区一江"布局

推动各区结合自身产业和禀赋特点确立软件产业发展路线，重点打造以黄埔、南沙和珠江两岸为枢纽的空间布局。依托黄埔、南沙作为多重国家级战略承载平台税费优势、事权敞口以及高端制造业基地，打造工业软件和工业互联网软件集聚区，构建高端制造业未来发展赋能引擎；大力推进南沙（粤港澳）数据服务试验区建设，完善"核心+边缘"梯级数据基础设施建设，推进广州数据交易所实质落户和完整运作，打造数据要素、数据服务和网络安全领域应用软件集聚区，打造人工智能和数字经济产业发展高地；依托珠江两岸珠江新城、琶洲、金融城、鱼珠多个板块，围绕其内部金融、科技、总部企业等高端服务要素，打造辐射中心城区的现代服务业应用软件"黄金带"。推动花都、白云围绕航空铁路禀赋优势，重点培育物流应用软件企业群体，推动番禺依托广汽集团生产经营总部，重点发展面向汽车研产销流程及车载应用的软件企业。

2. 打造扎根本地的软件巨头，提升产业核心竞争力

一是强化研发创新应用业务引领下的产业基调。瞄准优质信创产品解决方案和"两化"融合应用方向，扶持一批创新能力较强、发展潜力较大的本地软件企业，加强研发投入和技术攻关，靶向引进以云计算、大数据、工业软件、人工智能为主攻方向的"百强类"企业和细分领域骨干企业，推动形成以研发创新应用业务为主线、系统集成服务业务为协同的产业价值结构。二是发展"既当包工头又当工人"的龙头企业。鼓励掌握核心环节关键技术或细分领域市场份额较大的本地企业，基于技术需求开展产业链上下

游兼并，提升高价值环节掌控能力；支持本地企业前往对华中立、友好的发达国家和成熟市场开办分支主体和开展软件技术研发项目，谋求以"技术+市场"兑换技术方式，撬动发达国家、成熟市场的科研成果资源。三是壮大履行国家意志的龙头企业。推动广州数字科技集团发挥系统集成和行业应用优势，以灵活整合方式组建软硬件能力兼具的大型国企集团；推动广汽集团借助与华为合作契机，将信息化部门孵化为工业软件企业，紧扣汽车制造领域应用软件发展为上市公司；谋求建立省市两级国资联动桥梁，争取粤财、广新等投资控股类省属国企，以直接参股、项目投资等方式，与市属国企联合投资软件产业。

3. 促进大中小企业融通发展，凝聚全环节研产合力

一是引导中小型软件企业深耕细分领域。遴选一批创新能力强、专业化程度高、发展潜力大的特色软件企业，开展"专精特新"软件企业培育计划，提供从研发到实现市场化的全过程分级分类扶持和倾斜措施；引导和牵线中小型软件企业为大型企业开展配套开发、生产等，发展特定环节的相对优势；构建政府、国企联合采购计划，在一定范围内优先采购来自中小企业的软件产品和服务，针对大中小软件企业联合开发的软件产品和服务，对使用方给予采购及后续运维升级补贴。二是谋划大型软件企业资源开放机制。引导开放面向中小软件企业的科研基础设施，建设众创空间、孵化器、加速器、科技产业园等全生命周期孵化育成载体；广泛开展专精特新对接活动，通过半市场化、市场化方式共享创新技术、仪器设备、试验场地等资源要素，联合开展新产品新模式的价值创造和风险管理，打造细分领域全环节研发合作牵引下的大中小软件企业利益共同体。

（三）聚焦开源生态，强化创新驱动

1. 完善开源社区制度体系，促进生态繁荣发展

一是强化开源政策引导。统一谋划和系统布局开源基础设施，完善各类开源创新载体配套，探索实施审慎包容监管；引导软件企业、应用企业等主体共建自主开源社区，面向大数据、云计算、人工智能、自动驾驶、区块链等领域需求，部署孵化基础性、前瞻性软件开源项目；探索建立开源软件知识产权基金，通过政府国企基金撬动社会资本投入开源社区，组建市级开源生态联盟。二是培育长期发展能力。建立长线开源项目遴选发布机制，联合龙头企业及其研发协作链主体提供资源扶持，切实推动开源项目发展并转化为开源生态；构建适应可持续开源生态利益结构特点的激励机制，制定针对远期价值的利益计算指引和评估机制，引导软件企业充分认识开源生态的重要性及其事关长期项目的利益所在，确保在维护商业利益的前提下保障开源项目有足够时间及其他条件实现持续性创新。三是完善供应链安全体系。完善开源软件开发、使用、运营等各个环节的安全管理规定，明晰开源软件供方、需方、第三方、监管方等相关主体的安全义务和法律责任，打造法律法规与安全标准体系的示范性实践。开展开源软件供应链安全监测评估，实时监测开源软件开发、交互、使用环节的漏洞信息，实时标识受漏洞影响的代码库、软件产品、信息系统等客体，建立安全威胁信息共享机制，严防预设后门、开源投毒等风险隐患。

2. 强化企业创新主体作用，推动行业高质量发展

一是开展协同攻关示范项目。推动软件企业与工业企业、高校院所等联合开展软件关键核心技术研发，重点突破几何内核、多物理场求解器、生产工艺实时优化算法等关键环节技术短板，增强操作系统、数据库、服务器等方面前沿核心技术的储备，引导有关各方在项目收益分配的基础上，进一步构建销售提成、股权合作等长期利益捆绑关系。二是构建协同攻关服务资源枢纽。鼓励制造业企业开发重点环节软件应用场景，强化关键共性基础研究与产业重点应用的衔接；建立由企业库、产品库、关键技术库等模块组成的软件产业链信息库，推动工业软件产业链内部横向互补精准对接、外部纵向供需对接。三是优化科研成果转化服务资源。构建科研资源公共服务平台，依托各级"人才港"和成果转化机构，以灵活的投入机制和组织形式集聚产学研人才，开展产品开发、技术改造等业务；支持企业与研究机构开展设施合作，在研究机构建立实验室，借助实验室平台及智力资源，开展市场化研究项目；完善公共检测中心、产品质量认证中心等成果验证设施，推动检

测结果在更大范围互认互通，与其他先进地区建立重点科学设备共享协议。

3. 构建人才多元化供给体系，激发行业发展底层活力

一是探索政校企人才共享机制。探索"工作在企业、编制在高校"的高层次人才共引共用机制，通过地方人才编制池探索高层次人才动态编制聘任制度。二是探索靶向人才培养模式。针对软件企业技术研发岗位、操作技术岗位、复合型技术技能岗位等人才需求，选取高校分层分类开展专业群对接产业链、课程标准对接职业标准、教学过程对接生产过程的人才培养模式。三是探索柔性引才机制。定期编制软件领域柔性引才需求目录和急需紧缺人才库，构建项目引才、平台承载、顾问指导、挂职锻炼、"星期天工程师"等柔性引进方式的实施指引和示范案例。四是探索离岸人才引用机制。联合企业和高校院所开设海外创新中心，构建海外人才招引、创业孵化、产业项目落地全链条服务体系；出台离岸外籍人才激励办法，允许做出较大技术贡献的外籍人才通过成果转化获得限制性股权或期权奖励。

（四）聚焦专利保障，强化金融赋能

1. 完善软件专利制度体系，增强企业创新动力

一是构建全链条保护机制。研究实施适应软件行业特点的审查方式、审查标准、审查期限、保护期限等制度，理清部门间对于软件知识产权管理、执法等事务的工作关系和职责边界，探索以行为保全方式和基于加强专利侵权救济责任原则提升侵权赔偿、降低维权难度。二是探索业内重点争议解决经验。探索明晰开源代码作者许可证主体和被许可者的权利义务，以及专利许可授权、许可协议终止情形、当事人责任权利分担等内容；探索实体产品研究开发阶段中所涉及软件的专利合规界定标准，以及软件集成到实体产品后整体的专利保护标准；填补云服务软件界面对应核心算法和数据处理方法保护的缺口。

2. 开辟行业专有融资渠道，激活企业发展生命力

一是创新信贷和融资方式。联合银行、国企、投融资机构开展软件企业优惠利率中长期信贷专项贴息，探索向优质软件企业提供并购贷款、债券融

资，以及为参与软件产业投资基金出资而发行的债券。二是发展专利质押融资市场。研究制定软件知识产权价值评估标准，组建软件专利价值评估机构和软件专利收储机构；引导金融机构开展软件专利许可收益权质押融资业务，以及软件知识产权组合融资业务，探索开展政府背书的知识产权质押融资贴息和风险补偿，试点发行企业软件知识产权集合债券。

参考文献

刘瑶：《广东省工业软件产业发展对策研究》，《电子产品可靠性与环境试验》2023年第3期。

《开源，让软件创新拥有无限可能》，《湖南日报》2024年9月26日。

《中国开源软件前景光明》，中国经济网，2023年12月29日，http：//www.ce.cn/xwzx/gnsz/gdxw/202312/29/t20231229_38847280.shtml。

《新时代加快推进新型工业化的战略考量和实践要求》，中共中央党史和文献研究院网站，2024年8月30日，https：//www.dswxyjy.org.cn/n1/2024/0830/c427152-40309518.html。

《工业和信息化部：2025年将大力推进新型工业化》，光明网，2024年12月29日，https：//news.gmw.cn/2024-12/29/content_37766497.htm。

B.13
粤港澳大湾区发展背景下广州文旅产业优化策略研究

易　明*

摘　要： 随着人们生活水平的提高和消费结构的升级，文旅产业发生深刻变化，这一变化客观要求广州文旅产业立足粤港澳大湾区、优化投资环境、推动产业转型升级，实现高质量发展。本报告总结广州文旅产业的发展优势和存在的问题，综合分析粤港澳大湾区城市发展旅游业的竞争优势及旅游资源条件，构建评估框架，深入了解粤港澳大湾区各城市旅游业发展现状和潜力，分析广州文旅产业发展的环境条件，并从强化投资政策引导、打造特色投资品牌、优化招商引资策略、构建文旅投资产业生态圈等方面提出进一步推动广州文旅产业发展的策略建议。

关键词： 文旅产业　粤港澳大湾区　广州

党的二十大报告提出高质量发展是全面建设社会主义现代化国家的首要任务，党的二十届三中全会强调健全文化和旅游深度融合发展体制机制。在高质量发展的时代背景下，文旅产业作为国民经济的重要组成部分，正经历着前所未有的变革与发展。对广州而言，文旅产业不仅承载着传承与创新的双重使命，更在推动城市经济发展、提升文化软实力方面发挥了重要作用。随着人们生活水平的提高和消费结构的升级，文旅产业发生深刻变化，游客

---

* 易明，高级导游，广州文化旅游宣传推广中心（广州文化旅游产业促进中心）九级职员，研究方向为文旅融合、产业发展、职业教育等。

对文化体验、旅游品质的要求日益提升，这要求广州文旅产业必须立足粤港澳大湾区发展背景，通过优化投资环境，推动产业转型升级实现高质量发展。

一 广州文旅产业发展现状分析

（一）发展优势

1. 快速增长的文旅产业规模与经济贡献

近年来，广州文旅产业展现了强劲的增长势头，成为城市经济发展的重要引擎。2023 年，广州文化产业实现快速增长，其中规模以上文化产业实现营业收入 5582.34 亿元，同比增长 15.92%。2024 年上半年，全市规上文体娱企业营业收入达 156.09 亿元，同比增长 5.7%。这不仅彰显了广州文化产业在经济结构中的核心地位，也反映了文旅产业在文化产业中的突出贡献。文旅消费作为广州文化产业的重要组成部分，同样表现出色。2023 年，广州接待游客 2.34 亿人次，同比增长 51.8%，实现文旅消费总额 3309.5 亿元，同比增长 47.4%。2024 年 1~8 月，广州接待游客 1.48 亿人次，同比增长 7.36%。[①] 广州文旅产业规模不断扩大，对经济增长的贡献显著提升。

广州文旅产业快速增长得益于其多方面的显著优势。广州作为粤港澳大湾区核心城市，地处广东省几何中心，与东南亚、南亚、中东、非洲、大洋洲等地区距离相对较短，拥有得天独厚的区位优势和交通条件，在服务"一带一路"倡议中地位突出。2024 年，广州白云国际机场旅客吞吐量位居全国第二，服务旅客超过 7000 万人次，航线网络覆盖全球 200 多个城市和地区。[②] 广州南站是亚洲最繁忙的高铁站，日均发送旅客量超过 24.4 万人次[③]，极大地

---

① 尹涛主编《广州文化产业发展报告（2024）》，社会科学文献出版社，2024。
② 《广州白云国际机场织密航线网络 枢纽竞争能力不断增强》，国务院国有资产监督管理委员会网站，2025 年 6 月 6 日，http://www.sasac.gov.cn/n2588025/n2588129/c33680319/content.html。
③ 《〈2024 年广州市交通发展年度报告〉发布》，广州市人民政府网站，2025 年 4 月 30 日，https://www.gz.gov.cn/zwgk/sjfb/sjkd/content/post_10244638.html。

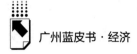

促进了区域内的互联互通。同时，广州拥有海外侨胞和港澳台同胞人数较多，海外联系及资源丰富，为广州文旅产业的快速发展注入了源源不断的活力。

2.文旅产业融合发展与数字化转型

广州文旅产业的快速发展，离不开产业融合与数字化转型的推动。广州出台《广州市关于推进数字文化创意产业高质量发展的实施意见》《广州市数字文化创意产业发展行动计划（2023—2028年）》等相关政策，支持和引导以动漫、游戏电竞、数字音乐等为代表的数字文化创意产业发展。2023年，广州游戏产业拥有游戏企业约6700家，游戏市场实际销售收入为1058亿元，营业收入同比增长约8.6%，约占全国的1/3。在数字音乐领域，广州同样表现出色，数字音乐总产值约占全国的1/4，行业规模继续保持全国第一。①

除数字文化创意产业，广州依托其丰富的历史文化资源和现代科技手段打造了珠江夜游、广州国际灯光节等有影响力的文旅品牌，通过"文旅+商业""文旅+体育""文旅+农业"等模式培育了天河正佳、花都融创等文旅消费综合体，为游客提供了更加多元化、个性化的旅游体验，有效提升了城市形象和知名度，推动了广州文旅产业转型升级和高质量发展。

3.政策引导与文旅产业可持续发展

文旅产业可持续发展离不开政策保障和制度支持。近年来，广州先后出台了《广州市加快培育建设国际演艺中心实施方案》《广州市促进演出市场繁荣发展实施办法》等政策措施，推动文旅产业基础设施建设、产品开发和服务质量提升。同时，加强与国际知名文旅企业和机构的交流合作，引进一批具有国际影响力的文旅项目和品牌，如广州城投集团与英国洲际酒店管理集团合作在海心沙共同打造的广州市第一家英迪格精品酒店，提升了广州文旅产业的国际竞争力，也为市民和游客提供了更加多元化、国际化的旅游选择。

---

① 尹涛主编《广州文化产业发展报告（2024）》，社会科学文献出版社，2024。

（二）存在的问题

1. 内生动力不足，投融资成本高昂

广州虽提供"一企一策"，但相较于北京、上海的税收优惠、土地供应、融资支持等相关政策条款，广州出台的政策相对零散，导致投资者在决策时面临信息碎片化、政策不确定性等问题，增加了投资风险与成本。

在融资支持方面，广州虽有一些金融机构积极探索"金融+文旅"模式，如广州农商银行推出了"民宿贷"等创新金融产品为文旅项目提供融资支持，但总体来看针对文旅产业的融资政策较少。社会资本的投资激励措施不明确，缺乏具有吸引力的回报机制和风险分担机制，导致社会资本对文旅产业的投资意愿不强。由于文化产业属于轻资产行业，缺乏传统抵押物，知识产权、商标权等无形资产难以被银行认可，融资难、融资贵问题突出。

2. 品牌塑造乏力，国际影响力有限

相较于北京故宫、巴黎埃菲尔铁塔、伦敦大本钟等全球知名的文旅地标，广州缺乏具有全球影响力的标志性文旅项目，文旅品牌在国际市场上的知名度和影响力仍有待提升。根据全球化与世界城市研究网络（GaWC）发布的2024年世界城市体系排名，广州为第22名，广州每年接待的国际游客数量虽然持续增长，但与国际知名旅游城市如香港（第3名）、北京（第4名）、上海（第6名）仍有较大差距。同时，广州的文旅品牌形象尚未形成统一且鲜明的特色。以乡村旅游为例，近年来涌现出增城白水寨、从化温泉镇等众多乡村旅游项目，但乡村旅游整体形象仍然不够清晰鲜明，缺乏有吸引力的知名大品牌。

3. 产品同质化严重，创新度不足

在创意旅游产品的开发上，广州与国内外先进城市相比仍有较大差距。例如，杭州打造"宋城千古情"等创意演艺项目，将宋代文化与现代演艺技术完美结合，给游客带来视觉与精神的盛宴，吸引了大量游客；深圳通过无人机编队表演等方式，创造性开发文旅资源，极大地丰富了游客的旅游体验。广州拥有深厚的历史文化底蕴，但目前市场上仍以传

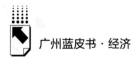

统的参观游览为主，缺乏体验性强的新型旅游产品，创意旅游产品开发较为滞后。

二 广州与粤港澳大湾区主要城市发展优势比较分析

加强粤港澳大湾区城市间文旅合作与联动，能够促进广州与粤港澳大湾区其他城市的文化交流和资源共享，带来新的发展机遇和增长点，提升广州文旅品牌的国际影响力，推动文旅产业转型升级和高质量发展。

本报告综合分析粤港澳大湾区城市发展旅游业的绝对竞争优势（城市间对比）、相对竞争优势（城市内部产业间对比）及旅游资源条件三个核心维度，构建评估框架，以探究粤港澳大湾区各城市旅游竞争潜力。相关数据来源于《广东统计年鉴》、广东省文化和旅游厅、香港特别行政区政府统计处、澳门统计暨普查局以及粤港澳大湾区各城市统计年鉴。指标体系包括旅游显性基础、旅游战略地位、旅游资源支撑 3 个一级指标，以及旅游收入、过夜旅游人数、客运总量、旅游业贡献率、环境计划建设投入率、旅游业相关从业人员占比、旅游业配套投资占比、人均公园绿地面积、旅游景区条件及住宿条件等 10 个二级指标（见表 2），并对数据进行标准化处理，消除量纲差异，使各指标具有可比性。最后计算各城市旅游竞争潜力得分。

表 1　旅游竞争潜力指标体系

一级指标	二级指标
旅游显性基础	旅游收入（亿元）
	过夜旅游人数（万人）
	客运总量（万人）
旅游战略地位	旅游业贡献率（%）
	环境计划建设投入率（%）
	旅游业相关从业人员占比（%）
	旅游业配套投资占比（%）
旅游资源支撑	人均公园绿地面积（平方米）
	旅游景区条件（分）
	住宿条件（分）

　　测算结果显示，粤港澳大湾区各城市旅游竞争潜力呈现显著的空间差异特征。其中，广州、深圳、香港、澳门旅游竞争潜力得分较高（见图1）。广州作为广东省省会城市及全省几何中心，依托自身庞大的客流量、完善的基础设施，不仅吸引了大量国内外游客，还通过地铁"广佛线"、珠三角城际铁路等便捷交通网络，与佛山等周边城市形成了紧密的经济联系和旅游资源互补。这种互补性不仅增强了广州的旅游吸引力，也带动了周边城市的旅游业发展，实现了旅游功能的辐射和拓展。在旅游竞争潜力方面，广州不断提升服务质量、优化旅游环境，增强了自身的旅游竞争力，成为粤港澳大湾区乃至全球游客的热门旅游目的地。

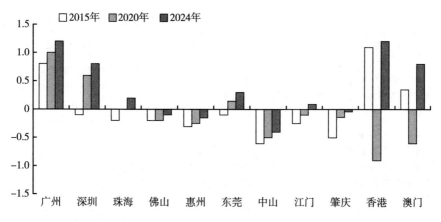

图1　2015年、2020年、2024年粤港澳大湾区各城市旅游竞争潜力得分

　　得益于我国240小时过境免签政策及对部分国家免签政策，广州发挥其作为粤港澳大湾区核心城市的引领作用，积极开辟新的国际航线，利用中转枢纽地位优化与粤港澳大湾区其他城市城际交通网络，进一步增强广州对国内外游客的吸引力，提升辐射效能。同时，广州通过共享客源、互通资源深化与周边城市的文旅合作，共同打造特色文旅品牌和项目，进一步巩固广州优势地位，推动文旅产业协同发展，提升粤港澳大湾区的文旅产业竞争力和吸引力。

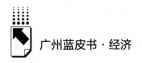

三 广州文旅产业发展环境分析

（一）政策环境

近年来，广州出台了一系列推进文化和旅游产业高质量发展的政策文件，为文旅产业发展指明了方向。从政策效果来看，有力推动了广州文旅产业的规模不断扩大和影响力不断提升，推动了数字文化创意产业的快速崛起，为广州文旅产业的高质量发展注入了新的动力。

表 2 近年来广州市促进文旅产业高质量发展部分政策

政策文件	时间	核心内容	主要成效
《广州市促进文化和旅游产业高质量发展若干措施》	2021 年 7 月	推进文化和旅游产业高质量发展，打造战略性支柱产业	累计投入超 50 亿元资金用于文旅产业升级，成功孵化 30 余家文创企业，获得"中国最佳文化旅游城市"荣誉
《广州市关于推进数字文化创意产业高质量发展的实施意见》	2022 年 8 月	推进数字文化创意产业高质量发展，构建数字文化产业新生态	成功打造 5 个国家级数字文创示范基地
《广州市数字文化创意产业发展行动计划（2023—2028 年）》	2022 年 9 月	制订行动计划，推动数字文化创意产业发展，实现产业数字化转型	荣获"国家数字文化创意产业示范城市"称号
《广州市加快培育建设国际演艺中心实施方案》	2023 年 11 月	加快培育建设国际演艺中心，构建湾区核心、国内标杆、国际一流的文化演艺矩阵	成功举办超 100 场国际级演艺活动，荣获"亚洲演艺之都"美誉
《广州市"文旅体一证通"行政审批改革工作方案》	2023 年 11 月	深化"放管服"改革，优化营商环境，促进文旅体市场繁荣发展	简化审批流程，提升审批效率 50%，企业满意度提升至 90%以上
《广州市促进演出市场繁荣发展实施办法》	2023 年 12 月	促进演出市场繁荣发展，优化演出市场营商环境和执法环境	年演出场次增长 30%，观众人数增长 40%

政策文件	时间	核心内容	主要成效
《广州市关于推动文化文物单位文化创意产品开发的实施办法》	2024年6月	鼓励社会资本投入公共文化服务,聚焦文化创意产品开发,提升公共文化服务体系活力	完成50项文化文物单位文化创意产品开发
《广州市文化和旅游产业发展专项资金管理办法》	2024年6月	设立专项资金促进文化和旅游产业发展,发挥财政资金引导和激励作用	专项资金累计支持项目超100个,获得"全国文化和旅游产业发展示范城市"荣誉

资料来源:根据广州市文化广电旅游局网站信息整理。

(二)市场环境

近年来,广州文旅产业吸引了大量资本关注与投入,呈现多元化、多层次的特点。据中国证券投资基金业协会备案统计,截至2024年11月,广州市完成备案的文旅领域投资基金共217只,这些文旅投资基金精准布局,涵盖了多个细分领域。以广东数字创意文化产业投资基金为例,其投资方向包括网络文化、文化消费终端、文化产业及传播技术等,旨在打造文化科技新生态。

表3 近年来广州市文旅产业投资基金部分投资项目概况

项目名称	投资金额(亿元)	主要投资内容	项目时间
北斗星空文旅综合体项目	15.0	集北斗文化、餐饮购物、剧场演艺于一体的大型商业综合体	2021年3月启动
VTP立体主题公园	6.7	立体主题公园项目	2020年10月开工
中国国果文化科创港	12.5	国果文化科创项目	2022年1月奠基
亚太经典车文化中心	5.8	经典车全产业链项目,包括赛事、IP活动中心、汽车文化中心等	2021年6月签约

续表

项目名称	投资金额(亿元)	主要投资内容	项目时间
"一带一路"东盟文化风情园	8.6	展示共建"一带一路"国家历史文化、艺术成就的项目	2023年2月规划
帽峰山文旅片区白云宿集项目	5.9	结合白云区自然生态禀赋,打造全域百家民宿等项目	2022年7月启动
学山国际文化艺术街区项目	6.5	融合书法、武术、国画等多元传统文化元素的文化艺术街区	2021年9月开工

资料来源:根据广州市文化广电旅游局网站信息整理。

(三)技术环境

在高质量发展背景下,广州文旅产业的技术环境不断优化,数字技术的深度应用为文旅产业的转型升级提供了强大动力。

在演艺设备方面,广州占据世界市场份额超70%。在专业舞台灯光音响行业拥有一批自主研发、创新发展企业,如锐丰音响、珠江灯光、浩洋电子、迪士普等,相关演艺设备产品朝着数字化、智能化、网络化、音视频一体化方向发展。

在数字音乐方面,广州数字音乐总产值约占全国的1/4,行业规模保持全国第一。如四开花园网络科技(广州)有限公司,不仅拥有超过1000小时的8K节目内容,还在超高清技术服务领域不断探索,为国内外电视台、新媒体互联网平台提供超高清转播制作、直播服务。

在动漫领域,广州同样表现出强劲的发展势头。奥飞娱乐通过"IP+AI"产业化落地应用,利用人工智能缩短制作周期,提高生产效率,其《喜羊羊与灰太狼》《超级飞侠》等动漫作品,已在多个国家和地区放映和发行,进一步提升了广州动漫产业的国际影响力。

在游戏方面,拥有网易、三七互娱、四三九九等一批龙头企业。2023年,广州游戏市场实际销售收入为1058亿元,营业收入同比增长8.6%,游戏产业营业收入约占全国的 35%。① 这些企业的快速发展为文旅产业的数字化转型提供了有力支撑。同时，广州游戏行业的规模化发展带动了美术设计、渠道分销、硬件配件和电竞直播等上下游企业的繁荣，形成了较为完备的产业链。

（四）社会文化环境

近年来，广州市民的文化素养与参与程度持续提升，为文旅产业注入了源源不断的活力。2023 年，广州市民对文化活动的参与度达 77.69%，② 各类文化节庆、艺术展览等活动吸引了大量市民参与，形成了浓厚的文化氛围，为广州文旅产业提供了广阔的消费市场。同时，修复历史文化街区、举办岭南文化节等使岭南文化得到了有效的保护与传承发展，极大地丰富了广州文旅产业的内涵和吸引力，成为吸引国内外游客的重要文化旅游资源。

四　进一步推动广州文旅产业发展的策略建议

（一）强化投资政策引导，降低投资成本

一是完善文旅投资政策体系。广州可借鉴北京、上海等地经验，如北京对文旅产业提供税收减免政策，文化企业可享受高新技术企业税收优惠，且对符合条件的文化企业给予增值税即征即退优惠；上海设立文旅产业发展专项资金，支持文旅产业创新发展，制定统一、连贯的文旅投资政策体系，降低投资者的信息获取成本，减少政策不确定性带来的投资风险。

二是优化土地供应政策。广州可完善"点状供地"等新型土地供应方式，并扩大其适用范围，支持更多类型的文旅项目发展。同时，借鉴北京、上海的土地供应政策，如上海文旅重点项目"拿地即开工"，制定针对文旅

---

① 尹涛主编《广州文化产业发展报告（2024）》，社会科学文献出版社，2024。
② 尹涛主编《广州文化产业发展报告（2024）》，社会科学文献出版社，2024。

产业的土地供应实施细则和标准化操作流程，简化土地审批流程，降低投资者获取土地的时间成本，加速项目落地。

三是加强融资支持政策。广州可加强与金融机构的合作，推动"文旅+金融"深入发展，构建专门的文旅产业融资政策体系，鼓励金融机构创新金融产品，如推出针对文旅产业的专项贷款、债券等融资工具，支持文旅企业通过上市、发行债券等方式进行直接融资，降低融资成本。同时，可借鉴深圳经验，推出文旅产业专属金融产品，设立文旅产业投资基金，扩大基金规模，带动社会资本投入文旅产业。

四是明确社会资本投资激励措施。广州可制定有吸引力的社会资本投资激励措施，通过税收减免、财政补贴、投资回报保障等措施吸引更多社会资本投入文旅产业。同时，借鉴北京、上海的风险分担机制，设立文旅产业风险补偿金，降低社会资本的投资风险。

（二）打造特色投资品牌，提升国际影响力

一是塑造统一品牌形象。制定统一的宣传口号、视觉标识和品牌形象策略，形成鲜明的广州文旅品牌形象，提升广州文旅品牌的整体认知度和辨识度。加大对文旅品牌的宣传力度，在国内外社交媒体、生活软件、交通工具等多种渠道和平台持续发布广州文旅品牌，提高国际市场曝光度。同时，充分利用240小时过境免签政策，邀请国内外知名旅游博主，通过短视频、视频日记（Vlog）分享广州旅游经历及日常生活体验，扩大广州文旅品牌的国际影响力。

二是打造标志性文旅项目。参考永庆坊项目，围绕广州历史文化、岭南风情、美食文化等特色，开发有创新性和吸引力的旅游产品和体验项目，深入挖掘本土文化资源，促进传统观光游朝休闲度假、文化体验、健康养生等多元化方向发展，结合现代科技和创意元素，利用烟花、无人机表演等方式打造一批具有全球影响力的标志性文旅项目。

三是加强乡村旅游品牌建设。整合乡村旅游资源，以"文旅+康养""文旅+农业"丰富广州乡村旅游项目内涵，加强品牌建设和宣传推广，打

造具有地方特色的乡村旅游品牌,如"广州乡村旅游文化节"等,提升乡村旅游的国际知名度。

四是加强跨界合作,创新旅游投资模式。加强与文化、科技、体育等领域的跨界合作,创新旅游投资模式。例如,将广州的文化故事和地标建筑融入影视、游戏、音乐等作品,提升广州的知名度和吸引力;利用大数据、人工智能等技术了解消费者爱好,及时优化旅游服务,提升游客满意度。

(三)优化招商引资策略,推动项目落地

一是成立专门的招商服务机构。深入研究国内外文旅市场趋势,关注文化旅游、数字娱乐、休闲度假等细分领域的发展,明确国内外大型文旅集团、创意文化企业等潜在投资者类型,据此制订有针对性的招商计划,以吸引高质量投资项目。

二是提升招商服务水平。充分考虑国际投资者情况,设立专门的文旅招商服务窗口,为投资者提供多语种政策解读、项目评估、选址建议、手续代办等一站式服务。在招商宣传推广方面,继续办好广州文化产业交易会、广州国际旅游展览会等国内外知名展会、投资论坛等活动,利用社交媒体、短视频平台等新媒体渠道,发挥粤语及广州在外粤侨优势,广泛宣传广州文旅产业的投资优势和发展潜力,提升在文旅投资领域的知名度和影响力。

(四)构建文旅投资产业生态圈,促进资源共享

一是推动文旅资源整合与共享。发挥"链长制"与行业协会作用,加强文旅产业链上下游企业的合作与交流,鼓励广州文旅企业开展资源互换、共享合作,支持广州文旅企业"走出去"开展粤港澳大湾区内跨地区、跨行业的资源整合,打破地域和行业限制,推动广州文旅产业发展。

二是加强文旅产品设计创新。利用大数据、人工智能等技术精准分析游客需求,制定个性化营销推广策略,鼓励文旅企业根据客户需求创新文旅产品设计,打造具有广州特色的文旅产品品牌。同时,加强线上线下营销渠道融合,推动文旅产品朝多元化、个性化方向发展,满足不同游客的

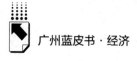

消费需求。

　　三是提升文旅服务质量。加强文旅从业人员的培训和管理，将旅游服务人员纳入职称评审体系，加强文旅产业人才队伍建设，进一步提升文旅服务质量和水平。同时，完善旅游基础设施和公共服务设施，加强外语培训与监督管理，为国内外游客提供更加便捷、舒适的旅游体验。

参考文献

　　《粤港澳大湾区发展规划纲要》，中国政府网，2019 年 2 月 18 日，https：//www.gov. cn/zhengce/202203/content_3635372. htm#1。

　　《2025 年 1 月 15 日广东省省长王伟中在广东省第十四届人民代表大会第三次会议上作政府工作报告》，广东省人民政府网站，2025 年 1 月 19 日，http：//www. gd. gov. cn/gdywdt/zwzt/2025gdlh/ywbd/content/post_4656839. html。

　　《2025 年广州市政府工作报告》，广州市人民政府网站，2025 年 2 月 27 日，https：//www. gz. gov. cn/zwgk/zjgb/zfgzbg/content/post_10134039. html。

B.14
促进花都区现代物流产业高质量发展的
对策研究

卫建彬　邓丽欣　刘至毅　孟庆林*

摘　要：　花都区作为广州市乃至粤港澳大湾区的重要交通枢纽和物流中心，尽管其现代物流产业在交通扩容、能级提升、产业升级等方面具备重要的发展机遇，但目前还面临着空铁港多式联运的基础设施不完善、物流企业层级低等挑战。本报告在综合分析花都区现代物流基础设施状况的基础上，针对花都区空铁港多式联运面临的挑战和现代物流产业的发展机遇，并借鉴国际领先的同类发展经验，从航空货运、铁路货运、水港货运、空铁港多式联运、物流企业全面升级五个方面提出对策，推动现代物流产业与花都区经济深度融合，提高物流服务效率，降低运营成本，以期为花都区现代物流产业高质量发展提供有益的参考。

关键词：　现代物流产业　交通运输　花都区

　　现代物流产业是集运输、仓储、货流信息等多个产业于一体、高度复合的服务型产业，对社会资源优化配置、区域经济协调发展等均具有重要的影

---

* 卫建彬，高级工程师，广东省发展和改革委员会研究课题评审专家库工程类和经济类专家，建同设计有限公司花都分公司总经理，研究方向为国土空间规划、产业规划、土地开发、精细化城市设计、城市更新规划等；邓丽欣，建同设计有限公司花都分公司总规划师，研究方向为国土空间规划、产业规划、精细化城市设计、城市更新规划等；刘至毅，通讯作者，广州白云学院建筑工程学院本科生，研究方向为国土空间规划、建筑设计等；孟庆林，华南理工大学建筑学院原副院长、亚热带建筑科学国家重点实验室副主任，博士生导师，二级教授，研究方向为亚热带建筑节能、国土空间规划。

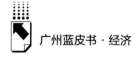

响，促进现代物流产业在新形势下实现高质量发展显得极为迫切和具有现实意义。

一 现代物流产业的基本内涵和发展趋势

（一）现代物流产业的基本内涵

现代物流是当代工业化和信息化发展到一定阶段后，在原有运输、仓储等传统物流的基础上，结合产业的结构性调整所产生的精细化、专业化等社会分工而形成的结果。现代物流产业是随着全球化、信息化的发展而产生的，是一种为社会或企业提供有形实物或无形信息时空转移的专业服务。从狭义上看，现代物流产业是一种集合了实物的运输、仓储、搬运、配送等支持性服务活动的社会产业分工。从广义上看，现代物流产业是一种集合了交通运输、信息交换、智能管理等多层次多维度的产业集群。

现代物流产业是社会劳动环节不断专业化而分工出来的产物，是企业非核心生产环节独立化的结果。从供应链过程上看，现代物流产业由采购、生产、销售、回收和废弃等环节构成。从运作模式上看，现代物流产业主要包括贯穿整个生产过程的垂直式物流、各企业不同产品共同运输的水平式物流、垂直式与水平式相结合的网络式物流、信息化服务式物流、低空物流、无人物流、地下物流等模式。从业务内容上看，现代物流产业由交通运输业、包装业、邮政业、信息业等一系列社会化、市场化和专业化的服务业构成。

（二）现代物流产业的发展趋势

现代物流产业是工业化发展到相当程度后专业性社会分工的结果，是集现代交通运输、企业管理理念和信息技术于一体的服务型产业。因此，现代物流产业具有明显的多产业融合、管理现代化、技术信息化、过程绿色生态化、资源调配互补化等发展趋势。

1. 多产业融合

随着社会分工日益细化，传统的交通运输业、邮政业等多个不同产业将其中生产和消费过程中的物流资源不断地分离出来。现代物流产业则通过管理现代化、技术信息化，将多个不同产业的物流资源进行有效有机整合，并衍生出新的知识经济业态。

2. 管理现代化

有效地将多个不同产业的物流资源独立出来，正是现代管理理念得到广泛应用的结果。因此，管理现代化是现代物流产业先天的属性特征。同时，管理现代化也使现代物流产业从作业层次向经营管理、供应链管理层次发展，进而转型成为知识技术密集型的产业。

3. 技术信息化

能科学且快速地做出决策，是当地效率优先的社会对现代物流产业的基本要求。随着计算机技术的发展和应用，现代物流产业能通过计算机及时、快速、准确、有效地采集、更新和分析信息、数据，极大地拓宽了物流的涉及领域，并有效地提高了物流的效率。

4. 过程绿色生态化

随着可持续发展理念的不断深入，现代物流的全过程实现绿色生态化是时代发展的必然要求。这要求现代物流产业的装备、作业全过程都需顺应可持续发展的需要，以减少物流过程对生态环境造成的危害，最大限度地净化物流环境和充分利用资源。

5. 资源调配互补化

一方面，现代物流产业具有多产业融合的特征，使其天然拥有需求者的市场资源；另一方面，现代物流产业通过自身的管理现代化、技术信息化，可以实现市场经济资源的有效调配和互补，进而在第三方物流（3PL）[1][2] 基

---

① 第三方物流（3PL）：3PL 是 Third Party Logistics 的缩写，由独立于物流服务供需双方且以物流服务为主营业务的组织提供物流服务的模式。

② 国家市场监督管理总局、中国国家标准化管理委员会：《物流术语》（GB/T 18354—2021），国家标准全文公开系统网站，2021 年 8 月 20 日，https：//openstd. samr. gov. cn/bzgk/gb/newGbInfo？hcno＝9143 4A17CE8256349F50E069590E7070。

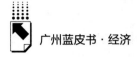

础上，发展出能为用户提供全面的供应链综合解决办法的第四方物流
（4PL）①。

二 花都区现代物流产业高质量发展的现状与挑战分析

（一）航空货邮吞吐量及货值偏低

2024年，广州白云国际机场货邮吞吐量以238.25万吨连续4年稳居全
国第二②，相较于首名香港国际机场450万吨的吞吐量③，航空货邮吞吐量
较低。此外，广州白云国际机场进出口货物中服饰等低值商品比例偏高，整
体呈现商品杂多、低值的特点。

（二）铁路货运受北站定位限制

广州北站定位为客运辅站，目前没有货运功能。广州北站附近的大田站
和大朗站均为铁路货运枢纽，适合开展大规模货运，但大批量集货速度慢、
没有高铁频次多。花都区尚未形成有效的铁路物流运力支撑，铁路货运的发
展受到一定限制。

（三）水港货运规模小、业务少、接驳弱

在规模方面，花都港的规模较小，其设计吞吐能力为30万TEU④，
2024年完成箱量约15万TEU，仅约为设计吞吐能力的一半。在业务方面，
花都港场地规模小，业务尚未形成规模，难以满足花都汽车城整车滚装运输

---

① 第四方物流（4PL）：4PL是Fourth Party Logistics的缩写，一个通过有效调配和集中管理自
身资源、能力和技术并提供互补服务的供应链综合解决办法的供应者。
② 《白云机场：2024年旅客吞吐量同比增长20.89%》，"界面新闻"百家号，2025年1月6
日，https://baijiahao.baidu.com/s? id=1820485229662986794&wfr=spider&for=pc。
③ 《抢抓机遇，香港航业强劲复苏》，腾讯网，2025年1月10日，https://news.qq.com/
rain/a/20250110A019GB00。
④ TEU，Twenty-foot Equivalent Unit的缩写，是指以20英尺（1英尺=0.3048米）长为标准的
集装箱，也称国际标准箱单位。

需求。货源集中于汽车零部件、皮革等低附加值类别，收入带动不足。在接驳方面，目前花都港只有县道接驳，远离国道等主要交通通道，且与广州北站、广州白云国际机场等高能级场站联系不足。

（四）空铁港多式联运的基础设施不完善

当前，花都区空铁港三线物流多式联运的能力都已具备，但三者连接的基础设施不完善。在物理连接上，空铁港之间缺乏快速路、空港专线等高能级高效的连接；在信息互通上，缺乏能全流程、可实时追踪空铁港货运信息的公共平台；在业务应用上，空铁港多式联运的应用场景和业务需求还有待开发和落实；在联运载体上，区内的物流园区没有以空铁港多式联运为核心要素进行规划建设，从而使潜在的协同效应未能全面激发。

（五）物流企业层级不高

目前，花都区内物流企业呈现大量小企业、小仓库分散布局的特点，各自为营、独立经营，虽形成了一定的产值规模，但税收规模与之不相匹配，贡献偏小。此外区内物流企业切入的价值链环节多为低价值环节，缺乏研发、科技、客户体验等高价值环节的切入。

三 花都区现代物流产业高质量发展的机遇分析

（一）交通扩容大

花都空铁枢纽的扩容，将加速汇聚全球顶级资源和创新产业。2024 年，广州白云国际机场完成旅客吞吐量达 7636.9 万人次，连续 4 年居全国机场年旅客吞吐量首位。[①] 同时，广州北站也在扩容，其规划建设规模为 18 站

---

① 《创历史新高！广州白云国际机场 2024 年旅客吞吐量 7636.9 万人次》，广东省人民政府国有资产监督管理委员会网站，2025 年 1 月 7 日，http://gzw.gd.gov.cn/qydt/jcjt/content/post_4654514.html。

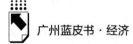

台36线，预计2035年旅客发送量超5000万人次。[①] 2024年，花都区形成了机场北进场路（即港联大道）连接高速公路通道工程、大广高速、广乐高速、肇花高速，以及花都大道、山前旅游大道、空铁大道二期项目主线进出广州白云国际机场的新的快速通道，大力提升广州白云国际机场集疏运能力，完成及加快实施了三东大道隧道工程等一批城市主干道路网建设[②]；花都区城市功能实现新升级，广花路快捷化改造等工程通车；同时，加快推动红棉大道工程北段（田心立交至风神立交）等的规划建设[③]，以进一步完善全区的交通大骨架。这些大体量的交通网络，将有力提升花都区现代物流产业发展实力。

（二）能级提升高

近年来，广州赋予了花都区建设广州北部人口重要承载区和经济增长极的使命。2024年，广州安排市重点项目844个，花都区以72个项目数量位居全市第二，其中，正式项目63个（包含15个竣工项目、8个新开工项目、40个续建项目）、预备项目9个。同时，花都区也在不断建优空铁融合发展示范区，打造空铁产业金廊[④]，使其产业腹地及未来发展空间更为广阔；2024年11月，广州花都区经济开发区升级为国家级经济技术开发区，这极大地赋能机场周边区域定位和开放能级提升[⑤]。能级提升、发展腹地广阔以及投资落地三大利好，将全面增强花都区对高能级物流企业、中高端物流人才的吸引力。

---

① 林翠珍：《从"施工图"迈向"实景画" 强化城市交通枢纽建设》，《新快报》2023年8月20日。
② 《全线通车在即，空铁大道首期二期合龙！》，广州市花都区交通运输局网站，2024年12月24日，https://www.huadu.gov.cn/gzhdjt/gkmlpt/content/10/10042/post_10042425.html#5859。
③ 《花都区召开高质量发展大会》，广州市花都区人民政府网站，2025年2月8日，https://www.huadu.gov.cn/gkmlpt/content/10/10107/post_10107732.html#4950。
④ 《"空铁一体"强枢纽 "一核营城"担重任》，《南方日报》百家号，2024年3月19日，https://baijiahao.baidu.com/s? id=1793918413139616157&wfr=spider&for=pc。
⑤ 《喜讯！花都区经济开发区升级国家级经济技术开发区》，广州市人民政府网站，2024年11月4日，https://www.gz.gov.cn/ysgz/xwdt/ysdt/content/post_9955819.html。

（三）产业升级快

在第四次科技革命中，科技引领是区域抓住未来发展机遇的关键，数字化与智能化可为花都加快新旧动能转换提供良好契机，尤其是花都区目前临空产业集群的发展，为现代物流产业创造了更多需求和发展契机，现代物流必将伴随技术升级和产业跃迁而大有可为。花都区实施立柱架梁、数智赋能、筑巢引凤"三大工程"，推动智能网联与新能源汽车、新能源与新型储能、低空经济与航空航天、时尚消费品、智能装备与机器人、生物医药与健康等战略性产业、未来产业、现代服务业一体布局。同时，依托华为（花都）工业互联网赋能中心和华为（花都）大模型创新中心，深入开展数智赋能行动，推动传统产业转型发展；着力打造空铁大道、花都大道、广清高速、山前旅游大道4条主题产业走廊，沿线布局15个重点产业平台①。这些将为花都现代物流企业、现代物流产业体系的发展提供新空间和强有力的产业、技术依托。

（四）平台资源多

花都区拥有众多发展现代物流产业的平台资源，在产业平台和园区建设上颇有建树。在产业平台建设上，2024年花都区落户或投入运营了法雷奥CDA广州智能交互研发中心、大湾区"绿能谷"平台、"十四五"期间广东省重点项目玉湖冷链（广州）交易中心、全国首个城市级工业人工智能中心——花都区新型工业化数字服务平台、花都综合细胞库/花都区域细胞制备中心等产业平台；在产业园区建设上，2024年花都区开工建设或投产了广东婚俗文化产业基地、广州花都低空经济产业园、广东省重点项目花都城西花岗岩矿项目、国家级广州花都经济技术开发区、华南最大蛋鸡养殖现代化产业园——花都区益海晨科（广州）蛋鸡养殖现代产业园、智都·新

---

① 《花都区召开高质量发展大会》，广州市花都区人民政府网站，2025年2月8日，https：//www.huadu.gov.cn/gkmlpt/content/10/10107/post_10107732.html#4950。

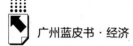

质生产力产业园等产业园区①。此外，花都将规划建设北兴现代物流产业
园，其定位为一个集高效物流集散与智能制造于一体的现代化公路货运枢
纽，旨在深度融合现代物流与现代信息技术，包括电子商务、互联网金融、
供应链金融等数字经济前沿领域，从而进一步拓展和深化现代物流产业的价
值链，打造产业升级新平台②。

（五）各级政策好

党的二十大报告提出，加快发展物联网，建设高效顺畅的流通体系，降
低物流成本。2022年5月，国务院办公厅发布的《"十四五"现代物流发展
规划》提出，要从保障重大项目用地用海、巩固减税降费成果、加大金融
支持力度等方面强化现代物流产业发展的政策支持。③ 2024年11月，中共
中央办公厅、国务院办公厅印发《有效降低全社会物流成本行动方案》，要
求推进铁路重点领域改革，推动公路货运市场治理和改革，推进物流数据开
放互联，促进产业链供应链融合发展，加大政策支持引导力度。④ 2025年1
月，广州市人民政府办公厅正式印发《广州市进一步支持现代物流与供应
链高质量发展的若干措施》，从建设现代物流与供应链基础设施，物流与供
应链流通便利化、智慧化、绿色化发展，增强物流与供应链资源配置能力，
创设低空物流应用场景，物流与供应链模式创新发展，以及强化要素保障等

① 《盘点 | 2024，花都干得漂亮！》，"花都融媒"微信公众号，2024年12月31日，https：//
mp. weixin. qq. com/s？ _biz = MjM5MjUxNDU4OQ = = &mid = 2651902823&idx = 1&sn = 42d38
8f433b87e26010c6beaa14d7fda&chksm = bc813d623b4ba0adeb187dbc862759c4437f7b2fdf559eb11
41f51a3f58a0a683e111e20d3d7&scene = 27。
② 《花都北兴现代物流产业园控规获批，打造产业升级新平台》，广州市规划和自然资源局花
都区分局网站，2024年8月30日，https：//www. huadu. gov. cn/gzhdgh/gkmlpt/content/9/
9839/post_9839851. html#5074。
③ 《"十四五"现代物流发展规划》，中国政府网，2022年5月17日，https：//www. gov. cn/
gongbao/content/2023/content_5736713. htm。
④ 《有效降低全社会物流成本行动方案》，中国政府网，2024年11月27日，https：//
www. gov. cn/zhengce/202411/content_6989622. htm。

方面制定了积极的政策支持措施。①

此外，花都区积极谋深做实国家级经开区、营商环境、土地"三大改革"，更好服务保障现代化产业体系建设，良好的产业政策，为现代物流产业在花都区植根发展提供了支持和保障；同时，推进全域土地综合整治和村镇工业集聚区升级改造，加速工业用地收储，推进集体经营性建设用地规模流转②等措施，为现代物流企业落户花都区提供了发展空间的支持。

四　促进花都区现代物流产业高质量发展的对策

（一）航空货运：集中货源、增加航线、拓展能力、完善配套

1. 集中货源

一是要强产业，结合本地优势产业，发展临空产业，做大本地货源。二是要扩腹地，扩大货源腹地，吸引周边货源。三是要引货代，引入更多货代企业，增强全国揽货能力。四是要给补贴，通过货源专项补贴来吸引高货值产品。

2. 增加航线

一是要给补贴，通过航线开通专项补贴，来激励航司增开航线。二是要搭平台，配套国际快递公司新增航线所需的基础设施，如转运中心等。

3. 拓展能力

一是要制定完善预安检流程，花都配合机场安检前置的功能，将货站前置到花都的仓库枢纽，提升安检效率。二是要提升特殊货物处理能

① 《【政策动态】广州市进一步支持现代物流与供应链高质量发展的若干措施》，"广州市物流技术与应用协会"微信公众号，2025年1月14日，https://mp.weixin.qq.com/s? __biz=MzI4NTcwNTYwNQ==&mid=2247586485&idx=2&sn=72d0c3c67681f9a0a999d293c1e11500&chksm=ea848a1f9081939422be61631a0f9fa0e3d932ee3094857416ea22a592c11b35cdd21acb6d3a&scene=27。
② 《花都区召开高质量发展大会》，广州市花都区人民政府网站，2025年2月8日，https://www.huadu.gov.cn/gkmlpt/content/10/10107/post_10107732.html#4950。

力，配备特殊货品如光刻机的操作能力。三是要推广带电商品差异化安检政策。

4.完善配套

一是要建园区，为机场提供物流场地支持。二是要做连接，在物理上、信息上打通机场、北站和花都港的连接，促进业务上的连接，同时引入"最后一公里"配送企业。

（二）铁路货运：创新高铁货运模式、推动航空公路铁路联运

广州北站周边已有白云区大田、大朗两大高级别货运站；同时，基于广州北站周边为人口聚集区域，更适合商贸、文旅等依托人流的产业定位，不适合传统大规模铁路货运。通过竞合分析，建议广州北站明确客运为主定位，在铁路货运方面以创新高铁货运模式、推动航空公路铁路联运两种方式为主，不断激发高铁货运潜能。

1.创新高铁货运模式

创新高铁货运模式即开展高铁带货。建议推动顺丰、京东、中通等快递企业与广州北站合作，依托高铁快速、高频优势，创新探索高铁带货；同时配套建设符合小规模货量需求的场站、货运通道等基础设施。结合花都区旅游型和产业型的城市特征，高铁带货的创新模式如下。一是利用客运高铁行李柜、最后一排空间来运货，即将货物放置于旅客车厢内座位最后一排的空间。如大件行李存放处、快件柜等。该模式承运能力可达每列3~4吨。如"高铁京尊达"，在北京至上海、杭州、武汉间为高价值商品提供运输服务。又如冷柜冷链，在北京至上海、成都间实现冷链快递。二是利用空载的高铁确认车来运货。利用每日首列开行的不载客的动检确认车来运货，其承运能力可达每列10~20吨。目前，该模式已应用于5条线路，包括深圳北站—广州南站—长沙南站、成都—重庆、济南—青岛、郑州—武汉、郑州—西安。

2.推动航空公路铁路联运

一是要专线联运，积极推动广州北站与广州白云国际机场间的空侧专线

建设，探索夜间带货模式。二是要高铁联运，协助推进广中珠澳高铁建设。三是要公路联运，通过空铁大道连接北站与机场。

（三）水港货运：加强连接、集中货源、实现专业化运营

1. 加强河港与河港、河港与海港之间的连接

一是要湾区上强连接，利用"湾区一港通"优势政策，实现南沙港双向联动，构建"南沙—花都"组合港，加密"穿梭巴士"运输网络。二是要航线驳船上强连接，包括扩航线，增加南沙港以及黄埔港、盐田港驳船航线；还要增班次，加速打造"花都—南沙"天天快线等。三是要做实海铁联运，积极探索加强与大田站、大朗站互动。当前，南沙港有 LG 电子产品从越南经海运到南沙港，再换铁路运去欧洲、中国川渝等的经验。可探索花都港与大田站、大朗站业务互联模式，即货物到港后，由南沙港经驳船至花都港，再转运至大田站或大朗站换铁路运去欧洲、中国川渝等的业务模式。此外，浙赣粤通道纵向走廊工程持续推进，广东省内段可连接韶关、英德、清远、三水等地，将给沿线城市带来新的增长动力①。但根据目前运河规划，运河未连接花都港，建议花都提早布局，积极向上争取将花都港接入运河，抢占货源先机。根据规划安排，运河工程建设周期长达 15 年，短期内对花都港影响有限。

2. 着力服务本地产业和集中周边货源

一是要着力服务本地产业，建议花都港增加滚装船班次，重点服务好汽车产业，到 2030 年应可实现年 8 万辆汽车业务量；服务好跨境电商产业，通过海运支撑花都传统产业对东盟的出口。二是要主动集中周边货源，花都区应积极提供便捷拖车服务，扩大货源腹地，从从化、清远等地集中货源。

3. 实现专业化运营

一是要引入专业化运营商，探索实现港口码头专业化运营，切实发挥南

---

① 《交通运输部关于印发〈内河航运发展纲要〉的通知》，中国政府网，2020 年 5 月 29 日，https://www.gov.cn/zhengce/zhengceku/2020-06/04/content_5517185.htm。

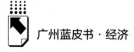

沙港重要的喂给港、支线港的职能。二是要升级基础设施，全面升级泊位，新建滚装汽车停车场等基础设施。三是要扩大吞吐能力，到2030年，集装箱吞吐量应可达80万TEU，汽车滚装吞吐量应可达8万辆，杂货吞吐量应可达30万吨。

（四）实现空铁港多式联运，打造融合物流园区，促进多产业融合发展

基于上述分析，建议花都区要高标准实现空铁港的全面融合发展，在总体上采取"两打通，两打造"的方式，实现空铁港园"四位一体"融合发展。

1. 打通物理互联

加强"空铁互联"，加快空铁大道二期项目建设进度，完善与沿线高架桥、道路的接驳，便捷联通融合物流园区；积极筹备空侧专线建设广州北站至广州白云国际机场专用轨道线，实现"零换乘"。前期要预留空侧专线建设条件，加快行政流程和推进规划选线工作，设立融合物流园区站。加强"铁港互联"，重点要在融合物流园区建设中采用快速路的接驳，改善通往花都港和北站的道路状况。加强"空港互联"，重点要提升融合物流园区通往机场和花都港的道路能级，完善花都港周边"最后一公里"道路建设，改善通往机场和花都港的道路状况和通行能力。尤其是加强广州北站与机场的互联，缩短花都港到机场的时间。

2. 打通信息互联

建设空铁港信息互联平台，建议由政府物流交通部门牵头，联名多方组织、行业协会，做好制度设计和机制建设，实现数据共享。引导龙头企业引领信息互联，通过大力宣传和出台相应补贴政策，积极引进企业物流控制塔。在严控信息安全的前提下，鼓励企业物流控制塔接入政府信息平台，实现数据增值。最终通过政府领导、国企牵头，强化基础数据的供应支撑，切实制定空铁港融合信息解决方案。

3. 打造标杆业务

明确业务特征，借力孟菲斯、达拉斯空铁港融合需求企业特征，有此需

求的主要是两大类公司：一类是多式联运物流企业，本身运营多种物流业务，有联运的业务场景；另一类通常是全球性或全国性零售企业，其产品品类多、采销数量大、业务链条长。基于上述成功经验，第一种做法是，联合物流企业打造空铁港的融合业务，确定企业征集领先企业落地场景，选出高潜落地场景。建议模式一：联合快递企业，采用空转铁方式进行快递尤其是国际快递业务。通过空运，将全球快递汇集至空港货站，在空港货站进行快件分拨后，国内快件转由高铁疏散到目的地城市，完成派送。建议模式二：联合货代公司，实现海转铁。从东南亚经海路运输电子产品，经由南沙港驳船至花都港，从花都港短驳到大田或大朗货运站，换铁路运去欧洲、中国川渝等。第二种做法是，联合龙头零售企业探索空铁港融合业务。与产品品类多（应注意不同产品对时效的要求）、采销数量大（企业集中采购，可保障进口量大）、业务链条长（可保障覆盖面广）的龙头零售企业合作，共同探索空铁港融合业务领域。在探索过程中，可采取多种奖励补贴手段，鼓励企业打造标杆业务，进一步带动招商。

4. 打造融合物流园区

首先，顶层设计上，要明确定位、制定方案。明确融合抓手的定位，优选规划设计机构高标准设计。其次，选址上，精选毗邻空铁港土地。融合物流园区地块选择应遵循三大原则：一是要便捷联通空铁港，选址上可适度偏向机场，与广州白云国际机场、广州北站、花都港距离均相近；二是要面积符合业务需求，特别是仓储用地面积不少于300亩；三是要满足物流发展诉求，符合要发展的八大物流服务需求，如靠近产业、生活配套全、招工方便、社会车辆资源聚集等。结合花都用地规划，目前符合要求的地块有三个：一是临空数智港西翼物流仓储用地；二是花都大道片区，广州北站以北；三是空铁大道片区，空铁大道两侧。最后，运营上，要引入国资牵头的专业第三方运营。这一做法是具备"双赢"效益的。对园区而言，国资系流的专业运营方具备三方面优势：一是国资能站在产业发展的角度做好总体顶层设计，科学制定标准，并严格落地执行；二是国资有能力拉动关联部门，形成合力，加快枢纽建设；三是国资可提供总量资金的投入保障，具备长远发展眼光，避免短视行为。对国资公司而言，通过建设运营融合物流园区可收获多重经济价值：一是直接收入，包括直接仓储租金和物业管理费收入；二是税收提升，以高水平仓库、物流资源及价格调控为抓手，筛选、吸引高价值产业企业，吸引企业在花都注册，将结算、客户体验等高价值环节落在园区，带来花都产业产值、税收提升；三是资产增值，通过对园区物业的专业化运营，可实现国有资产保值增值，借力企业物流控制塔，还可推动实现数据增值。

5. 促进多产业融合发展

在优化现代物流产业供应链的同时，花都区应促进现代物流产业与更多产业融合发展。基于现代物流产业具有多产业融合的特性，建议花都区积极促进现代物流产业与八大核心物流产品的产业先导融合，整合产业的物流与非物流资源，通过技术信息平台进行数据处理，从而优化区内产业供应链的关键环节，进一步提升空铁港的枢纽功能。

（五）全面提升本土物流企业能级，打造现代物流产业高地

1. 推动实现物流企业升级

一是引导发展大企业，要将存量企业引入价值更高环节，推动链上升级，同时，对新增企业要有明确标准，确保企业发展有前景。二是推动物流地产企业合作共赢，要提高入驻标准，共享产业落地与发展成果；由国资公司牵头建设和运营融合物流园区。三是推动小企业集约发展，主要做好空间集约、全面赋能、综合治理等几方面。

2. 推动实现物流科技升级

通过大力发展物流科技，花都有望成为中国现代物流产业高地，具体建议如下。

一是供应链管理，即端到端控制塔和数字化的货代企业。其中，端到端控制塔可提高供应链全程可视性，通过智能分析、辅助决策提升响应速度；数字化货代通过构建线上系统，实现全局可视化和自动化、智能化管理，提升协同效率，确保空铁港各环节货运信息互联互通。

二是智能仓储，即提高仓储自动化水平，支撑产业发展，提高仓储空间利用率，有助于仓储集约化发展。包括仓库管理系统，可协助公司管理和控制每日仓储作业，包括资料建档、进货、库存盘点、出货等仓储链路；仓储自动化建设，实现仓库全流程数智化及自动化技术应用，提高仓储集约化水平和运作效率。

三是智能运输，即提高运输行业的数智化水平，实现全程可追踪。包括运输管理系统，可链接运输链条，实现全程可视化管理、安全管理和数据分析支持，以及配送无人化，解决"最后一公里"配送问题，提高物流品质。

四是客户管理，即提升客户体验，通过智能客服、自助服务、全程可视，提升优化客户体验，打造品质物流，助力消费升级。

3. 推动实现物流生态升级

在物流生态上，建议花都区着力打造以物流企业区域总部为中心，科技、运力、人力全面发展的物流生态。一是要引入物流企业更多价值环节，提升企业产业链完整性和价值性。如针对区域总部，要重点引入高价值环节。二是要积极引入物流科技企业，赋能物流企业提质降本，加速自动化、智能化、高效化。三是要引入运力提供商，为各产业和物流企业提供运力资源。四是要引入人力资源平台，运用数字化手段，帮助物流企业实现科学高效用工，有效招募人员，满足灵活用工需求。

此外，基于对花都区新兴临空产业和传统优势产业类别的全面梳理，建议花都区先行打造八大核心物流产品，包括集成电路物流、精密设备物流、医药物流、航材物流、汽车物流、跨境电商物流、生鲜冷链物流、高档消费品物流。其中，前五大产品有利于支撑高端制造业发展，后三大产品有利于支撑消费升级。应对八大产品各自需求及相应承载力、贡献度做出分析，结合其共性和个性需求，支撑花都区新兴临空产业与传统优势产业的发展诉求，进一步发挥现代物流产业的支撑作用。

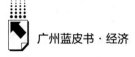

参考文献

李敏：《物流产业融合研究》，博士学位论文，长安大学，2011。

杨帆：《中国现代物流业对区域经济的影响分析》，博士学位论文，吉林大学，2011。

杨春河：《现代物流产业集群形成和演进模式研究》，博士学位论文，北京交通大学，2008。

卫建彬：《中新广州知识城生态城区规划与建设实践反思》，硕士学位论文，华南理工大学，2017。

赵军、冯怡霏：《焦作市加快现代物流产业高质量发展的对策研究》，《焦作大学学报》2024年第4期。

新技术新产业篇

B.15
广州加快低空经济发展的对策研究

张 强 陈翠兰*

摘 要: 低空经济是具有高度延展性的全新产业链（群），市场前景广阔，是新质生产力发展的重要引擎，全国各地竞相角逐和发力"低空经济"新赛道。作为国家批复的首批低空经济试点城市之一，广州低空经济具有良好发展基础，通用航空产业链较完备，低空经济企业集群初步形成，科研机构与平台资源加速汇聚，低空运营服务体系逐步完善；但也存在着低空空域资源利用受限较大、应用场景相对较少、产业技术实力不强、产业空间布局分散、低空基础设施有待完善等问题。未来，广州要领航低空经济发展，必须加快完善顶层设计，强化政策法规支撑；实施强链补链延链行动，培育壮大低空产业集群；加大市场开发力度，积极拓展低空应用场景；坚持软硬件并举，稳步提升低空基础设施建设水平；积极融入国家"航空强国"和"军民融合"战略布局。

---

* 张强，广州市社会科学院农村研究所副所长、研究员，研究方向为产业经济、区域经济；陈翠兰，广州市社会科学院农村研究所副研究员，研究方向为都市现代农业、区域经济。

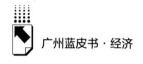

关键词： 低空经济　通用航空　新质生产力　广州

　　低空经济是一个具有高度延展性的全新产业链（群）。2023 年中央经济工作会议提出加快形成新质生产力，建设现代化产业体系，其重点之一就是大力培育发展低空经济。2024 年，低空经济首次被写入中央政府工作报告，随后，全国掀起规划与发展低空经济的热潮，低空经济发展迎来了历史性机遇。广东是无人机生产制造大省，产值占全国 70% 以上，但无人机渗透率与应用度仍总体偏低，低空经济尚有巨大开发空间。作为综合性门户城市、全球重要交通枢纽和国内低空空域首批开放试点城市之一，广州在低空经济发展上具有先天禀赋、良好基础及科技、市场优势。未来，广州瞄准建设粤港澳大湾区低空经济枢纽城市，加快布局低空经济，对于广州奋力打造新质生产力发展新引擎，构建 "12218" 现代化产业体系具有重要意义。

一　低空经济：我国新质生产力发展的重要引擎

（一）各地加速低空经济布局

　　2021 年，中共中央、国务院印发《国家综合立体交通网规划纲要》，提出发展交通运输平台经济、枢纽经济、通道经济、低空经济。低空经济概念首次被写入国家规划纲要。2023 年 12 月，中央经济工作会议首次将打造低空经济战略性新兴产业列为以科技创新引领现代化产业体系建设的九大重点任务之一。2024 年 3 月，低空经济首次被写入中央政府工作报告。低空经济已上升为国家新兴产业，各地加速低空经济布局。2024 年，超过 20 个城市将低空经济写入了地方政府工作报告，广州、深圳、武汉、吉安、芜湖、苏州、成都等地已陆续出台低空经济相关规划或支持政策。

（二）中国低空经济呈现高速增长态势

随着民用无人机产业快速发展，低空空域改革试点工作持续深化等，低空经济呈现高速增长态势。2023年中国低空经济规模达到5059.5亿元，增速高达33.8%[①]。通航企业达689家，在册通用航空器3173架，通用机场451个，全年作业飞行135.7万小时；无人机设计制造单位大概有2000家，运营企业接近2万家，国内注册无人机126.7万架，飞行2311万小时。中国无人机产值约300亿元；运营及服务收入1174.3亿元，同比增长32%。低空科技创新进入空前密集活跃期，与低空领域相关的无人驾驶等颠覆性技术不断涌现，发明专利申请公开量已经由2014年的852件增长至2023年的14134件，增长了15.6倍[②]。

（三）全国已形成深圳、广州、北京三足鼎立之势

全国多地积极抢占低空经济这一新兴领域的发展先机，布局通航机场建设、通航机队组建与发展，以及低空飞行器制造产业链等多个方面，致力于支持低空经济相关产业和企业发展，初步形成了深圳、广州、北京三足鼎立的局面。从中国低空经济企业分布看，深圳、广州、北京位列前三；从低空经济专利有效量看，北京、深圳、广州分别位列第一、第二和第四。深圳被称为中国的"无人机之都"，深圳无人机企业已达到1730多家，年产值960亿元，其中消费级无人机更是占据全球70%的市场份额。[③] 广州是国内低空空域开放最早的试点城市之一，拥有相对完备的通用航空产业链，是国内重要的无人机生产基地，无人机产业发展水平仅次于深圳。北京集聚了一批航空航天优质企业和高端科研资源，拥有较为完备的低空经济与商业航天产业链，正在打造无人驾驶航空示范区。

---

① 数据来源：赛迪顾问发布的《中国低空经济发展研究报告（2024）》。
② 《中国民航局：2023年我国低空经济规模超过5000亿元》，光明网，2024年2月28日，https://economy.gmw.cn/2024-02/28/content_37172354.htm。
③ 数据来源：深圳市交通运输局。

二 现阶段广州低空经济发展的基础、优势与问题

（一）广州培育和发展低空经济的基础与优势

1.通用航空产业链较完备

粤港澳大湾区较国内其他区域率先形成了通用航空全产业链。其中，深圳通用航空业实力最强，通用机场数量、机队规模、获经营许可企业数均高居全省第一。相较而言，广州通用航空业实力不及深圳，但其产业链相对完备，包括研发设计与原材料生产、零部件制造和集成、应用与服务等环节，除重点发展的公商务飞行、警务飞行等运营服务，还布局了航空维修、航材贸易等配套延伸产业。未来，随着通用航空需求不断释放，广州通用航空产业规模有望持续扩大。

2.低空经济企业集群初步形成

2024年4月1日，工业和信息化部下属机构赛迪顾问发布的《中国低空经济发展研究报告（2024）》显示，广州低空经济企业数量全国第二，位居深圳之后。广州已形成了以头部企业为核心、数量众多且技术先进的企业集群，已注册无人机整机生产制造及关联企业300多家，聚集极飞、亿航、小鹏和广汽等全球领先的智能航空器科技企业，无人机生产设备产业规模位居全国前列，是国内重要的无人机生产基地。广州经济技术开发区集聚了低空经济领域企业50家，年产值（营收规模）约130亿元，其中，专精特新"小巨人"企业13家，单项冠军企业3家，上市企业9家①。

3.科研机构与平台资源加速汇聚

广州是全国重要的科技文化教育中心，科研与人才资源丰富。在航空航天领域，广州也汇聚了国际国内一流科研机构和顶尖科研平台，拥

---

① 《多城竞逐"天空之城"，低空经济蓄势"高飞"》，"羊城派"百家号，2024年1月14日，https://baijiahao.baidu.com/s? id=1788070192131094866&wfr=spider&for=pc。

有中国科学院广州地化所、电子五所等一批历史悠久的科研机构，携手中国科学院成立了广东空天科技研究院、广东智能无人系统研究院等 8 个航空航天类研究院，建立了高超声速风洞装置等一批重大科技基础设施。

4. 低空运营服务体系逐步完善

广州是国内低空空域开放最早的试点城市之一，2014 年开通了粤港澳大湾区开辟的第一条跨境低空空域航线——广州至澳门直升机航线。2018 年，国内第一条正式获批的常态化无人机物流配送航线在广州启动商业化运营。民用航空枢纽网络不断完善，物资配送、安防巡逻与应急救援、农业植保、遥感测绘等城市低空经济应用场景日趋丰富。干线型与枢纽型相配套的高端服务加快发展，区域公务机、高增值货运、飞机租赁和航空融资等新业态高效布局。飞机维修基地实现持续增长，具有飞机维修、航空零部件维修制造类资质企业主要有 13 家，2022 年营业收入超 30 亿元，主要分布在空港经济区、花都区、黄埔区①。通过发展 FBO 等项目，已开发航空维修、贵宾接待等公务航空服务功能，培育了广州翼通、广州冠飞、穗联直升机、宏诚通飞等龙头企业。

（二）广州培育和发展低空经济面临的主要问题

从全产业链角度看，低空经济的大发展，不仅在于前端飞行器的生产研制，更在于中后端更庞大、更高价值的市场应用。为推动低空经济真正"飞起来"，广州尚需重点解决如下主要问题。

1. 低空空域资源利用受限较大，可利用潜力有待释放

首先，广州市域及周边机场密集，机场保护区及训练空域影响低空空域开发利用。目前，广州市域及周边 150 公里范围内分布有白云、佛山、宝安等数十个机场（含通用机场），各个机场空域交织分割，增加了空域结构的复杂性。其次，广州市域北部高山密布，低空空域可用高度有限。再次，从

---

① 数据来源：广州市发展和改革委员会调研。

空域分层看，飞行高度1000米以下可充分利用空域资源占全市域比例超3/4，而2000米以上可用空域较少，对固定翼飞行器低空运输制约明显。最后，广州中心城区高层建筑多而密集，外围城区高压线分布广泛，也对低空飞行形成一定阻碍。综合研判市域内机场、训练空域、限制区、航路航线分布情况，广州低空空域资源利用受限较大，未来可利用潜力的进一步释放主要取决于三大因素：机场保护区的搬迁、精准飞行与导航技术的突破以及空域管理体制的改革。

2. 应用场景相对较少，市场开发还处于初期

从国际趋势看，低空经济应用领域已从传统的军事、航拍等拓展到物流配送、城市治理、空中交通、旅游休闲、海上服务等。从广州发展看，现阶段通用航空市场相对成熟，已形成初步运营服务体系，而无人机领域以生产制造与售卖飞行器为主，后端的市场应用拓展不够，应用场景开拓和商业模式创新不足，载客无人机及无人机物流配送等业态尚处于试验阶段；在已进入领域的活动层次较浅，低空飞行业、保障业、综合服务业与制造业尚未形成并举之势；低空物流、短途运输、低空游览、私人飞行等业态仍处于探索、起步状态，亿航等龙头企业虽已拿到适航证等牌照，但潜在消费需求仍有待进一步释放。

3. 产业技术实力不强，关键核心技术有待突破

目前，广州低空经济的产业技术基础仍较为薄弱。一方面，通用航空制造技术与美国、巴西等国家相比仍比较落后，大型成套设备研发制造企业较少，核心零部件仍主要依赖进口，尚未参与发动机、电传控制系统等关键技术设备研制，碳纤维等航空材料产业尚处于起步阶段，复合材料研制水平偏低，高温高强度合金材料生产能力较薄弱。另一方面，无人机生产制造停留在以外购零部件组装为主阶段，固定翼和旋翼机国产化率仍较低，电机、电池技术基础较弱，飞行"软件"存在瓶颈，飞控系统研制难题有待突破，感知避障、垂直起降、精准导航等关键技术仍存在"卡脖子"风险。

4. 产业空间布局分散，产业集群效应偏弱

目前，广州已注册无人机整机生产制造及关联企业300多家，分布于天河、黄埔、番禺、南沙等8个行政区中，空间分布较为碎片化、零散化，集中式、专业化产业载体不够，影响了产业集群化发展。而在高空飞行的航空运输领域，广州规划有临空产业集聚区——空港经济区，布局了航空维修、航空物流、飞机租赁等六大产业，吸引了1.3万多家企业入驻，形成了强大的集群效应。此外，产业集群化还取决于龙头企业的能级，2024年广州无人机龙头亿航总营收仅4.56亿元，而深圳大疆创新2023年就达500亿元左右①；通用航空领域，深圳中信海直是全国最大的通航龙头，而广州通航龙头难以争锋。龙头企业实力偏弱，进一步制约了广州低空产业集群效应的发挥，导致其在获取优惠政策、统筹资源、抱团合作等方面难以发挥最大潜力。

5. 低空基础设施有待完善，运营服务保障能力较为薄弱

在硬件方面，通用机场数量较少，广州已规划建设五大通用机场，但目前只有番禺机场建成使用，全时段、全区域、全状况的通用航空网尚未形成。与国际发达城市相比，纽约大都会区通用机场47个，伦敦都市区通用机场17个，广州通用机场数量偏少。通航保障功能也较弱，除MRO②相对完善，FBO③、FSS④等配套设施建设较为滞后。在软件方面，低空管理体制不够协调；空域管理分层不足；低空智能管理水平有待提升，航路网络设计与城市空间规划衔接不够充分，各部门互联互通的数据共享"基座"尚未搭建，全天候、智能化、协同化的低空交通信息管理与指挥系统尚未建立；航空器设计生产、低空飞行适航等行业标准有待制定。

---

① 《一天吃透一龙头公司：大疆创新》，投资界，2025年5月15日，http：//news.pedaily.cn/202505/549704.shtml。
② MRO是英文Maintenance，Repair & Operations的缩写，即维护、维修、运行。
③ FBO英文全称为Fixed Base Operator，即固定运营基地，是位于机场或者邻近机场的为通用航空飞机、公务机和私人飞机提供停场、检修、加油、清洁、休息等服务的基地或服务商。
④ FSS英文全称为Flight Service Station，即飞行服务站，为通用航空飞机、公务机和私人飞机提供广泛的飞行信息和服务，如气象信息、飞行计划、飞行支持和其他需要的帮助。

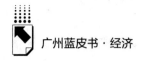

三 广州加快低空经济发展的对策

针对广州低空经济发展存在的问题，围绕促进产业发展的"三端"（供、需、管端）和"五链"（创新链、产业链、资金链、人才链、政策链），多维谋划，创新思路，精准施策，协力推动广州低空经济高质量发展。

（一）完善顶层设计，强化政策法规支撑

编制低空经济发展战略规划。建议加快编制"广州低空经济中长期发展规划"，分阶段确定主要目标、重点任务、发展路径、政策举措等。探索支持低空经济发展政策体系。从全市实际出发，针对低空特定功能区域及关键领域环节推出财政、金融、土地等优惠政策，探索设立政府专项基金，支持打造共性技术平台。争取国家以支持深圳同等力度支持广州低空经济领航发展，积极争取国家支持，推动广州建设"低空经济全域协同发展示范城市"。

（二）实施强链补链延链行动，培育壮大低空产业集群

加强关键核心技术攻关。支持低空产业链关键环节研发及产业化，鼓励本市企业或机构围绕低空制造相关的电池系统、飞控系统、动力系统、高端传感、航空级碳纤维机体等核心领域开展技术攻关，成体系解决"卡脖子"问题。积极推动华南理工、广东工大、电子五所、广东空天科技研究院、广东智能无人系统研究院等与互联网头部企业、无人机龙头企业深度合作，成立低空产业创新联盟或创新联合体，合作开展系列重大课题研究，实施低空产业关键技术重大专项。发挥广州汽车及零部件制造业基础雄厚之优势，引导推动新能源汽车研发链向低空飞行器研发链转型，重点支持高壁垒且高标准的集成电路、新材料、主控芯片等关键部件研制。

精心打造低空产业园及平台。依托增城低空经济发展基础优势，建设增

城低空经济产业园，引进一批国内外知名领军企业，自主培育一批创新型科技企业，推动低空领域核心产业和关联产业集聚化、规模化发展。采取园中园等方式，在广州空港新城、广州经开区、南沙经开区选址谋划部署智能航空器制造专业产业园，构建起集航空器制造、航空科技研发与转化应用、检验检测、飞行服务、教育培训于一体的智能航空器制造专业产业园。建议联合低空企业、航空企业、新能源汽车企业成立广州市低空经济产业联盟，推动布局整机业务和有望成为 eVTOL 供应商的新能源汽车企业"跨界"或"上天"。

加大"双招双引"力度。由市级主要负责人担任航空产业链链长，着力引进国内低空经济龙头、独角兽企业及优质产业项目。密切跟踪航空央企在大湾区布局航空零部件制造项目事宜，积极争取飞行器航电系统、高端航材等高附加值零部件项目落户广州。加强与中国融通集团高层次战略合作，利用中国融通集团遍布全国的独特商业网络，助力广州低空产业类项目招商。主动加强与北京、西安、成都等低空经济试点地区的沟通交流，通过与当地航空总装企业（如中航、西飞、成飞等）及其相关配套企业和科研机构的沟通合作，积极引进或来穗共同转化一批低空衍生类科技成果和产业项目。

加强引育龙头企业。一是优先扶持本地"链主"企业，鼓励白云通航、亿航、极飞、小鹏等龙头企业参与大湾区产业链战略布局，推动合作项目落地。密切跟进全省 23 个新规划通用机场建设，支持广州龙头企业扩大航空器维修、运营及其配件制造业务。支持低空龙头企业发挥平台整合效应，开放自身数据、渠道、设备、场所等资源，并谋划共建低空经济智库、协同创新中心及指挥调度中心。支持龙头企业参与国家标准制定，协助企业取得中国民航局等低空业务运营资质（许可证）。二是战略性引进国内外低空龙头企业。以强链补链延链为导向，引进国内外航空巨头或汽车厂商参与低空产业链布局，主动加强与中航、西飞、成飞等航空总装企业和波音、空客、Joby 等传统巨头的沟通交流，争取在电动飞机、无人机、飞行汽车等领域促成一批创新成果及标杆项目落地。

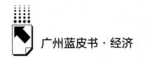

（三）加大市场开发力度，积极拓展低空应用场景

市场状况决定低空经济的未来。从欧美经验看，低空经济应用领域已从传统的军事、航拍等拓展到物流配送、城市治理、空中交通、旅游休闲、海上服务等。对广州而言，推动低空经济发展，关键是从供、需侧同时发力，以产业拓展、场景开发、质量提升为着力点，积极拓展低空应用场景。

延拓"低空+"服务产业链。推动低空飞行器与各种产业形态加快融合，构建低空制造、低空飞行、低空保障、低空综合服务联动一体产业发展格局。发挥广州毗邻海洋优势，大力发展海上通航，围绕海上游览观光、海岛空中连通、海事执法等需求，开辟海上通航航线，建设海上通航机场和服务基地。完善应急救援通航体系，加快应急救援通航机队和基地建设，强化低空医疗救护、森林火灾扑救等应急救援能力。整合南方航空集团、广东省机场管理集团、九元航空等优质资源，依托其扎实的运营基础，组建区域性低空运营集团，统筹运力调配和市场开拓，实现规模化、网络化运营。

全方位拓展低空应用场景。跟踪研判新技术革命趋势，前瞻规划应用场景塑造，提前进行市场布局。充分发挥广州消费级无人机的产业优势，引入社会资本及专业运营公司，争取更多低空空域和无人机航线，大力促进低空物流、短途运输、低空游览、私人飞行等新业态发展，引导企业开展无人机末端智能配送、生物制剂运输等应用试点。同时，进一步拓展低空公共服务，探索无人机多场景应用。

实施需求侧多维发力。加强宣传引导，提升社会公众对低空经济产品与服务的消费意愿，不断优化消费的政策环境。创新"互联网+"通航模式，培育低空消费市场，发挥广州数字经济发达之优势，推动通航与互联网、大数据、人工智能等新技术深度融合，开发空中游览、航线查询、空域申请等线上服务，创新商业模式，提升通航消费便利性。丰富营销手段，加强特色化个性化定制化服务，借鉴法国、日本等经验，充分利用国际大型活动进行广州低空创新产品、服务模式及品牌推广。积极策划举办低空经济创新等系列高峰论坛，助推各方拓展低空经济产业项目合作。

拓展低空经济国际合作。有效利用国际市场"引进来"和"走出去"，深度融入全球低空经济产业链、供应链和价值链。加快制定与国际相衔接的规则，加强与国外机构、企业在资源、技术、标准、项目等方面的交流合作，拓展国际市场。支持亿航、小鹏、极飞等本土低空企业与国际通航巨头开展战略合作，引进先进技术、人才和管理经验，在广州建设华南最大的低空产业制造基地，共同打造集研发、制造、检测、维修、展示于一体的产业集聚区。

（四）坚持软硬件并举，稳步提升低空基础设施建设水平

实现低空经济高质量发展，必须提升低空基础设施建设水平，通过软硬件协同并举，构建与完善智能融合的低空经济基础保障系统，推进低空"五网"融合。

完善低空基础设施。结合广州已有通用机场和飞行基础设施建设，谋划打造一批智能化、集成型的无人机起降场所和服务基地。重点推进低空"设施网""航路网""通信网""服务网""气象网"等"五网"融合，考虑在现有新建楼盘、大型公共建筑、战略性功能区等载体上规划一批起降点，加强导航、气象、能源、通信数据等配套供给。争取中国民航局、省政府及军方支持，与深圳共建无人驾驶航空试验基地，探索建设以广州、深圳为中心的大湾区低空天路网。

强化低空空域保障。借鉴国际经验，科学分类划设适飞空域，在城市周边、产业新城、交通干线等地区开放低空空域，建立民用无人驾驶航空试验基地。统筹广州市全域低空空域资源，重点开发使用1000米以下空域，严格遵守军民航飞行在高度层和间隔、距离使用的规定，合理划设管制空域、监视空域和报告空域；深入研究有人机、无人机、eVTOL等各类飞行器飞行特点，按照高效、安全原则分层划设空域。

创新与理顺低空管理体制。针对空域内军、地、民多头管理问题，建立

融合各方管理需求的联合监管、协同监管机制，建议成立由南部战区空军、中国民航中南地区管理局、中南空管局和广州市政府联合组成的广州低空空域管理协调议事机构，统筹协调广州地区低空空域管理相关问题。创新低空空域管理方法手段，搭建智能化、精细化的空域资源调度、业务管理和监管平台，构建低空智联网；谋划建立空地一体化应急指挥调度平台，提高突发事件快速响应和应急处置水平，逐步将低空智能信息数据纳入广州城市管理各相关部门专业信息系统。

完善低空飞行行业标准。加快设立低空产业技术标准委员会，推动白云通航、亿航、极飞等头部企业参与航空器设计生产、低空飞行适航等行业标准制定。在城市交通、公安、应急消防、医疗急救、旅游等领域，加快建立低空立体交通统一时空标准体系。

（五）积极融入国家"航空强国"和"军民融合"战略布局

推动低空经济的发展，不仅仅是地方的一项产业政策，更与国家"航空强国"建设及航空产业链布局高度相关，其产业投资与运营必然涉及军方、中国民航局及部分航空央企。因此，广州低空经济的发展必须有机融入国家"航空强国"和"军民融合"战略布局中。

主动融入国家"航空强国"建设战略。广州要促进低空产业的发展，必须融入国家航空航天产业链布局中，充分获得国家级航空资源及网络支持，也便于本地招商引资、企业培育、资质申获及政策授牌。同时，积极融入国家科创体系，聚力突破关键技术，逐步解决低空产业核心零部件依赖进口问题。

紧密结合"军民融合"战略实施。不定期组织本地企业赴航空央企、军工集团、国防科研院所等走访调研，开展供需信息对接活动，创造军民两用产业项目合作机会。利用军方需求及平台建设推动低空产业发展，引导部分优质民企响应"民参军"。

参考文献

高远洋：《推动低空经济与城市经济融合发展》，《经济》2024 年第 8 期。

李牧南、谢天琪：《中国低空经济发展的实践进路：依托科技自立自强助力新质生产力形成》，《科技管理研究》2024 年第 17 期。

王宝义：《我国低空经济的技术经济范式分析与发展对策》，《中国流通经济》2024 年第 9 期。

叶林、梅畅：《流空间再造：中国低空经济与高质量发展》，《城市观察》2024 年第 4 期。

张夏恒：《低空经济赋能新质生产力的逻辑、阻碍及建议》，《当代经济管理》2025 年第 1 期。

B.16
广州发展人形机器人产业的思路研究

中共广州市委财经办课题组*

摘　要： 在新一轮科技革命与产业变革中，人形机器人有望成为颠覆性、现象级"大产品"，是广州有基础、有条件抓住并发展壮大的重点产业。其与工业机器人、新能源汽车等技术互通性强，广州有关产业基础较好，科技资源和应用场景丰富，发展环境较为成熟。但对比北京、上海等地，广州在龙头企业、数据支撑、智能水平、技术整合、生态建设等方面仍存在短板。为此，本报告建议：一是聚焦"躯体制造"，积极引进重点人形机器人整机制造企业；二是聚焦"头脑训练"，加快推进生成式人工智能大模型开发；三是聚焦"手脚协调"，重点布局精细操作领域关键核心零部件；四是聚焦"生态培育"，持续完善人形机器人产业发展要素保障。

关键词： 人形机器人　具身智能　广州

　　人形机器人集成人工智能、高端制造、新材料等先进技术，是科技竞争新高地、未来产业新赛道，有望成为颠覆性、现象级"大产品"。广州具备良好基础条件，应抢占先机、前瞻布局、推动发展，为"大干十二年、再造新广州"培育新动能、打造新引擎。

---

* 课题组成员：梁锐，中共广州市委财经办秘书处处长，研究方向为产业经济；范明祥，中共广州市委财经办秘书处副处长，研究方向为产业经济；李正举，中共广州市委政研室经济研究处副处长，研究方向为产业经济；朱峻峰，中共广州市委财经办秘书处二级主任科员，研究方向为产业经济；陈薪，广州市城市规划勘测设计研究院注册城乡规划师，研究方向为产业经济；伍韵静，广州市城市规划勘测设计研究院工程师，研究方向为政策分析；蔡冠方，广州市城市规划勘测设计研究院工程师，研究方向为数据分析；廖顺意，广州市城市规划勘测设计研究院高级工程师，研究方向为产业经济。执笔人：朱峻峰、陈薪。

一 全球人形机器人产业发展情况

当前，人形机器人产业呈现技术迭代迅猛、应用空间广阔、全球竞争激烈等特点，产业化进程加速推进，步入爆发式发展关键节点，将深刻变革人类生产生活方式，重塑全球产业发展格局。

（一）人形机器人迈入技术革新加速期

人形机器人的研发始于 20 世纪七八十年代，由于传统技术的局限性，一直难以落地应用，直到近年来，得益于人工智能等技术的发展，人形机器人各项性能趋于成熟，基本达到商业应用条件。"头脑"更加聪明，如美国 Figure 公司研发的 Figure 01 人形机器人，内置了 Open AI 的 GPT-4 大模型，具有较高的视觉识别、语音识别能力，以及流畅的语言表达、手指操作能力，可以识别面前物品的类别方位，理解回应人类语音发出的指令，完成快速清理桌面垃圾、整理晾碗架等较复杂的任务，目前该类机器人仍在进行优化升级。"四肢"更加灵活，如波士顿动力公司的商用机器人 Atlas，采用液压—电动混合系统，可以完成各种爆发力强的动作，包括跨越平衡木、后空翻、单腿跳跃高度达到 40 厘米等复杂动作，但由于建造难度大、维护运营成本高，产品售价高达 200 万美元，未能实现量产。"躯体"更加便宜，如特斯拉公司研制的擎天柱机器人，传感器、电机、减速器、传动系统等直接来自特斯拉电动车供应链，电池热管理系统参考了汽车动力电池系统，"大脑"所使用的芯片与特斯拉汽车搭载的是同一款，目前整体机身采购成本为 4.2 万美元，计划于近两年大规模量产，并将成本控制在 2 万美元/台。

（二）人形机器人迈入商业推广突破期

当今社会各类生产生活设施，绝大部分是对照人体的物理标准设计的，具有人的形状、人的思维、人的灵敏性的机器人，能够更好适应现有各类设施，走进千行百业、千家万户。全球 AI 芯片巨头英伟达表示，未来一切都将会机器人化。在生产制造领域,据麦肯锡全球研究院预测,到2030年全球约0.8亿个工作岗位将被人形机器人取代,以每台20万元测算,预计市场空间巨大。短期内,应用人形机器人最多的地方是汽车制造厂,汽车制造工序烦琐、重复度高、标准化水平高,是典型的"机器代人"领域,已经成为工业机器人最大的应用场景(占比26%),车身内配、总装等目前高度依赖人工的环节,未来将交由人形机器人完成。美国特斯拉公司已将擎天柱机器人安排在新能源汽车总装线进行搬运和装配作业,Figure公司将其人形机器人送入宝马斯巴坦堡汽车工厂从事喷涂、托盘装载等工作,我国优必选公司将Walker S机器人送入蔚来工厂实训,智元机器人已与比亚迪等多家车企对接试点应用。在家庭生活领域,家庭规模小型化、人口结构老龄化进程加快,将带动家庭服务、养老护理、情感陪伴等人形机器人市场需求大幅增长。按我国2030年约4亿户城镇家庭、市场渗透率1%、每台20万元、我国占全球市场份额四成估算,全球市场前景广阔。在娱乐教育领域,智能时代的儿童将对综合娱乐、教育等多功能人形玩具机器人产生大量需求,按2030年我国城镇儿童人口1.8亿人、市场渗透率1%、每台10万元、我国占全球市场份额四成估算,全球娱乐教育机器人市场前景亦十分广阔。

(三)人形机器人迈入国际竞争关键期

人形机器人是国际公认的技术集大成者,是一个国家科技综合水平的重要体现,成为世界重点国家、地区产业链的重要竞争领域。美国于2011年、2017年和2021年接连发布了"国家机器人计划"的1.0、2.0和3.0版本,并在3.0版本中明确利用政府资金支持机器人感知、控制、导航、学习等领域的基础研究,重点研究协作机器人、柔性机器人、生物启发机器人等下一代机器人技术。欧盟提出科研与创新框架计划"地平线2020",在2021~2022年提供了2亿美元资金支持,众多老牌工业机器人制造企业也纷纷投资人形机器人公司,德国博世集团收购人形机器人公司Active Link,瑞士西门子公司投资人形机器人初创公司Blue Botics,意大利赛诺菲公司收购人形机器人公司 Ekso Bionics 等，收购规模达到数十亿欧元。日本 2022 年提出实施新机器人战略，旨在使日本成为世界第一的机器人创新中心，全年提供了超过 9.3 亿美元的支持，重点应用领域是制造业、护理和医疗、基础设施、农业。我国工信部于 2023 年印发《人形机器人创新发展指导意见》，首次将人形机器人产业发展提升至国家战略层面，旨在 2025 年初步建立创新体系、突破核心技术、确保核心部件供给，到 2027 年创新能力显著提升，形成安全可靠的产业链供应链体系。①

二 广州人形机器人产业发展基础优势

广州拥有较好的工业机器人、人工智能以及汽车、医疗器械产业基础，有利于推进人形机器人产业发展。

（一）工业机器人产业可为人形机器人"制造身躯"

2024 年广州市智能装备与机器人产业产值约 1800 亿元，其中智能机器人产业产值约 125 亿元，工业、服务机器人产量分别为 2 万套、9 万套，同比分别增长 33%、22%，产业链条较为完备，为人形机器人发展构筑了良好生态基础。根据企业注册信息统计，有上游关键零部件企业 590 家，主要分布在黄埔（151 家）、天河（108 家）、番禺（101 家），拥有广州数控（控制器、伺服系统）、昊志机电（减速器、传感器）、鑫拓传动（减速器、关节模组）、高擎机电（关节模组）等一批重点企业，其中昊志机电是国内极少数掌握六维力矩传感器技术的企业之一；中游整机制造企业 188 家，集中在黄埔（55 家）、番禺（39 家）、天河（26 家），拥有广州数控、长仁科技、蓝海机器人、井源机电、广州普华、赛特智能、高新兴、凌度智能等知名企业，其中广州数控承担工信部国产替代攻关任务，蓝海机器人在光伏细

① 《人形机器人创新发展指导意见》，工业和信息化部网站，2023 年 10 月 20 日，https：//www.miit.gov.cn/jgsj/kjs/wjfb/art/2023/art_50316f76a9b1454b898c7bb2a5846b79.html。

分市场占有率达30%，此外，小鹏汽车、里工实业、广汽集团3家整机制造企业相继发布多款人形机器人产品；下游系统集成企业235家，集中在黄埔（64家）、天河（44家）、番禺（40家），拥有瑞松科技、明珞装备、德恒装备、信邦智能、东焊智能、达意隆等企业，瑞松科技牵头组建了省级机器人创新中心。

在专精特新经营主体方面，广州已培育瑞松科技、明珞装备等5家国家级制造业单项冠军企业，蓝海机器人、里工实业等8家专精特新"小巨人"企业。在机器人核心技术攻关方面，广州企业承担了"多机器人协同制造中的自主智能与群智涌现""高精度、高可靠性的智能机器人用谐波减速机关键技术研究""动力电池组多机器人柔性集成制造关键技术研究及应用项目""动力电池托盘机器人焊接装备研发及产业化"等十余个国家、省重大专项攻关项目，为人形机器人研发储备了技术基础。

（二）人工智能产业可为人形机器人"训练大脑"

广州围绕建设国家新一代人工智能创新发展试验区和国家人工智能创新应用先导区，聚集了超200家核心人工智能技术研发企业，能为人形机器人发展提供算力、算法支撑。在基础层，拥有粤芯半导体、高云半导体等智能芯片领域龙头企业，以及广州人工智能公共算力中心、国家超级计算广州中心等算力设施，在黄埔、番禺、南沙形成通用算力集聚区，全市已建成人工智能算力规模超过2200P，居国内前列；在技术层，拥有人工智能与数字经济广东省实验室（广州）等重大创新平台，华南理工大学、中山大学等高校科研和人才资源，科大讯飞、百度飞桨等语音交互、大模型领域龙头企业，像素数据、佳都科技、云从科技、浩云科技等图像识别领域知名企业，有利于提升机器人环境感知、决策交互等能力。此外，海珠区积极建设国内首个人工智能大模型应用示范区，印发实施《广州市支持海珠区建设人工智能大模型应用示范区实施方案》，市区三年总共投入超10亿元支持大模型硬件基础、AI应用以及数字经济人才发展，为人形机器人智能发展创造了良好条件。

（三）汽车、医疗器械产业可为人形机器人"创造场景"

汽车领域，广州全力打造具有国际竞争力的"智车之城"，已形成由10家整车制造企业、1200多家汽车零部件和贸易企业构成的较大规模汽车产业生态。其中，以广汽集团、小鹏汽车、东风日产为代表的整车制造企业可以为人形机器人"进厂打工"提供应用场景，帮助人形机器人制造企业积累经验；奥迪威（传感器）、三叶电机（电机）、因湃电池（动力电池）等汽车零部件龙头企业有关产品与人形机器人零部件技术相近，算力芯片、控制板、视觉传感器、高性能电池、能源管理系统等零部件均可迁移至人形机器人，可有效降低人形机器人制造成本；广汽集团、小鹏汽车、小马智行、文远知行等自动驾驶技术领先厂商与人形机器人企业存在较大融合创新空间，相对成熟的环境感知、决策规划、安全防护等算法可复用至人形机器人，缩短企业研发进程。医疗器械领域，广州地区医疗器械创新基础雄厚，2024年共3个产品进入第二类创新医疗器械特别审批通道，数量位居广东省第一；共获批90个三类医疗器械注册证，数量位居广东省第二。有隆达、一康等龙头企业，以及梦辉机器人、澈泽机器人等外骨骼机器人企业，仿生手与灵巧手技术同源，外骨骼机器人与人形机器人躯体和四肢仿生机械结构技术近似，可为人形机器人的躯体和四肢结构设计提供可参考的技术蓝本，降低在机械结构设计与研发上的难度与成本。

此外，广州在科研资源与创新平台建设方面独具优势。拥有中山大学、华南理工大学、香港科技大学（广州）、广东工业大学等高水平研究型大学，以及广东省科学院、广州机械科学研究院、广州工业智能研究院等一批高水平科研机构，建设了省级机器人制造业创新中心以及机器人智能焊接、水下机器人探测等省级工程技术研究中心，并拥有国家机器人检测与评定中心（广州）、工信部电子五所、广东省特种设备检测研究院等检验检测机构，机器人产品综合检验检测能力位居华南地区第一。

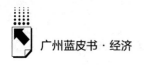

三 广州人形机器人产业发展存在的主要问题分析

当前,广州发展人形机器人产业还存在一些短板弱项,在产业高速发展背景下面临不少挑战。

(一)整机制造厂商尚未发展壮大

整机制造厂商是集聚人形机器人上下游企业、吸引风投资金的关键企业,广州目前仅有小鹏汽车、广汽集团、里工实业 3 家企业推出整机产品,对比北京(9 家)、上海(7 家),广州整机制造企业整体数量偏少,且小鹏汽车研发厂商主要为子公司深圳鹏行智能,于 2023 年 10 月才推出初代人形机器人,里工实业于 2024 年 8 月才推出初代产品,在智能、灵巧手、运动性能等方面与领先企业仍存在一定差距。

(二)零部件企业尚未集聚抱团

人形机器人处于发展初期,大部分零部件采购自传统机器人供应商,但广州关键零部件规上企业仅 52 家,是深圳的 1/7、上海的 1/5。在无框力矩电机、谐波减速机、RV 减速器等广州已有关键零部件领域,昊志机电、巨轮智能等本地龙头企业全国市场占有率均未进入前三。特别是灵巧手核心模块缺链情况较为突出(灵巧手是承载人形机器人功能的重要部件,当前国产因时灵巧手价格高达 5 万元/只,国外产品价格更是高达数十万元,按当前国产人形机器人约 60 万元一台计算,双手占比便已较高),广州尚无柔性触觉传感器、空心杯电机、行星减速器、行星滚柱丝杠等灵巧手部件生产企业。

(三)大模型技术尚未完成攻关

当前,国外微软、谷歌等龙头企业相继推出 RT-2(全球首个视觉—语言—动作模型)、Gato(多模态多任务的通用智能)等机器人大模型,国内智元机器人等企业推出自研机器人大模型产品，使机器人自主感知环境、理解任务、编排动作成为可能，而广州尚无相关产品。此外，人形机器人对AI芯片需求量较大，相关芯片与智能汽车芯片同根同源，目前广州车企AI芯片主要由英伟达、高通等海外企业供应，易受中美贸易摩擦影响，存在"卡脖子"风险。

（四）融合发展格局尚未建立健全

广州高质量场景数据集建设较为缓慢，数据收集—仿真测试—应用测试—反馈的产品迭代闭环尚未形成，工业机器人、人工智能以及汽车、医疗器械产业与人形机器人产业的融合创新不够。缺乏高规格市级人形机器人资源整合平台，孵化器、概念验证与小试中试平台和检验检测平台体系有待完善。本地国资机构暂未参与人形机器人领域投融资业务。

四　推动广州人形机器人产业发展的思路与对策

发挥广州制造业门类齐全、应用场景丰富、市场规模庞大等优势，统筹推进应用牵引、整机带动、技术支撑、生态培育，加快构建"整机厂+零部件+集成商+应用方"的广州人形机器人产业发展体系，推动人形机器人产业创新发展，为建设制造强国、质量强国、网络强国、数字中国提供支撑。

（一）聚焦"躯体制造"，积极引进重点人形机器人整机制造企业

当前，人形机器人整机制造企业快速增长，除了美国特斯拉、Figure等，我国人形机器人整机制造企业已超过50家，近两年有望突破100家，既有优必选、理工华汇、钢铁侠科技等在该领域耕耘近十年的老牌企业，也有智元、星动纪元、开普勒探索等初创公司，以及小米、小鹏汽车、科大讯飞等跨界布局的企业。目前发展较好的模式有3种：一是以特斯拉为代表的"移植汽车产业链供应链"模式，在感知系统（摄像头、传感器）、决策系统（AI芯片、算法）、动力系统（电池）、执行系统（电机、减速器）等领

域实现与汽车产业的技术复用，短期量产可能性较大；二是以傅利叶为代表的"细分垂直场景快速迭代"模式，聚焦医院康复训练赛道，基于医疗器械领域的外骨骼技术研发人形机器人，目前入驻医疗机构超过1000家；三是以智元机器人为代表的"政产学研用投协同发展"模式，与上海交通大学、上海闵行区政府、临港集团、商汤科技等开展深度合作，加速产品成熟和规模商用。相关模式都是企业结合自身情况自主选择的发展路径，建议积极关注有关类型企业发展动态，重点引进培育兼具"制造成本低""应用场景广""技术迭代快"条件的企业，并支持小鹏汽车、里工实业、广汽集团等在广州建设量产工厂。

（二）聚焦"头脑训练"，加快推进生成式人工智能大模型开发

整机制造主要解决人形机器人运动控制能力问题，达到"具身"要求，关键的在于突破感知层、认知层和决策层技术，提高人—机—环境共融交互能力，满足"智能"要求。

一是加快突破机器人大模型关键技术。设立重点技术攻关专项资金，用好科大讯飞、百度、华为、琶洲实验室等重大创新平台、企业以及华南理工大学、中山大学等高校资源，重点围绕云边端一体计算架构、感知—决策—控制一体化端到端通用大模型、多模传感数据融合处理大模型、高保真系统建模与仿真、全身协同运动自主学习等技术方向开展攻关。在国内大模型领域，我国已有6家独角兽企业（MiniMax、月之暗面、智谱AI、百川智能、零一万物、阶跃星辰），阿里投资了其中的5家、腾讯投资了4家，考虑到阿里、腾讯在广州均有业务布局，建议进一步加强对接联系，争取在广州导入更多业务。

二是推进本地企业布局研发通用AI芯片。支持粤芯半导体等芯片龙头企业牵头，联合广州产投、广汽集团、小鹏汽车等企业，参与芯片投资、研发设计与合作，布局汽车与人形机器人通用AI芯片。支持粤芯半导体、高云半导体等AI芯片企业发展"存算一体"的类脑神经元计算芯片，突破高速网络传输、模型压缩、算法融合等重点技术。

三是构建多层次算力算法设施体系。依托琶洲算谷·沙溪智算中心加快

发展智算产业，建设覆盖人工智能训练、机器人行业训练数据集、仿真训练、计算机视觉、自然语言处理、智能语音等的机器人相关算力算法设施，构建"超算+智算+边缘计算+储存"多元协同、数智融合的多层次算力算法设施体系，为企业开展场景创新提供算力算法资源。

四是开展人形机器人数据集建设行动。支持华南理工大学等高校团队与超级机器人研究院等研发平台团队进行数据采集、上传、标注、应用验证等环节任务，鼓励小鹏汽车、里工实业等整机制造企业提供原型机产品，围绕重点场景搭建可交互的仿真模拟环境。通过真实场景测试与仿真模拟相结合的方式，加快高质量数据集建设。

（三）聚焦"手脚协调"，重点布局精细操作领域关键核心零部件

人形机器人的"人形"特征主要体现在四肢上，通过实时感知外部环境与高性能运动控制，使机器人依靠双脚、双手，快速、灵活、准确地执行各种复杂的运动，如行走、跑跳、蹲起、爬起等脚部活动，以及各类灵活的手部活动。

一是发展"感知"部件，引进柔性触觉传感器企业。柔性触觉传感器是机器人感知外部环境的重要元件，国内苏州能斯达方案是优必选备选方案之一，已具备成熟产线，钛深科技拥有全球首创柔性离电式触觉传感技术，可加强对相关企业的招商引资工作。

二是发展"控制"部件，引进高性能运动控制器企业。目前，我国运动控制器高端市场由日本欧姆龙，美国科尔摩根、艾罗德克等国外厂商占据，国内汇川技术、中控技术、英威腾、禾川科技、伟创电气、雷赛智能等控制器领域龙头企业已实现一定技术突破，建议引进上述企业，并鼓励昊志机电、广州数控、巨轮智能等广州控制器领域龙头企业布局研发高性能运动控制器，支持发那科在广州落地控制器研发与制造中心。

三是发展"执行"部件，引进灵巧手及其零部件生产企业。北京因时机器人、北京灵心巧手、北京思灵机器人、苏州钧舵机器人、浙江强脑科技等是灵巧手研发制造企业。特别是北京因时机器人，其产品是中国第一款实

现商业化量产的五指灵巧手，也是众多人形机器人企业所用方案；北京灵心巧手推出全球自由度最高的商用灵巧手产品，可 360 度自由旋转，能够实现高精度、高复杂度的手部操作；苏州钧舵机器人产品以工业级灵巧手为主，与广州制造业自动化需求高度吻合。拆分来看，空心杯电机占灵巧手成本 50% 以上，国内鸣志电器技术水平居全球前列，是特斯拉潜在供应商之一，拓邦股份较早布局空心杯电机并已实现批量应用；行星滚柱丝杠是灵巧手和线性关节的关键部件，成本占核心零部件的 19%，上海北特科技正在建设规模化生产线，五洲新春具备量产能力且有望成为特斯拉主要供应商。应大力支持上述企业在广州建立研发中心和生产制造基地，填补广州技术空白。

（四）聚焦"生态培育"，持续完善人形机器人产业发展要素保障

人形机器人产业生态复杂、前期投入大、风险高，广州不少企业主体仍在观望等待，仅依靠民间力量很难实现突破性发展，应及时制定人形机器人产业发展相关政策和行动方案，统筹考虑产业发展方向、产业生态构建、产业支撑要素。

一是构建"一核两集群"产业空间格局。东部技术策源极核以黄埔机器人产业园及昊志机电等零部件龙头企业为基础，发展整机研发、关键部件核心技术突破等方向；中部智能创新集群以琶洲试验区、天河智慧城为载体，重点发展大模型算法、人工智能技术等方向；南部先进制造业集群以南沙大岗先进制造业基地和国际航运枢纽为基础，重点发展关键零部件和整机研发与制造、场景试验与应用、产品进出口等方向。加大用地用房保障力度，参考上海、杭州机器人产业园区建设经验，由机器人产业园区成立平台公司，综合运用收回闲置土地、整体租赁、合作开发、空间置换等多种方式，增大自持物业比例，保障用地用房供给。推进只租不售标准厂房建设，并以专项资金形式支持人工智能、机器人核心技术等领域两年内新落户园区企业。

二是设立市级人形机器人创新发展机构。借鉴上海、深圳经验做法（上海于 2023 年 11 月由代表企业、科研院所、产业园区运营集团发起共建通用机器人产业研究院，并由 6 位院士领衔；深圳于 2024 年 2 月成立广东

省具身智能机器人创新中心,股东由科研机构、产业链龙头企业等 10 家单位组成),加快成立相关市级机构,统筹协调科研、金融、园区、产业各部门,打通人形机器人源头创新、概念验证、成果转化、示范应用、产业化、国际化等各环节。

三是建设专业孵化器、概念验证与小试中试平台、检验检测平台 3 类服务设施。鼓励整机制造企业、国资平台合作建设 1~2 个超 1 万平方米的人形机器人创新孵化器,为初创企业提供创业辅导、项目路演、成果转化、知识产权服务以及低成本共享实验室。加快建设人形机器人概念验证与小试中试平台,以原型机技术测试、小批量生产和应用为目标,打造操作系统、加工机床、3D 打印机、模拟环境等软硬件设施。依托国检中心建设国家级机器人检验检测平台,持续提升零部件、整机等检测能力,健全检测认证服务体系。

四是打造汽车制造、物流仓储、康复医疗、商业消费、家庭服务、安全应急六大场景。支持整机制造厂商与汽车生产基地、南沙港物流枢纽、省工伤康复医院、白云新城、消防救援队等潜在应用方分别展开合作,推动人形机器人"进厂打工",特别是支持手术、康复、护理、机电假肢等重点领域产品优先纳入广州市创新药械产品目录,加快商业化产品进院并纳入医保,促进产品迭代熟化。

五是强化资金要素保障。基于广州有关产业发展引导基金,设立百亿元人形机器人产业专项基金,首期规模不低于 10 亿元,以种子轮、天使轮企业为重点投资对象,引导各类被投项目企业总部或制造基地项目优先落地。支持人形机器人企业获得知识产权质押贷款,给予知识产权质押贷款风险补偿。

六是制定关键人才白名单。依托小鹏汽车、里工实业等整机制造企业,梳理关键人才清单,对清单所列人才来穗就业提供高等级人才引进补助,对特殊人才可"一事一议"研究。鼓励在穗高校加强人形机器人相关专业与学科建设,储备人才队伍,扩大招生规模,打造机器人"名校"。

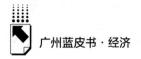

参考文献

《中共中央关于进一步全面深化改革　推进中国式现代化的决定》，中国政府网，2024 年 7 月 21 日，https：//www. gov. cn/zhengce/202407/content ＿6963770. htm？ slb ＝ true。

《工业和信息化部办公厅关于组织开展 2023 年未来产业创新任务揭榜挂帅工作的通知》，中国政府网，2023 年 8 月 28 日，https：//www. gov. cn/zhengce/zhengceku/202309/content_6903897. htm。

《广东省培育智能机器人战略性新兴产业集群行动计划（2023—2025 年）》，广东省工业和信息化厅网站，2023 年 12 月 29 日，https：//gdii. gd. gov. cn/gkmlpt/content/4/4339/post_4339822. html#2889。

《广州市战略性新兴产业发展"十四五"规划》，广州市人民政府网站，2022 年 3 月 23 日，https：//www. gz. gov. cn/zwgk/ghjh/fzgh/ssw/content/post_8175868. html。

B.17
广州加快培育独角兽和瞪羚企业的
思路研究

梁 锐 夏华菁*

摘　要：　独角兽企业和瞪羚企业处于从中小企业向科技领军企业发展的重要阶段，对这类企业需高度关注并予以悉心照护引导。本报告在深入分析广州（开发区）独角兽和瞪羚企业发展现状的基础上，借鉴北京、上海、深圳、合肥、苏州、武汉等城市的经验做法，提出五个方面的培育思路：一是加大政策支持力度，建立市、区联动的新经济企业梯度培育机制；二是建立粤港澳大湾区应用场景创新中心，以应用场景创新培育集聚更多独角兽企业；三是推动大企业开放创新，孵化更多独角兽企业、瞪羚企业；四是深化国有资本投资领域改革，鼓励国有创投机构投资潜力独角兽企业；五是聚焦特色化发展需求，搭建独角兽企业、瞪羚企业赋能服务平台。

关键词：　独角兽企业　瞪羚企业　新质生产力　广州

党的二十届三中全会通过的《中共中央关于进一步全面深化改革　推进中国式现代化的决定》重申强化企业科技创新主体地位，2024 年 7 月底召开的中共中央政治局会议鲜明提出有力有效支持发展瞪羚企业、独角兽企业。当前，产业科技互促发展，独角兽企业、瞪羚企业作为科技创新的

---

* 梁锐，中共广州市委财经办秘书处处长，研究方向为产业经济；夏华菁，中共广州市委财经办秘书处二级主任科员，研究方向为产业经济。

生力军，是引领未来产业发展、促进传统产业转型升级的重要力量。北
京、上海、深圳、合肥、苏州、武汉等地积极采取政策扶持、金融赋能、
场景应用等举措，为企业发展营造更优越的创新生态。新征程中，广州要
充分发挥应用场景资源丰富的优势，不断加强各类新制度的先行先试和供
给，更好促进企业新技术、新产品落地应用与迭代升级，塑造广州发展新
动能新优势。

一 独角兽和瞪羚企业的基本内涵及国内外发展态势

（一）独角兽企业的基本内涵及国内外发展态势

独角兽企业这一概念最初由美国硅谷天使投资人 Aileen Lee 于 2013 年
提出，指那些具有发展速度快、数量稀少、备受投资者青睐等属性的创业企
业。独角兽企业的标准①包括成立年限不超过 10 年；获得过专业投资机构
的私募投资，且尚未上市；最近一轮融资的投后估值超过（含）10 亿美元，
且累计融资额超过（含）5000 万美元。

1. 人工智能与金融科技成为新晋独角兽企业热点赛道

2023 年，全球独角兽企业共 1201 家，企业总估值 34526.0 亿美元，企
均估值 28.7 亿美元，其中超级独角兽企业②39 家、新晋独角兽企业 145 家。
赛道分布方面，全球独角兽企业分布于 45 个赛道，金融科技、企业数字运
营、数字医疗、集成电路、人工智能、智慧物流等前沿领域拥有独角兽企业
数量均超过（含）50 家（见表 1）。新晋独角兽企业集中在人工智能、金融
科技、清洁能源、集成电路、企业数字运营 5 个赛道，数量均超过（含）
10 家。

---

① 本报告独角兽企业统计口径和数据均引用自长城战略咨询发布的《世界独角兽企业发展报
告 2024》。
② 超级独角兽企业指估值超过（含）100 亿美元的独角兽企业。

表1　2023年全球独角兽企业前十大赛道分布情况

单位：家，亿美元

序号	赛道	企业数量	总估值	企均估值
1	金融科技	188	5687.8	30.3
2	企业数字运营	125	2874.0	23.0
3	数字医疗	88	2120.3	24.1
4	集成电路	59	1514.9	25.7
5	人工智能	56	2407.7	43.0
6	智慧物流	50	1505.2	30.1
7	数字文娱	47	3905.6	83.1
8	新零售	45	2138.3	47.5
9	清洁能源	39	811.1	20.8
10	网络安全	38	868.5	22.9

2. 中美两国独角兽企业占比提升

2023年，全球独角兽企业分布于47个国家及地区。其中，美国（530家）和中国（375家）集聚了超七成独角兽企业，印度（54家）、英国（35家）、德国（26家）等国家拥有10家以上独角兽企业（见表2）。近年来，中美两国独角兽企业数量持续增加，2021年、2022年、2023年中国新晋独角兽企业分别为142家、98家、72家，美国新晋独角兽企业分别为258家、122家、45家，2023年中国新晋独角兽企业数量首次超越美国。2023年，中美两国新晋独角兽企业数量占全球新晋独角兽企业数量比重达80.7%，中美两国独角兽企业全球占比进一步提升。

表2　2023年拥有10家以上独角兽企业的国家

单位：家，亿美元

序号	国家	企业数量	总估值	企均估值
1	美国	530	14814	28.0
2	中国	375	12383	33.0
3	印度	54	1480	27.4
4	英国	35	1104	31.5
5	德国	26	587	22.6

序号	国家	企业数量	总估值	企均估值
6	法国	22	533	24.2
7	以色列	17	307	18.1
8	加拿大	16	354	22.1
9	韩国	13	326	25.1
10	新加坡	12	232	19.3
11	巴西	12	225	18.8

3. 广东独角兽企业发展势头较好

广东独角兽企业总量位列全国第二。2023 年广东拥有独角兽企业 66 家，仅次于北京（75 家），首度超越上海（65 家），超过江苏（50 家）、浙江（30 家）。总估值达到 2605.4 亿美元，仅次于北京（4740.7 亿美元），约为上海（1273.7 亿美元）的 2 倍。估值超过（含）100 亿美元的超级独角兽企业达 5 家，数量位列全国第一，分别为希音、微众银行、菜鸟网络、广汽埃安、货拉拉。新晋独角兽企业 10 家，其中，库洛游戏、趣丸等由潜在独角兽企业晋升而来。广东独角兽企业分布在深圳（36 家）、广州（25 家）、珠海（3 家）、东莞（1 家）、云浮（1 家）5 个城市，市级层面，深圳、广州的独角兽企业数量仅次于北京、上海，分列第 3 位、第 4 位。

（二）瞪羚企业的基本内涵及国内外发展态势

瞪羚企业是指跨越创业死亡谷后，商业模式得到市场认可，进入爆发式增长的创新型企业。瞪羚企业这一概念于 20 世纪 90 年代在美国首先被提出，1994 年美国麻省理工学院经济学教授戴维·伯奇与詹姆斯·麦道夫共同发表论文《瞪羚》，将既能快速增长又创造了大部分新增工作机会的极少数中小企业称为"瞪羚企业"。瞪羚企业的快速崛起和发展在发达国家引起了广泛关注。此后《硅谷指数》连续多年将瞪羚企业数量作为反映硅谷经济景气程度的重要指标之一并提出硅谷瞪羚企业的界定标准。2007~2008 年经济合作与发展组织（OECD）与欧盟统计局联合编制的《欧盟统计局——

OECD 商业统计手册》给出了详细的欧洲瞪羚企业标准：营收标准为成立不到 5 年，近 3 年营收年均增速不低于 20%；雇员增长标准为雇员数量持续增长。我国的瞪羚企业遴选标准依据长城战略咨询联合中国标准化研究院等机构起草的《高成长企业分类导引》（GB/T 41464—2022），核心指标包括企业成立年限不超过 15 年，基期年营业收入达到 1000 万元，近 3 年营业收入年均增速达到 20% 或雇员人数达到 100 人且近 3 年雇员人数年均增速达到 30%，近 4 年企业研发投入强度超过 2.5% 等。

目前，全国省级层面开展瞪羚企业培育工作的有山东、湖北、重庆、江西、河北、广西、陕西、辽宁、天津等，市级层面有成都、南京、淄博等，产业园区层面有北京中关村、广州开发区、武汉东湖高新区、合肥高新区、西安高新区、苏州工业园等。从全省来看，广州开发区、深圳光明区、佛山高新区、惠州仲恺高新区等已开展瞪羚企业培育工作。

二 广州（开发区）独角兽和瞪羚企业发展现状分析

（一）广州独角兽企业发展现状

2023 年广州拥有独角兽企业 25 家，独角兽企业数量 2019 年以来首次超越杭州，升至全国第 4 位（见表 3），超过法国、以色列、加拿大等国家，为韩国、新加坡两国独角兽企业数量之和。由于希音（660.0 亿美元）和广汽埃安（153.6 亿美元）两家超级独角兽企业的崛起，广州独角兽企业群体总估值达到 1261.8 亿美元，超越了深圳（1250.2 亿美元）。

表 3　2019~2023 年独角兽企业总量排名前五城市情况

单位：家

排名	2019 年		2020 年		2021 年		2022 年		2023 年	
	城市	数量	城市	数量	城市	数量	城市	数量	城市	数量
1	北京	80	北京	82	北京	82	北京	76	北京	75
2	上海	36	上海	44	上海	60	上海	63	上海	65
3	杭州	20	杭州	25	深圳	26	深圳	36	深圳	36

续表

排名	2019 年		2020 年		2021 年		2022 年		2023 年	
	城市	数量	城市	数量	城市	数量	城市	数量	城市	数量
4	深圳	20	深圳	20	杭州	22	杭州	24	广州	25
5	广州	11	广州	12	广州	19	广州	23	杭州	19

注：2023 年广州独角兽企业数量比 2022 年增加 2 家，其中新晋独角兽企业 4 家，上市毕业独角兽企业 1 家，估值不足退出 1 家，超龄退出 1 家，增加纳入广州地区统计 1 家。

从区域分布来看，2023 年广州独角兽企业分布于天河区、黄埔区、海珠区、番禺区、南沙区、荔湾区等 6 个行政区，其中天河区、黄埔区分别出现了 2 家新晋独角兽企业（见表 4）。

表 4　2023 年广州独角兽企业区域分布情况

单位：家，亿美元

行政区	独角兽企业数量	整体估值	新晋独角兽企业数量
天河区	6	81.4	2（库洛游戏、趣丸）
黄埔区	5	143.0	2（立景创新、云舟生物）
海珠区	5	81.6	—
番禺区	4	823.1	—
南沙区	4	122.7	—
荔湾区	1	10.0	—

从赛道分布来看，广州独角兽企业分布于 18 个赛道，包括新零售、汽车服务、自动驾驶、数字文娱、网红爆品等（见表 5），近六成企业集聚在汽车与出行、新型消费两大传统优势领域，形成鲜明的广州特色。汽车与出行领域独角兽企业占比近三成，集聚 7 家独角兽企业，主要分布在新能源汽车、动力电池、自动驾驶、汽车服务、智能飞行等细分赛道。其中，广汽埃安、巨湾技研两家由广汽集团孵化的独角兽企业分别布局新能源整车、动力电池领域；小马智行、文远知行依托广州自动驾驶测试场景，成为全球领先

的自动驾驶创新企业；华胜汽修、巴图鲁以数字技术赋能传统汽车服务业态，实现快速成长；小鹏汇天聚力打造智能电动飞行汽车，拓展城市低空出行新方式。新型消费领域蓬勃发展，新零售、网红爆品、数字文娱等新型消费细分赛道集聚 7 家独角兽企业。希音、钱大妈、NOME 通过创新商业模式，在跨境快时尚、社区生鲜、家居零售等领域引领行业变革；简爱酸奶、WOW COLOUR 在健康食品和美妆零售领域精准定位市场需求，实现高速成长；库洛游戏、趣丸利用多元化的互动场景提供游戏社交服务，成为国内数字文娱头部企业。新晋独角兽企业分布在数字文娱、智能硬件、创新药赛道。广州在游戏细分领域仍具备较强竞争力，数字文娱赛道新晋独角兽企业 2 家。智能硬件、创新药赛道均新晋 1 家独角兽企业，分别为立景创新（估值 22.4 亿美元、为全省新晋独角兽企业中估值最高的企业）、云舟生物。

表 5　2023 年广州独角兽企业赛道分布及估值情况（前五大赛道）

单位：家，亿美元

赛道	独角兽企业数量	整体估值	新晋独角兽企业数量
新零售	3 （希音、钱大妈、NOME）	668.6	—
汽车服务	3 （奥动新能源、华胜汽修、巴图鲁）	51.3	—
自动驾驶	2 （小马智行、文远知行）	136.0	—
数字文娱	2 （库洛游戏、趣丸）	28.4	2 （库洛游戏、趣丸）
网红爆品	2 （简爱酸奶、WOW COLOUR）	21.9	—

广州独角兽企业在总量、前沿科技和硬科技属性、孵化能力等方面与北京、上海、深圳有较大差距。一是独角兽企业总量与北上深仍有较大差距。2016 年以来，广州独角兽企业数量持续增长，但放眼全国，广州独角兽企业数量仅为北京（75 家）的 33.3%、上海（65 家）的 38.5%、深圳（36 家）的 69.4%，仍需努力追赶。二是前沿科技和硬科技属性企业占比仍待

提高。广州独角兽企业以商业模式创新型企业、消费文娱等领域企业居多，前沿科技和硬科技属性企业占比不足 50%，与深圳存在一定差距。三是广州本地大企业和科研院所孵化独角兽企业能力有待进一步提升。8 家广州独角兽企业由本地大企业和科研院所孵化，占比 32%，与上海（33 家上海独角兽企业由本地大企业和科研院所孵化，占比 51%）等城市相比仍存在差距。

（二）广州开发区瞪羚企业发展现状

广州开发区是全国最早开展瞪羚企业培育的区域之一，自 2013 年启动"瞪羚计划"以来，建立起"高企—瞪羚（培育）企业—独角兽（潜在）企业"梯度培育体系，并在研发投入奖励、贷款贴息、股权投资补贴等方面给予扶持，累计拨付扶持资金超 8.7 亿元，扶持力度全国领先，共认定 9 批瞪羚（培育）企业，企业数量从 2013 年的 122 家增长至 2022 年①的 699 家，增长 473%（见图 1），涌现出 46 家上市公司，占全区上市公司总量的 58.2%。

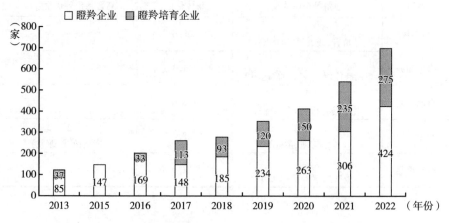

图 1　2013~2022 年广州开发区瞪羚（培育）企业数量

说明：2014 年广州开发区因为政策调整没有开展瞪羚（培育）企业认定工作。
资料来源：广州市黄埔区人民政府网站，长城战略咨询统计整理。

---

① 目前广州开发区瞪羚（培育）企业专项政策正在修订中，暂未启动 2023 年瞪羚（培育）企业遴选工作，因此数据未更新至 2023 年。

广州开发区瞪羚企业群体呈现四个特征。一是源源不断。2015 年以来，新晋企业数量占当年度企业总量比重均保持在 42% 以上，每年有近一半企业为"新面孔"，新生力量不断涌现。二是高速成长。近 3 年[①]营业收入年均增速为 46.6%，其中 41.6% 的企业近 3 年营收年均增速超 50%，26.2% 的企业近 3 年营收年均增速介于 30%~50%；近 3 年净利润年均增速达62.3%，其中 37.9% 的企业近 3 年净利润年均增速超 50%，9.6% 的企业近 3 年净利润年均增速介于 30%~50%；近 3 年纳税年均增速为 51.1%，其中39.8% 的企业近 3 年纳税年均增速超 50%，11.6% 的企业近 3 年纳税年均增速介于 30%~50%，呈现出高速发展的喜人态势。三是舍得投入。研发投入强度保持在 6% 以上，近 3 年研发投入年均增速为 31.2%，其中 27.6% 的企业近 3 年研发投入年均增速超 50%，18.3% 的企业近 3 年研发投入年均增速介于 30%~50%。四是能办大事。瞪羚企业是"中小企业能办大事"的典型，在若干领域率先突破"卡脖子"困局，形成了一批全球领先的技术和产品。

三 国内先进城市发展独角兽和瞪羚企业的经验借鉴

（一）北京持续完善企业梯度培育体系，开展多样化、针对性的企业赋能服务

2023 年北京独角兽企业 75 家，企业数量连续 8 年领跑全国，分布于企业数字运营、人工智能、集成电路等 27 个赛道。持续完善企业梯度培育体系，深化企业培育专项扶持政策。自 2003 年起，北京围绕科技型企业成长链，开展了金种子企业、胚芽企业、瞪羚企业、百家创新型试点企业、"十百千"工程企业等系列挖掘培育工作，相继出台针对科技型中小企业、前沿技术和颠覆性技术创新企业、瞪羚企业等的支持政策，培育了大量独角兽

---

① 以 2022 年度 699 家黄埔瞪羚（培育）企业数据为依据，近 3 年指的是 2019~2021 年。

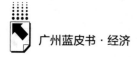

企业后备军。2003年实施国内首个"瞪羚计划"，2015年率先发布独角兽企业榜单。建立独角兽企业服务库，加强对"独门绝技""硬核科技"独角兽企业、潜在独角兽企业的专业化服务。依托北京市重点企业"服务包"和中关村独角兽企业发展联盟建立"政府+市场"双管家服务机制，为独角兽企业、潜在独角兽企业提供战略级、专业化、市场化创新服务，链接各类创新资源。针对创新能力突出、发展潜力巨大的独角兽企业，按照"一企一组一策"原则，成立由市领导牵头的战略服务小组，为企业量身定制战略级创新发展支持方案。

（二）上海开展独角兽企业培育和服务计划，组建公共服务联盟赋能独角兽企业发展

2023年上海独角兽企业65家，新晋独角兽企业数量连续3年位列全国第一。开展独角兽企业培育和服务计划。2022年起，上海每年举办独角兽专题发布会，发布重点服务独角兽企业榜单、独角兽企业培育和服务计划，组织独角兽企业高质量发展专场服务对接活动。市、区政府将榜单企业纳入"重点服务包"，提供更便捷的政策服务。组建公共服务联盟赋能独角兽企业发展。上海市中小企业发展服务中心联合上海科学院、上海交易集团以及媒体等组建市企业服务云公共服务联盟，推动企业服务资源优势互补，制定"企业服务菜单"，合力支持独角兽企业高质量发展。2024年进一步升级形成"企业服务菜单2.0"，定制近220条专项服务内容。

（三）深圳构建独角兽企业发现机制，鼓励本土创投机构参与独角兽企业培育孵化

2023年深圳独角兽企业36家，总量位列全国第三，其中超级独角兽企业3家，数量与北京并列全国第一。出台专项政策支持开展科技独角兽遴选培育工作。2022年出台《深圳市独角兽企业发现和培育行动方案（2022—2025）》，利用构建独角兽企业发现机制、提供多层次金融支持、鼓励独角兽企业在深交所上市、鼓励本土创投机构参与独角兽企业培育孵化等多项举

措促进独角兽企业发展。深圳市工业和信息化局指导成立深圳市科技独角兽评价委员会，在"深i企平台"建立独角兽企业培育库，遴选发布年度独角兽企业和潜在科技独角兽企业榜单，并围绕入库企业成长规律，梳理企业发展需求，制定重点支持内容，打造企业培育"服务资源包"。发挥深圳本土创投资源的作用，鼓励本土创投机构参与独角兽企业培育孵化。深创投、深圳天使母基金团队，以及以松禾资本、前海母基金等为代表的前海投资集群等已成为投资独角兽企业的重要力量。深创投参投的独角兽企业数量达33家，其中A轮及之前参投的独角兽企业数量达14家。

（四）合肥出台专项政策支持高成长企业发展，着力为独角兽企业、瞪羚企业提供高价值应用场景机会

2023年合肥独角兽企业8家，总量位列全国第十，并诞生安徽首家超级独角兽企业、全国唯一新晋超级独角兽企业——长鑫科技。建立高成长企业培育库并出台专项政策。2021年出台《合肥市高成长企业培育扶持若干政策》，建立高成长种子企业、潜在瞪羚企业、瞪羚企业、潜在独角兽企业、独角兽企业5个梯队的高成长企业培育库，从研发创新、企业融资、企业服务等方面支持企业成长壮大。成立"场景创新促进中心"，提供高价值应用场景机会。联合第三方服务机构成立全国首个城市"场景创新促进中心"，常态化开展挖掘场景、打磨策划、发布清单、对接路演、推广服务等全流程场景工作，为新技术新产品首试首用提供场景创新环境，吸引亿航智能、微构工场、国电高科、灵动科技等一批新赛道领军企业落地合肥。

（五）苏州重视企业梯度挖掘培育，通过举办创新大会打造城市独角兽品牌

2023年苏州独角兽企业18家，总量位列全国第六。建立健全分层培育体系。印发《苏州市独角兽企业培育计划（2018—2022年）》《苏州市打造"独角兽"企业发展生态圈实施意见》，完善从科技型中小企业、高新技术培育企业、国家高新技术企业、瞪羚企业、独角兽企业到上市企

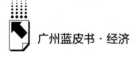

业的分层培育链条；打造"新物种进化营"，挖掘有潜力的早期企业，培养独角兽和瞪羚企业"后备军"队伍。完善协同工作机制。成立市独角兽企业培育工作领导小组，统筹协调全市独角兽企业培育工作，定期研究独角兽企业发展情况，协调解决企业发展中碰到的问题。设立独角兽企业培育资金和计划，支持各市、区按比例足额兑现奖励资金。打造城市独角兽品牌。举办2023中国独角兽大会、2021~2022中国潜在独角兽企业发布会、金鸡湖聚合大会等创新大会，持续提供有利于独角兽企业发展的产业沃土与创新生态。

（六）武汉东湖高新区搭建国内首个瞪羚企业高端服务平台，深入开展瞪羚企业培育计划

东湖高新区于2011年启动瞪羚企业培育工作，联合第三方服务机构打造了全国第一个瞪羚企业高端服务平台"光谷瞪羚源"。《2023年度光谷瞪羚企业发展报告》显示，东湖高新区光谷瞪羚企业累计达1690家，从中涌现了23家上市公司、8家独角兽企业、570家湖北科创"新物种"企业。举办光谷瞪羚企业峰会，共建创新生态圈。通过邀请瞪羚企业、投资机构、金融机构代表参会，组织报告发布会、高端论坛、闭门会、融通对接会等活动，形成常态化资源链接机制，加深政府、企业、服务机构之间的合作和对接。开发系列培训课程，助力瞪羚企业要素优化和创新提升。构建"头脑风暴会—座谈—培训"特色活动体系，丰富头脑风暴会等培训形式，形成连续性、互补性和层次性的赋能体系，强化光谷瞪羚企业的创新机制和竞争优势。以个体咨询提升发展势能，促进企业发展壮大。"光谷瞪羚源"为众多光谷瞪羚企业提供业务增长点选择、商业模式打磨、组织与人力资源提升等专业咨询服务。

四　广州加快培育独角兽和瞪羚企业的思路

党的二十届三中全会通过的决定特别强调，要催生新产业、新模式、新

动能，发展以高技术、高效能、高质量为特征的生产力；要加强新领域新赛道制度供给，促进各类先进生产要素向发展新质生产力集聚。独角兽企业和瞪羚企业是新质生产力的典型，扶持帮助它们壮大，对于引领各个产业发展、抓住新机遇、抢占未来新赛道具有重要意义。广州对新经济企业的吸引力日益增强，独角兽企业和瞪羚企业数量持续增长，但在某些方面仍与先进城市有较大差距。广州要充分借鉴国内先进城市的经验做法，充分发挥应用场景资源丰富的优势，不断加强各类新制度的先行先试和供给，更好促进企业新技术、新产品落地应用与迭代升级，塑造广州发展新动能新优势。

（一）加大政策支持力度，建立市、区联动的新经济企业梯度培育机制

一是坚持高位推动，将独角兽企业和瞪羚企业挖掘培育工作当作市委、市政府大力培育发展新质生产力的重要抓手，聚焦新兴产业、未来产业领域挖掘一批有能力承担国家科技创新重大战略任务、突破重大科学问题和关键核心技术瓶颈的企业，研究出台全市支持独角兽企业和瞪羚企业发展的专项政策和行动计划，必要时采取"一企一策"支持前沿科技、潜在独角兽企业发展，进一步完善覆盖"科小、高企、瞪羚、专精特新、潜在独角兽、独角兽、科技领军企业"的梯度培育体系。二是进一步将企业培育工作下沉到区，总结并推广广州开发区好的经验做法，引导并支持各区建立符合自身发展特色的新经济企业梯度培育机制，更大力度摸排和梳理相关企业，实现政策精准扶持。

（二）建立粤港澳大湾区应用场景创新中心，以应用场景创新培育集聚更多独角兽企业

当前，应用场景创新工作受到国家、省层面高度重视，通过应用场景创新，探索体制机制创新和政策创新，推动更多新技术、新产品在各类应用场景中落地应用与迭代升级，已成为促进民营企业持续快速健康发展、催生新领域新赛道，以及促进科技产业互促双强发展的重要手段。一是积极把握省发展改革委推动全省应用场景创新工作契机，按照省授牌、市区资金购买服

务、专业机构牵头组建并提供服务、企业化运营的方式，省、市、区联动组建市场化、专业化、实体化运作的粤港澳大湾区应用场景创新中心，持续跟踪研究全球、全国应用场景创新最新实践，开展应用场景机会清单、能力清单研究编制，以及应用场景供需对接、创新成果宣传推广等全流程应用场景创新促进工作。二是围绕市委、市政府主抓的若干产业领域，谋划设计一批重大应用场景，持续征集发布应用场景机会清单，加快更多新技术、新产品率先在广州落地应用与迭代升级。三是定期举办场景沙龙、场景对接会、场景创新大赛等主题活动，为企业提供新技术、新产品、新模式验证应用环境。

（三）推动大企业开放创新，孵化更多独角兽企业、瞪羚企业

大企业通过释放自身的研发、资本、技术、市场等优势资源，培育孵化创新型企业，已经成为独角兽企业和瞪羚企业诞生的重要渠道之一。广汽集团、广药集团、视源电子等企业围绕产业链重点环节，通过内部创业孵化，已培育了若干独角兽企业和一批优质瞪羚企业。一是进一步支持广汽集团、广州工控、视源电子等大企业持续扩大平台化、生态化布局规模，围绕产业链重点环节，利用新业务分拆、对外投资参股、创新采购方式、协同开展应用场景创新等，培育更多独角兽企业和瞪羚企业。二是聚焦智能网联与新能源汽车、生物医药、集成电路等领域，支持龙头企业与独角兽企业、瞪羚企业开展多元化合作。比如，共建国家制造业创新中心、产业技术基础公共服务平台等创新平台，共同申报国家重点研发计划等重大科技项目，共建创新联合体，开展前沿技术创新和成果转化等。

（四）深化国有资本投资领域改革，鼓励国有创投机构投资潜力独角兽企业

当前，美国"对华投资限制令"导致美元基金撤离，中国风投基金规模持续萎缩。与此同时，国有资本在考核评价机制、存续期等方面与科技企业发展需求存在错配，亟待优化相关体制机制。一是继续大胆探索推动国有

资本投资领域改革，优化国有基金的考核机制、评价体系、考核周期，鼓励市、区国有创投机构设立独角兽企业和瞪羚企业专项直投基金，配置专业化团队，适当提高风险容忍度，扩大对高科技、高成长企业的投资规模并加大投资力度。对于部分采用红筹架构的科技企业，从机制层面解决国有资本无法进入的问题。二是打造国有基金"丛林"，用好市新兴产业发展引导基金、科技成果产业化引导基金等，实现针对独角兽企业、潜在独角兽企业、瞪羚企业的全流程、全周期跟踪服务。

（五）聚焦特色化发展需求，搭建独角兽企业、瞪羚企业赋能服务平台

独角兽企业、瞪羚企业均处于快速成长阶段，亟须在资本、技术、人才等关键领域获得专业、深入、细致的服务。一是推动园区和基地等载体出台专业化精准支持措施，重点在新产品应用示范、金融资本对接、高端人才引进、关键技术突破、全球市场拓展等方面给予支持，孵化更多独角兽企业、瞪羚企业。探索建立由政府、科研院所、投资机构、行业协会、第三方服务机构等联合组成的独角兽企业、瞪羚企业联盟。二是做深做细"资源赋能"这篇文章，通过常态走访联系、专人服务对接、政策量身定制等方式，综合形成广州独角兽企业、瞪羚企业"赋能服务包"，为企业提供技术链接、市场链接、资本链接、信息链接、人才链接等深度赋能服务，促进有潜力的企业加快成长为独角兽企业，吸引更多独角兽企业、瞪羚企业到广州发展。三是推动高水平创新人才向独角兽企业、瞪羚企业集聚，优化复合型人才培养体系。鼓励企业与高校、科研院所共建联合研究中心、院士专家工作站等"双跨"平台，畅通从高校、科研院所到民营高科技企业的人才流动机制。

参考文献

《中共中央关于进一步全面深化改革 推进中国式现代化的决定》，中国政府网，

2024 年 7 月 21 日，https：//www. gov. cn/zhengce/202407/content＿6963770. htm？ slb＝true。

《高成长企业分类导引》（GB/T 41464—2022），国家标准全文公开系统网站，2022年 4 月 15 日，https：//openstd. samr. gov. cn/bzgk/gb/newGbInfo？ hcno＝C92538E5DC7470253ED89DFE9A6EC529。

长城战略咨询：《中国独角兽企业研究报告 2024》，2024。

B.18
广州发展壮大生态经济的策略研究

谢彬彬　牛战力*

摘　要： 　生态经济是经济发展与环境保护高度融合的可持续的新经济发展形式。党的十八大以来，在习近平生态文明思想的指引下，我国生态文明建设从理论到实践都发生了历史性、转折性、全局性变化，绿色已成为高质量发展的鲜亮底色，传统产业生态化与生态保护产业化融合发展的模式成为发展生态经济的重要引擎。广州生态资源禀赋、经济基础良好，利用其优势积极探索发展优质生态经济大有可为。但在当前的背景下，如何加快产业生态化和生态产业化，进一步促进生产生活与自然生态平衡发展，成为亟待解决的关键问题。本报告紧密结合广州当前的社会经济发展实际，提出积极探索生态赋能新模式、健全产业转型机制、拓宽融资融合途径等策略，以发展壮大优质生态经济。

关键词： 　生态经济　产业转型　广州

发展生态经济是新发展理念指导下实现生态环境保护、生态文明建设和经济社会发展高度协调的重要经济模式，是可持续发展的必由之路。党的二十届三中全会将建设美丽中国、促进人与自然和谐共生作为进一步全面深化改革的重要方面。广州积极响应党中央、国务院全面推进美丽中国建设决策部署，推进建设美丽广州、打造美丽中国城市样板，获得生态环境部复函支持。打造美丽中国城市样板为广州发展壮大生态经济提供了重要的战略机遇，对推动广州高质量发展具有现实意义。

---

* 谢彬彬，广州市生态环境局花都分局一级主办，研究方向为城市生态安全；牛战力，广州市生态环境局政策法规处处长，研究方向为城市绿色发展。

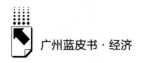

一 生态经济基本内涵和现实意义

美国经济学家肯尼斯·鲍尔丁在 1966 年提出"生态经济"的概念。生态经济是遵循生态规律、尊重生态系统承载能力、减少污染、提高资源利用效率、实现保护与发展之间的平衡、促进人类物质文明与精神文明协调发展的一种经济模式。

（一）生态经济的基本内涵

生态经济的实质是在保证自然环境不受破坏的前提下在生态系统可承受的范围内发展经济、扩大经济的再生产过程，目标是建立一个资源配置合理、经济实力增强、产业结构优化、自然环境良好的经济与生态协调发展的系统。生态经济能够将生态文明建设与经济发展紧密结合，通过挖掘和转化自然生态资源和人文历史资源，创新生态产品价值实现机制，形成可持续的经济发展新形态。

生态经济的核心特征是时间性、空间性和效率性，主要体现在对有限资源的利用要在时间、空间的维度上保持适度和可持续，在实践中就是实现产业生态化和生态产业化。

生态经济按照产业可分为生态农业、生态工业和生态服务业三类。其中，生态农业是在保护、改善农业生态环境的前提下，遵循生态学、生态经济学规律，运用系统工程方法和现代科学技术，集约化经营的农业发展模式，这种发展模式将农业生态系统同农业经济系统统一起来，以取得最大的生态经济效益；生态工业是模拟生态系统的功能，建立起相当于生态系统的生产者、消费者、还原者的工业生态链，以低投入、低消耗、低污染或无污染、工业发展与生态环境相协调为目标的工业发展模式；生态服务业是在服务设施、服务手段、服务渠道等方面充分体现生态理念，在服务过程中无害于生态环境的服务业发展模式。以上产业的模式主要有："环境整治+"模式，如城市生活污水的处理，将以前由财政供给的污染治理通过设计推向市场，形成产业；"生态产业园+"模式，如华为松山湖欧洲小镇等，以引进高科技企业和先进制造业企业的方式，实现生态与经济共同发展；"文旅开发+"模式，如西安曲江文旅大唐不夜城、贵州"村BA"等，将具有地域特色的自然资源、人文资源转化为特色优势产业，大力发展民俗文化、旅游、康养、群众体育等新兴业态，以独具特色的旅游业带动服务业发展；"新农村+"模式，依托农业优势产业，积极发展农产品深加工、生态农业和智慧农业，推动农业生产、农家乐、民宿等相关产业跨界融合，助力农村发展等。实践证明这些产业模式不仅有助于保护生态环境，而且能够促进经济社会绿色发展。

（二）广州发展生态经济的现实意义

广州拥有丰富的自然生态和人文历史资源，生态经济的发展有良好的基础。在此基础上，广州进一步探索生态价值转化路径，发展高质量的生态经济大有可为。

1. 发展生态经济是推进"两山"转化的重要抓手

党的十八大以来，全社会广泛形成绿水青山就是金山银山的理念共识。在党中央引领下，全国各地坚持走生态优先、绿色发展之路，积极探索以高品质生态环境塑造高质量发展优势的生态文明建设新路径。广州生态资源禀赋、经济基础良好，环境治理和生态修复成效显著，环境与发展已经进入良性循环，广州选择有基础、有底蕴、有潜力、有市场需求的重点区域和行业，集中资源、集成产业、集聚人气，推动广州特色的优质生态经济产业高质量发展，有利于走出一条协同推进生态环境保护与经济发展的新路子，这既是贯彻落实习近平生态文明思想的重要举措，也是践行绿水青山就是金山银山理念的关键路径，更是从源头上推动生态环境领域国家治理体系和治理能力现代化的必然要求，对推动经济社会发展全面绿色转型具有重要意义。

2. 发展生态经济是推动高质量发展的有力举措

生态经济产业贯彻绿色、低碳、可持续发展理念，本质是新质生产力。

广州要实现跨越式高质量发展，必须不断巩固稳的态势、释放进的信号、积聚新的动能。发展生态经济可从多维度推动这一目标实现。在当下市场周期性问题与传统支柱产业转型等结构性问题交织叠加、新旧动能交替变化的阵痛时期，国家先后发布一系列重要文件全面推进美丽中国建设，这是广州大力发展生态经济的重要机遇。经过近几年持续深化治理，广州生态环境质量稳居全国中心城市前列，大气、水等质量指标更是连年领先，这些都有助于广州利用生态资源优势培育新经济增长点，推动产业结构优化升级，塑造新的产业形象、创业景象和发展气象，吸引更多的投资、人才和游客，实现经济效益与生态效益双赢。

3. 发展生态经济是提升城市竞争力的有效途径

在全面深化改革、推动高质量发展的新形势新阶段，国内各大城市一方面竞相打造绿色、低碳和科技领先的产业园区，聚力攻坚产业转型，加速重构竞争优势；另一方面着重推进第一、二、三产业融合发展，促进资源要素集聚，不断扩大新经济增长点。广州作为重要中心城市、超大城市和老城市，如何持续发挥"火车头"、"排头兵"和"领头羊"作用，保持和增强独特的竞争优势，是必须完成好的历史答卷。随着国家赋予广州更高的城市定位，明确广州建设具有经典魅力和时代活力的中心型世界城市，广州必须紧紧围绕国家战略，加快锚定城市新坐标，建设"美丽宜居花城、活力全球城市"，通过发展壮大生态经济加快形成多中心、网络化、开放式、集约型发展格局，推进以绿色低碳、环境优美、生态宜居、安全健康、智慧高效为导向的美丽城市建设，全面提升经济实力、文化魅力和生态引力。

二 广州生态经济发展现状分析

广州是中国超大城市中少有兼备山、水、林、田、湖、海等多种自然要素的城市。近年来，广州多措并举，通过生态环境改善和城乡融合发展使生态环境的保护与开发利用基本达到动态平衡，生态经济发展成效明显。

（一）生态环境保护与产业经济发展融合互促

随着环境保护意识的不断增强和可持续发展理念的深入，生态环境与产业融合发展已成为未来发展的重要趋势。广州通过加强资源节约和循环利用，不断优化产业布局，实现经济发展与生态环境保护的良性循环。例如，白云湖作为广州重要的人工生态湖泊，经过持续生态修复治理，周边生态环境质量不断改善，生态系统稳定性不断增强，已经发展成为集水资源、水生态、水经济、水文化于一体的综合性公园和国家级水利风景区，带动周边各类绿色、低碳、高科技新兴产业蓬勃发展。白云湖数字科技城通过融合生态与科技的"都市山水·数字叠境"理念，打造"科技+生态"相结合的绿色智慧产业园区，构建"一心引领、三核驱动、五廊带动、五园两区"的空间布局，重点打造高端软件、云计算、人工智能、新一代通信网络、物联网和数字创意六大产业集群。通过不断优化产业结构，引入高端科创产业项目，已经成功招引了包括百度、中关村信息谷、清华力合科创中心等29个重点科创产业项目入驻，预计达产年营收约780亿元、年税收约38亿元。白云湖数字科技城不仅实现了产业的快速发展，也保持了生态环境的持续优化，获评2024年度全国科创生态标杆。[①] 此外，有"城央绿心"美誉的海珠湿地立足生态底色，在其生态价值外溢效应的影响下，周边地区生产总值至少提高4倍，获评"世界最佳自然保护地"称号，成为绿色发展创新示范基地和桥梁纽带。

（二）优质生态产品催生新经济业态

良好生态产品能够催生新的经济业态，实现经济发展和生态环境保护，更好地建立经济、社会、自然良性循环的复合型生态系统，为可持续发展注入活力。广州坚持生态优先、绿色发展，不断打造绿色高端产业体

---

① 《广东唯一！白云湖数字科技城获评2024年度全国科创生态标杆》，"羊城派"百家号，2024年12月16日，https：//baijiahao.baidu.com/s？id＝1818583162806361799&wfr＝spider&for＝pc。

系。例如，增城区森林海旅游度假区是对历史遗留的废弃矿坑进行14项生态系统修复，实现地质灾害零风险、生态群落100%覆盖，形成144公顷"河湖岸林田园"景观。① 在生态修复的基础上，通过导入高端温泉酒店、七星级房车营地、嬉水乐园等多种休闲业态，联动白水寨周边资源，年吸引游客超60万人次，经济收益突破2亿元。森林海度假区的建设不仅优化了生态环境，也成为地方经济的重要支柱，项目直接创造了1500余个就业岗位，并间接带动超过5000人就业。花都区马岭村聚焦"生态""经济""生活"三个关键方面，以"花卉+文旅"为发展方向，依托独特的山水林田湖自然禀赋，打造集农业、文旅、科普、培训、住宿于一体的乡村生态旅游片区。② 通过统一规划、引入大项目、建设连片景点，培育餐饮、休闲、文创等综合产业，盘活"三块地"资源，把3100多亩低效土地、50多栋闲置农房和1处旧厂房，以合理价格统一租赁，精准招商，成功引进广州花卉之都农业有限公司、广州怡境文旅有限公司、广州大佳农业有限公司等专业投资方，开发建设马岭观花植物园、喜花里活力休闲港、稻田里·原乡风情小镇、璞宿·花见精品民宿、观庐·艺术酒店等项目。通过民宿、餐饮、夜市经济等业态的发展，将农业优势变为农村致富的支柱产业，带动村年收入增加约300万元，村民收入年均增长约5万元，从而推动村集体经济"由弱变强"。

（三）良好生态资源向资本资产转化

广州立足区域资源禀赋，紧扣高质量发展任务，全面提升资源要素配置水平，全面推进生态产业化和产业生态化，探索具有广州特色的生态产品价值实现新路径。比如，白云区大源村围绕生态环境修复、人居环境品质提

---

① 《"生态修复+生态旅游"助力废弃矿山"复绿生金"》，广州市生态环境局网站，2024年10月12日，http://sthjj.gz.gov.cn/mlzg/sfyb/lmst/content/post_9910168.html。
② 《花都区马岭村："持将五色笔"奋绘"百千万工程"新图景》，广州市花都人民政府网站，2024年5月22日，https://www.huadu.gov.cn/hdzx/rdzt/2024/bqwgc/content/post_9682591.html。

升、产业高质量发展，选取容发物流园片区作为首期启动区试点，创新"储备土地+资产包"模式，探索开展山体生态景观修复、黑臭水体治理、公共空间微改造、民生设施补充完善、物流园及工业园改造升级等，在有效增加当地生态调节服务产品供给的同时，带动周边居住、产业、生态品质全面升级，项目直接节约财政生态修复成本超亿元，为高密度城市化地区推动生态产品价值实现提供了借鉴。[①] 黄埔区迳下片区以全域土地综合整治为基底，编制村庄发展规划，形成村庄集中区、连片产业发展空间（占地面积2100亩）、耕地集中整治区（占地面积1800亩），创新"乡村振兴+科创田园+生态农旅"的整治和建设路径。通过强化产业导入，引进颠覆性技术创新中心等产业项目及东方文旅等农文旅项目，近3年村集体资产、集体经济收入增长近10倍。[②] 2024年，广州市生态环境局积极探索美丽广州建设，将黄埔知识城—迳下美丽单元建设项目打造为美丽中国投融资试点首批示范项目，单元内进一步优化生态社区、美丽河湖、美丽园区、美丽乡村等多层次"美丽细胞"，通过建设生境花园、水系连通、绿色创新产业园、农业降碳等工程项目，打造城乡生态融合高质量发展示范区、"两山"价值转化示范基地、近自然智慧科普教育基地，并作为2025年美丽全运、美丽广州的展示窗口，为美丽中国投融资模式创新提供全国示范。

综上所述，广州坚持保护优先与合理利用相统一的原则，以生态修复工程为基础，推动生态环境治理与城乡融合发展紧密结合、与产业转型升级紧密结合、与人居环境和营商环境提升紧密结合，初步实现生态产品增值溢价，投资、就业、消费有效拉动，生态效益显著提升。但与高质量发展要求相比，广州在发展壮大生态经济方面还存在一些差距。一是潜力挖掘还不够充分。一些优质的生态文旅、康养、民俗文化和农产品资源还未形成集群效

---

① 《生态产品价值实现典型案例（第三批）｜广州市白云区大源村创新跨权属"储备土地+附带生态产品价值提升"资产包》，腾讯网，2024年10月12日，https://news.qq.com/rain/a/20241012A03HMN00。

② 《广州黄埔激活迳下乡村价值：全域土地综合整治　以城带乡双向奔赴》，广州市规划和自然资源局网站，2024年4月12日，https://ghzyj.gz.gov.cn/xwzx/xwbd/content/post_9603106.html。

应。如北部山区开发的温泉资源，各个温泉度假村相对独立，没有形成统一的品牌形象和配套的综合旅游服务体系，导致游客体验一般。温泉资源的利用与开发还停留在浅层，一些优质生态经济产业发展潜力并未得到充分挖掘。二是转化效率还不够高。生态产品价值实现涉及的单位部门多，面临生态产品的产权界定、市场规范、权益保障等问题，配套的法律法规及政策依据尚不完善，影响转化效果。三是规模还不够大。目前来看，生态经济的规模相对于广州整体经济规模较小，仍有较大的发展空间。如花都区公益林碳普惠项目通过碳交易实现了经济效益（成交价为 17.06 元/吨，总金额为 22.72 万元），但此类案例仍局限于局部试点，未能覆盖全市。

三 广州发展壮大生态经济的条件分析

在全球追求可持续发展的大背景下，生态经济已成为城市发展的新引擎。广州，这座充满活力与创新精神的城市，凭借其独特优势，迎来了发展壮大生态经济的绝佳战略机遇。这些机遇与挑战相互交织，共同构成了广州生态经济发展的强大动力。

（一）发展机遇

1. 自然资源和环境优势突出

丰富的自然资源是广州发展生态经济的先天优势。亚热带温暖湿润的气候条件适合发展绿色农业和生态旅游。珠江穿城而过，河网纵横交错，发达的水系为水经济发展提供了广阔空间。北部山地森林覆盖率高，不仅具备生态保育和碳汇潜力，而且构建起庞大的生态网络，为生态旅游、生态康养等产业提供了得天独厚的发展条件。同时，广州在环境治理和生态保护方面也取得了显著成效。2024 年，环境空气质量全面达标，细颗粒物（PM$_{2.5}$）平均浓度为 21 微克/米^3，再创历史新低，继续在国家中心城市中保持最优；空气质量优良天数占比为 94.0%，同比提升 3.6 个百分点。地表水环境质量持续向好，全市国考、省考断面水质连续 5 年全面达标，地表水水质优良断面占比为 100%，城市集中式饮用水水源地水质 100% 稳定达标，3 条国控入海河流水质全部优良，近岸海域无机氮浓度达到省年度考核要求。土壤环境质量总体稳定，重点建设用地安全利用得到有效保障。

2. 经济基础和产业结构优势突出

广州作为中国的南大门和粤港澳大湾区核心城市之一，具有雄厚的经济基础和多元化的产业结构。广州地区生产总值超过 3 万亿元，居全国前五，形成汽车、电子、石化三大支柱产业，囊括 41 个工业大类中的 35 个行业，拥有 12 个千亿元级战略性产业集群、9 个千亿元级服务行业。近年来，广州积极推动产业结构优化升级，加强科技创新和促进现代服务业发展，这为生态经济的发展提供了良好的产业基础和市场空间。例如，在新能源汽车、新能源装备（氢能产业）、生物医药等战略性新兴产业方面取得了较大进展，绿色制造业转型也在稳步推进，这些产业与生态经济密切相关，具有广阔的发展前景。

3. 市场需求和政策优势突出

随着人们对生态环境和绿色生活的日益关注，市场对生态产品的需求不断增长。广州作为人口密集、消费能力强的城市，具有庞大的市场需求和消费升级潜力。发展生态经济既与"百县千镇万村高质量发展工程"全面推进乡村振兴、实现城乡区域协调发展的目标高度契合，又是推动实现老城市新活力、"四个出新出彩"的重要抓手。广州市委、市政府高度重视绿色低碳发展，出台了一系列政策和规划，明确提出了推动经济社会发展全面绿色转型的目标。2025 年，全市高质量发展大会提出加快建设"12218"现代化产业体系，再次强调生态优先、绿色发展。

（二）面临挑战

1. 资源环境压力较大

广州作为人口高度密集且经济发达的城市，土地资源较为有限。生态保护与城市建设、产业发展之间的用地矛盾较为突出。尽管广州在环境污染治理方面持续发力并取得了一定成效，但水污染、大气污染等问题依旧存在。

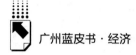

广州的天然林资源稀缺，山地丘陵多为次生林和人工林，生态系统稳定性欠佳。湿地等重要生态系统同样面临开发建设、污染等多重威胁，生物多样性保护形势较为严峻。

2. 产业转型和发展压力较大

广州传统产业占比较高，仍存在一定规模的传统高耗能、高污染产业，这些产业尚未形成全域性的绿色产业链，对资源的消耗和环境影响较大。新兴生态产业发展有所不足，如生态旅游、生态农业、环保产业等规模不大，产业链条较短，产品附加值较低，缺乏具有核心竞争力的企业和知名品牌，难以形成强大的产业带动效应。在生态修复、资源循环利用、清洁能源开发等生态经济发展的核心领域，自主创新能力有待提升，生态领域的人才相对匮乏。

3. 资金和管理压力较大

生态经济项目通常具有建设周期长、回报率低的特点，融资难度较大，加上政府财政资金投入有限，社会资本参与积极性不高，受到资金限制。支持生态经济发展的政策体系不够系统和完善，产业扶持、税收优惠、金融支持等方面的政策力度有待加大，政策的针对性和可操作性有待进一步提升，各部门之间暂未形成有效的管理和服务合力，制约生态经济发展。

四 广州发展壮大生态经济的策略

建议广州以建设美丽广州、打造美丽中国城市样板为契机，在发展壮大生态经济方面主动作为，推动经济社会全面绿色低碳转型和高质量发展。

（一）积极探索生态赋能新模式

广州依托优质的生态环境提升产业开发价值，推动以高水平生态环境保护为支撑的高质量发展。

1. 加强顶层设计

以中国科学院华南植物园体系建设和城园融合发展为主线，加强城市生态修复、留白增绿，增加生态供给，打造低碳城区、无废城市，实现城市品质整体提升和宜居环境持续优化。结合广州市国土空间总体规划、生态环境分区管控、产业布局规划等现有规划布局，对 11 个区的生态资源进行"一盘棋"统筹。北部山水生态环境功能维护区发展以户外、温泉、康养、农旅融合为特色的生态经济产业；中部城市环境品质提升区以白云山和珠江为山、水中心，加强环白云山、沿珠江两岸城市景观建设，重点发展绿色低碳产业；南部滨海生态保育调节区重点探索发展水生态经济产业等，因地制宜形成差异化、特色化、科技化的绿色低碳发展路径。

2. 加快产业转型

将生态文明理念贯穿各产业发展，大力发展新能源、高端装备、生物医药等战略性支柱产业，培育新型储能、数字经济、轨道交通、绿色低碳、新一代信息技术等优势产业，积极布局人形机器人、航空航天、低空经济、生命健康等未来产业，以产业链条纵向延伸促进生态经济业态融合，推动生态与一二三产业融合发展，培育生态赋能的新业态、新模式。在自然资源直接利用方面，依托优美自然风光、历史文化遗存、森林温泉等优质资源，瞄准建设世界级旅游目的地目标，融合发展旅游、康养、休闲、文化等产业。在工业发展方面，依托产业集群积极推动核心技术攻关，突破传统工艺，加快转型升级。

3. 加高生态标尺

通过打造美丽中国城市样板，重点建设一批"美丽单元"，持续打造广州生态环境高地。依托洁净水源、清洁空气、适宜气候等自然本底条件，大力发展数字经济、生物医药、精密仪器等生态环境敏感型先进制造业，推动医疗康养、生态旅游等生态环境依赖型现代服务业在广州集聚，降低生产成本，推动生态优势转化为产业优势。加快建设生态交通走廊，将旅游景区、国家公园、特色小镇、历史文化名村等串联成线。

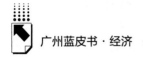

（二）健全产业转型机制

优化政府引导手段和市场运作机制，不断强化生态产品要素供给，多维度夯实生态产品价值实现基础。

1. 建立制度保障机制

加强市级统筹，积极探索发展改革、工业信息、自然资源、生态环境、水务、商务、文化旅游、林业及金融等职能部门协同机制，建立试错、容错机制，推动建立统一的生态产品市场交易制度，从制度上解决生态产品"难度量、难抵押、难交易、难变现"等问题。重点是在生态产品调查摸底、价值发现、价值评估、经营开发、保护补偿等过程中，从技术手段、市场建设、制度供给等方面发挥支撑作用，加快推进自然资源资产确权、登记、变现等工作。

2. 健全"两山"转化机制

按照"市府引导、区府运作、政策扶持、社会参与、市场认可"工作思路，试点建立区级"两山"转化合作社，搭建统一的生态产品交易平台。采取股权合作、委托经营等方式，将"两山"转化合作社作为各类生态资产的产权主体，探索生态资源资产的经营开发模式，用市场手段推进供给侧结构性改革。使各类生态资源实现前端规模化收储，转化形成权属清晰、符合市场需求的优质自然资源资产；中端专业化整合，跨权属整备，形成附带生态产品价值提升要求的综合资产包；后端市场化转化，实现综合资产包"一体规划、一体出让、一体见效"，形成"政府+企业+合作社+村民"等多方参与、共建共享的运营格局。

3. 完善市场交易体系

依托广州碳排放权交易所等机构组织开展生态产品价值实现理论、碳汇技术方法等探索研究。参照公共资源交易整合规范标准，依托公共资源交易、绿色交易等现有规则体系和成熟的运行机制，建设生态产品一体化流通体系。建立生态产品交易指数，健全生态产品要素市场的价格形成机制。探索形成粤港澳大湾区跨区域交易规则，联通交易平台，加快生态产品要素市场化流通。创新交易监管模式，促进要素市场信用体系建设。逐步完善交易失信行为认定、守信激励、失信惩戒、信用修复、异议处理等机制。建立健全生产流通使用全过程的合规公证、安全审查、监测预警等制度。制定流通和交易负面清单，明确不能交易或严格限制交易的生态产品等。

（三）拓宽融资融合途径

发展生态经济需统筹生态保护、污染防治、产业调整等多个方面，涉及行业部门多、建设周期长、融资需求大，金融支撑和融合发展能发挥关键作用。

1. 探索普惠金融与绿色金融融合发展路径

探索基于生态系统生产总值（GEP）收益权的"生态贷"模式，实现生态产品可抵押、可融资，满足生态产品生产、流通、交易等主要环节的融资需求。通过这种模式，吸引更多社会资本投入生态经济产业中，为产业发展提供持续的资金支持，为提升生态产品价值蓄力。

2. 探索创新美丽建设导向的开发模式

发挥财政资金杠杆功能，撬动社会资本参与生态经济产业的建设和运营，破解资金来源渠道单一和总量不足问题。加大对优质生态产业财政贴息、税收优惠、风险补偿等方面的支持力度，通过建立优质生态产业项目库，定期向各大金融机构推送优质生态经济产业项目。推动金融机构创新金融产品和服务，为生态经济产业提供更多的融资选择。

3. 推动生态经济与其他重大战略融合发展

与"百县千镇万村高质量发展工程"深度融合，强化城乡环境共治，推动美丽城市与美丽乡村建设"齐步走"。因地制宜发展惠民产业，将生态修复与生态产业发展相结合，依托优质农产品、优美自然环境、特色文旅资源等，实施农文旅深度融合工程。发展特色生态产业，把荔枝、迟菜心等乡土特色产品提上新层次。发展生态旅游新业态，将生态产品的价值附着于农产品、服务产品中，实现百姓富、生态美的有机统一，让"好风景"成为乡村振兴的"好钱景"。

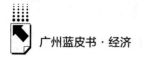

参考文献

王金南等:《生态产品第四产业:理论与实践》,中国环境出版集团,2022。

沈满洪等:《生态经济学》,中国环境出版社,2016。

付睿琦:《"低碳+"战略引领经济建设》,《人民论坛》2018年第20期。

广州深化 BIM 技术推广应用的思路建议

黄启文 胡会东 闫 静 涂诗语*

摘 要： 用数字技术激发住建领域新质生产力，是建筑业发展的重要方向。广州推广利用 BIM 技术具有行业实践扎实推进、政策引导主动积极、技术标准逐步健全、软件攻关初见成效、应用场景日益丰富等优势，把 BIM 技术的推广应用作为一项关键任务，进一步加快探索实践，解决 BIM 技术在集成应用、软件开发、专业人才供给、综合应用成本等方面存在的问题，加大具有自主知识产权的软件系列研发应用力度，结合市场需求推动深化产业应用，加强要素保障，促进行业高质量发展。

关键词： BIM 技术 建筑业 广州

党的二十届三中全会明确健全因地制宜发展新质生产力体制机制，以国家标准提升引领传统产业优化升级，支持企业用数智技术、绿色技术改造提升传统产业。用数字技术激发住建领域新质生产力，是推动建筑业现代化高质量发展的重要方向，是建筑业发展的未来。BIM 技术是建筑业实现数字化转型的重要工具，能有效推动建筑业工业化、智能化、绿色化转型发展，进一步提升工程建设领域信息化和数字化水平，助力城市数字化转型。广州全面提升新型建筑工业化发展水平，推动建造方式绿色低碳转

---

* 黄启文，广州市人民政府研究室城市发展处处长，研究方向为城乡规划建设、城市经营管理等；胡会东，广州市人民政府研究室城市发展处副处长，研究方向为城市发展战略、规划建设、区域发展等；闫静，广州市人民政府研究室城市发展处三级调研员；涂诗语，广州城投集团新中轴公司中级经济师，研究方向为城市治理、智能建造、房地产经济与政策分析等。

型，把 BIM 技术的推广应用作为一项基础工程和关键任务，予以高度重视。

一 BIM 技术的积极作用

BIM 是建筑信息模型（Building Information Modeling，BIM）的简称，其本质上是一种数字技术。2002 年，欧特克（Autodesk）公司提出 BIM 概念并推出自己的 BIM 软件产品。BIM 技术通过创建建筑的三维虚拟模型，在建筑从设计、施工、运行直至寿命终结的全周期内，将各种信息整合于三维模型信息数据库中。设计、施工、运营以及业主等各方人员可以基于 BIM 进行协同工作，能有效节省资源、降低成本、提高工作效率，在全球范围内得到业界的广泛认可。

一是有利于建筑业向数字化、智能化转型。BIM 技术贯穿工程项目全生命周期，通过三维数字模型将建筑项目的各种信息以数字化的形式进行交付，打破数据孤岛，实现"一模到底"，彻底改变建筑业碎片化的工作和管理模式，在提升项目生产效率、提高精细化管理水平、降低成本等方面具有重要价值，为建筑业的数字化转型和高质量发展奠定坚实基础。如设计阶段，BIM 技术通过三维建模和可视化工具，使设计团队提前发现并解决设计冲突，提高设计质量；在施工阶段，BIM 技术可以直接指导施工现场的精细化施工，如预制构件的生产、运输和安装，以及施工进度模拟、安全风险预警等，实现项目施工过程的数字化管理和控制；在运维阶段，BIM 技术可以提供详细准确的设施设备信息，方便物业管理，快速响应维修需求，并为未来的改造或扩建提供数据支持，提高物业管理的效率和智能化水平。此外，BIM 中的构件可以附带成本信息，可自动生成工程量清单，为项目预算编制提供科学依据，同时实时监控成本变动，实现精准预算与成本控制。BIM 技术的成熟应用，可以大幅降低工程纠错成本和材料损耗，提高建造施工效率，缩短建造工期。

二是有利于实现全产业链协同发展。基于可视化、信息实时性和交互性等特性，企业可建立面向全产业链的 BIM 信息协同管理平台，实现以 BIM 为基础的跨专业、跨企业、跨地域的实时协同管理，尤其是全面提升"BIM+装配式"全产业链协同工作水平，实现精准实时的数据流转和交互，可极大地提升产业链上各方的沟通和协作效率。

三是有利于提高城市管理智能化水平。通过"BIM+CIM"的融合应用，联通建筑信息与城市信息管理，发挥数据的乘数效应，能够实现建筑项目与城市"规、建、管"的深度融合。BIM 精确呈现建筑详细信息，结合城市信息模型（CIM）平台对城市基础设施、交通、环境等宏观信息进行综合分析，不仅可以提高项目管理的精细化水平，还可以提高城市管理智能化水平和决策的科学性，构建智能建造时代的精益生产方式和高效监管模式，推动城市智能、绿色发展，实现城市的精细化治理。

二　广州 BIM 技术推广应用现状

近年来，住房和城乡建设部等部门相继出台一系列关于加快新型建筑工业化发展的文件，要求加快推进 BIM 技术在新型建筑工业化全生命周期的集成应用，推进 BIM 技术与 CIM 平台的信息共享和融通联动，探索基于 BIM 的建筑全生命周期审批监管的创新模式和制度机制。2024 年 8 月，住房和城乡建设部在"推动高质量发展"系列主题新闻发布会上，对建设"好房子"内涵做了深刻阐述，要求以科技赋能提高建筑业发展质量和效益，加快新一代信息技术与建筑业融合，大力发展智能建造、绿色建造、装配式建造等新型建造方式。广州把握国家政策要求和城市发展实际，坚持技术和制度"双轮驱动"、政府和市场"同频共振"，深化 BIM 技术的推广应用。尤其是自 2019 年、2020 年广州先后被确定为全国首批城市信息模型（CIM）平台试点、首批新城建试点城市，以及 2022 年被确定为首批智能建造试点城市以来，其不断补充、完善 BIM 技术应用基础规则体系，全面提升建筑领域 BIM 技术应用能力，促进 BIM 技术正向应用和全生命周期应用，实现 BIM 技术与装配式建筑和智能制造融合互促，逐步推动 BIM 技术由项目级、企业级应用向城市级应用演进。

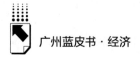

（一）特点和优势

一是行业实践扎实推进。广州 BIM 技术的应用推广起步较早。2013 年 6 月，广州地铁集团启动 BIM 技术应用前期研究工作，次年 5 月首次在屏蔽门建设项目中引入 BIM 技术，随后大规模应用于地铁轨道相关工程建设。其他重点工程也多有应用，如 2015 年广州东塔项目应用 MagiCAD、GBIMS 施工管理系统，工程材料损耗低于行业基准值 30%～35%，被行业评为国内施工总包基于 BIM 的项目管理标杆。同时，广东省建筑设计研究院有限公司、华南理工大学建筑设计研究院有限公司、广州珠江外资建筑设计院有限公司等驻穗龙头设计企业，也发挥自身优势，积极参与和推动建筑业数字化转型、国产 BIM 的试点应用，推出"新世界国际学校项目""广东实验中学云城校区""南沙区南沙湾住宅"等典型案例。截至 2024 年 10 月，全市已有 1863 个项目开展 BIM 辅助审查，1477 个项目完成审查，数量全国最多。

二是政策引导主动积极。2017 年 1 月，广州开展首批 BIM 技术应用示范项目，组织各区申报典型案例，引导和推广 BIM 技术应用。为进一步加快推进 BIM 技术应用，于 2020 年 1 月 1 日发布通知明确，政府投资单体建筑面积在 2 万平方米以上的大型房屋建筑工程、装配式建筑工程，以及重点发展区域大型建设项目等三类新建工程项目，应在规划、设计、施工及竣工验收阶段采用 BIM 技术，鼓励在运营阶段采用 BIM 技术。2020 年，广州开展正向设计示范评选，通过在广州勘察设计行业奖评选中加分鼓励的办法，引导设计企业提高 BIM 正向设计能力，至今已评选公布 4 批 65 个项目。广州还推动出台《广州市数字经济促进条例》，印发《广州市数字经济高质量发展规划》，探索建立 BIM 技术人才评价体系等，加快完善推进 BIM 技术集成应用的环境。

三是技术标准逐步健全。广州把构建技术标准体系作为基础性工程，积极发挥政府引导作用，推动、制定包含分类、编码、存储、交付等在内的地方标准。数字化交付、智能审查等 BIM 技术监管标准体系已初步搭建完成。率先启动 BIM 电子辅助审查系统（早于深圳、雄安新区及上海浦东新区等地区），印发《施工图三维数字化交付数据标准（1.1 版）》等工作指引。组织开展《图模一致检查标准》《基于 BIM 的设计监管机制研究》等研究，统一 BIM 的交付标准，迭代优化 2 项图模一致检查工具，编制第三方检查工具评价标准。同时鼓励行业组织发挥牵头作用，支持制定配套的团体标准、企业标准，为后续开展 BIM 监管和场景应用打下坚实基础。

四是软件攻关初见成效。针对国产软件开发应用不足等问题，广州以承接住房和城乡建设部《建筑信息模型（BIM）技术应用体系研究》课题为契机，组织 6 家设计院开展国产 BIM 软件试点应用，形成《建筑信息模型（BIM）技术应用体系试点应用总结报告》《BIM 应用案例集》《BIM 软件数据交换标准》《BIM 软件报审归档标准》等成果。同时，加大对软件开发应用的服务支持力度，建立国产 BIM 软件服务商与本土龙头设计企业的沟通平台。通过宣传推介、试点项目、用户反馈、企业合作等，推动政企协作、企企合作。推动本土软件开发企业中望软件和华阳国际设计集团合资成立中望智城数字科技有限公司，开发基于国产图形引擎的全自主可控中望 BIM 软件，该软件已具备全专业协同设计能力，预计 2025 年将推向市场。

五是应用场景日益丰富。广州作为经济大市，建筑市场体量大。2024年，全市建筑业实现总产值 8816.9 亿元，同比增长 7.5%，再创新高。同时，建筑相关企业受市场环境影响，普遍存在降本增效的实际需求，存在尝试或加强 BIM 技术应用的可能。2024 年 4 月，广州发布加快推进新型建筑工业化五年行动计划，预计 2025 年装配式建筑面积占新建建筑面积的比将不低于 50%，装配式建筑产业规模将达到 2400 亿元；到 2028 年，相应指标分别达到不低于 80%、5000 亿元的水平，为 BIM 技术创造更多应用场景和机遇。长期来看，BIM 技术应用推广场景丰富、需求强劲、空间巨大，具有扎实基础和广阔前景。目前，广州已拥有一批具备 BIM 技术应用能力的设计、施工企业，基础数据较齐全，通过规划管理、智慧住建、BIM 审图要求、BIM 正向设计示范项目等积累了相关标准、平台数据和经验，已有一批复杂建筑工程在设计、施工建设管理中应用 BIM 技术，这些将对行业转型起到积极作用。

（二）面临的挑战

尽管广州 BIM 技术应用起步早、实践广、基础实，但受限于产业生态不够完善、技术整体水平不高、市场相对低迷等，全面普及建筑全生命周期 BIM 技术应用，打通设计、生产、运维各环节，服务和推动建筑业数字化、智慧化、工业化、绿色化转型，持续保持国内领先地位，仍面临不少现实问题。

一是 BIM 技术集成应用不足。横向来看，目前在穗相关建筑设计企业 BIM 技术的集成化、协同化应用，尤其是与项目管理系统相结合的应用较少，多为碰撞检查、机电分析、BIM 算量等常见的专项应用。纵向来看，BIM 技术全生命周期应用的案例还不多，除广州塔、广州白云国际机场扩建工程超大安置项目群、广联达智慧建造及华南总部基地等大型、典型项目，BIM 技术主要是各参与主体在设计、生产、施工、运维等阶段的分段使用。此外，广州虽已完成 CIM 平台搭建，但目前只有部分新建项目能提供 BIM，既有建筑项目的 BIM 建模工作尚未启动，导致 CIM 平台在智慧城市管理中的应用受限。

二是软件应用开发进展较缓慢。一方面，各企业在没有权威性、强制性标准的情况下，往往开发符合自身需要的平台、软件或插件。另一方面，大多数软件开发企业的技术储备、研发能力尚显不足，推向市场的完全自主可控的国产基础建模软件不多，产品功能相对单一，不具有与国外成熟软件竞争的实力。据广州市工程勘察设计行业协会 BIM 分会介绍，目前国内实际应用的 BIM 软件主要有两类，一类是基于 CAD/CAC/CAM 软件改造"升级"，具有一定的 BIM 能力，但此类软件功能不强，不能完全满足需求；另一类是使用美国的 Autodesk Revit 等基础建模软件，进行"二次开发"，存在与国内标准、数据兼容不够，使用体验不好等问题。

三是专业人才供给缺口较大。广州市工程勘察设计行业协会 BIM 分会会员单位在职 BIM 技术人员有 674 人，其中 51% 是二维软件设计师或从建筑其他专业转行的人员。此外，BIM 技术人才评价体系尚待健全，职称评选通道在 2024 年才打通，目前广州仅 32 人通过职称评审。人才队伍储备不足，尤其是复合型与创新型人才的认证和培养不足，已成为深化 BIM 技术应用亟须打破的瓶颈。

四是深化应用综合成本较高。应用 BIM 技术存在高昂的前期投入成本、持续的使用成本，以及数据流失等风险成本。从硬件投入来看，高性能工作站是 BIM 技术实施的基础，用户使用也必须配备移动工作站或高性能的桌面计算机，且有迭代升级需要。从软件投入来看，目前主要的 BIM 软件价格通常是原有绘图软件的十几倍，能够提供特殊需求的二级开发软件价格更加昂贵，其间还将产生培训费、服务费，以及软件升级、维护等费用。从数据安全来看，BIM 包含的大量项目信息在频繁的存储、传输和共享过程中存在泄露风险。此外，BIM 技术是对建筑工程建造方式的重大变革，将打破原有的建造和运营方式，形成新的产业链条和利益分配机制，在原链条和机制中占优势的企业积极性不高。

五是政府支持力度不够。推动 BIM 全生命周期应用需要企业投入更多时间和资源，在这个过程中政府支持起着重要作用。上海、深圳等城市出台了直接支持政策，如上海黄浦区对符合 BIM 技术应用条件的项目，专家评审等级合格、良好、优秀的分别补贴 5 万元、8 万元、10 万元，单个项目最高补贴 100 万元；深圳对评定为 BIM 技术应用示范项目的，按照建筑面积每平方米最高资助 15 元，单个项目最高资助 150 万元。广州暂无直接针对 BIM 技术研发、应用和推广的奖补政策，建筑工程领域也没有可申请的科研经费。

三　深化 BIM 应用与建筑业数字化转型的建议

广州要发挥 BIM 技术在设计应用方面的基础和优势，进一步加快探索

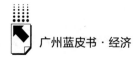

与实践，为率先实现建筑业转型发展提供基础性、关键性支撑，需要研发、产业、保障"三管齐下"、联动发力，打破现有不利条件的制约。

（一）加强拥有自主知识产权的软件的研发应用

第一，加快发展国产化 BIM 软件。BIM 软件是软件与信息服务产业的重要组成部分，应积极依托广州 BIM 发展的基础和优势，以国产化应用为牵引，加快培育一批优秀建筑业系统解决方案商，进一步增强全市软件与信息服务产业实力。建议由市科技、住建、工信部门联动，协同推动与 BIM 技术相关的建模软件、数据库、平台产品等的研发，加快 BIM 产品测试验证和推广应用，提供成套应用解决方案。同时，开展 BIM 研发应用企业的引进、孵化、产业集群培育相关工作，推动形成一批自主可控的创新成果，培育一批数字产业引领型品牌，谋划打造 BIM、CIM 信息产业的"广州高地"。

第二，加强对 BIM 技术应用的考核。完善模型审查、监管的相关制度，进一步加大推行 BIM 正向设计的力度。建立可行的模型审核和验收制度，提升 BIM 模型质量，如考虑在施工图 BIM 审查环节增设图模一致检查的内容，委托专业的审查机构对提交至审查系统的 BIM 模型进行专项质量审查，对审核不通过的项目、企业给予公示警告、处罚等处理措施等，加大推行 BIM 正向设计的力度，逐步实现图从模出，从根本上解决"翻模"、反复修改等带来的图纸和模型不匹配、信息不一致的问题。

第三，逐步扩大 BIM 技术应用范围。对示范项目、典型案例给予费用补贴及政策支持。目前，BIM 技术应用的项目主要集中在政府投资单体建筑面积在 2 万平方米以上的大型房屋建筑工程、装配式建筑工程，以及重点发展区域大型建设项目等三类新建工程项目，大型桥梁（隧道工程）和城市轨道交通工程，以及《广州市城市信息模型（CIM）平台建设试点工作联席会议办公室关于进一步加快推进我市建筑信息模型（BIM）技术应用的通知》要求的项目，缺少鼓励应用 BIM 技术的措施、政策，建议可参照上海、深圳等城市对 BIM 技术应用示范项目给予费用补贴，或考虑在容积率奖励、评优评奖方面加大政策支持力度，提高项目开发单位的经济效益和积极性。

第四，加快推动既有重要建造项目的 BIM 建模工作。形成高质量、可应用的数据模型，为未来智慧城市管理应用奠定数据基础。BIM 技术可以实现对建筑信息的全面集成和高效管理，为城市的数字化管理提供有力支持，通过开展既有重要建筑（公共建筑、学校、医院等）的 BIM 建模工作，逐步构建更加完善、准确的城市信息模型，实现建筑信息的数字化和智能化管理，为城市未来的规划、建设和管理提供科学依据。

（二）结合市场需求深化产业应用

第一，打造产业链联盟。广州拥有一批具备 BIM 技术应用能力的工业设计软件、设计、施工企业，在行业中具有一定的代表性和示范性。在工业设计软件企业中，广州中望龙腾软件股份有限公司、广联达科技股份有限公司等在软件开发方面取得重要进展；在设计企业中，广州华森建筑与工程设计顾问有限公司、广州珠江发展集团股份有限公司等在 BIM 正向设计方面取得重要进展；在施工企业中，广州市建筑集团有限公司、中国建筑第四工程局有限公司等在 BIM 智慧工地与施工管理方面取得重要进展。本地企业的 BIM 应用均从自身实际业务出发，积累了相关标准、平台数据和经验，具备在产业链上培育龙头企业，打造产业链联盟的基础。建议在南沙新设立的新型建筑工业化产业园进行试点，联合广州市华阳国际工程设计有限公司、广州华森建筑与工程设计顾问有限公司、广州珠江发展集团股份有限公司、中国建筑第四工程局有限公司、广州市建筑集团有限公司等企业打造产业链联盟，打通 BIM 和构件的设计、生产、施工等环节，持续提升产业链协同水平。

第二，打造试点项目。一是建议选取城中村改造重点片区作为广州建筑业高质量发展的试验田，并将项目委托给重点培育的本地建筑工业化产业链企业。如在广州重点推进的罗冲围等四大片区改造项目中，推动片区内的建筑项目全面按照工业化、绿色化、数字化相关要求实施。二是遴选合适的政府投资项目作为新型建筑工业化试点示范项目，重点推广较高装配率及建筑业现代化程度高的成套部品和技术。三是拓展城市更新应用场景。建议以城市更新领域的智能建造试点项目为依托，积极探索和推动 BIM 技术在建筑更新改造、市政管网改造、智能生产施工、智能建造设备装备、建筑产业互联网平台、智能运维等方面的技术集成运用。

第三，推动建筑产业数智化全链服务出海。建议引导推动设计企业联合粤港澳大湾区装配式、建材部品生产厂家，有实力的跨国施工企业、建材装修企业等，为需求强劲的中东、东南亚国家和地区等新兴市场提供服务。

（三）加强要素保障，促进行业持续发展

第一，加强政府支持。一是规范 BIM 技术服务收费标准。虽然 2019 年已正式发布《广东省建筑信息模型（BIM）技术应用费用计价参考依据（2019 年修正版）》，但从行业实际执行情况来看，仅少数项目参照计费标准取得 BIM 相关技术服务费用。以设计阶段 BIM 技术应用为例，大部分项目仅能以较低的单价承接 BIM 技术应用工作，甚至部分项目没有 BIM 费用，这对 BIM 技术的推广应用造成不利影响。较低的费用难以覆盖提供正常、合格的 BIM 技术服务的投入成本，阻碍行业的正常发展，降低技术人才加入 BIM 相关行业的意愿。建议提高对 BIM 模型的质量要求，规范市场价格。二是支持建筑工程领域科技经费申请。目前，BIM 从业人员不足，企业的科研端依赖生产端补贴。目前，广州在建筑工程领域没有可申请的科研经费，建议设立一定的科技支持经费。三是建议优化装配式建筑政策。目前，广州土地成本较高，装配式构件生产企业占地面积大，建议给予装配式构件厂一定的政策优惠，提高装配式建筑发展水平。四是给予资金奖补支持。给予 BIM 与智能建造试点工程项目资金奖补，将 BIM 正向设计、自主可控数字化设计软件、建筑机器人、建筑产业互联网平台等智能建造关键技术的研发应用纳入战略性新兴产业发展专项资金、产业发展专项资金的重点支持领域，调动企业创新积极性。

第二，加大专业人才培养力度。推动建立满足广州 BIM 技术研发与应用的学历教育、职业培训、继续教育等多层次的教育培训体系。支持高等院

校开设 BIM 专业或设置专业课程，鼓励企业开展全员 BIM 技术培训。利用广州职业教育全国领先的优势，加大 BIM 技术应用型人才培养力度。支持龙头企业研究成果推广、专利变现，以企业实操为行业培养人才，产学研用一体，形成以广州为中心的技术高地和人才培养高地。加强政府部门工作人员专业能力培训，完善政府部门年度培训计划，将 BIM 技术等培训纳入计划。

第三，做好宣传推广工作。通过多种形式深入宣传 BIM 技术应用的价值和意义，普及 BIM 技术知识，宣传 BIM 政策和标准，组织示范项目观摩和经验交流，深化正向设计示范成果运用等，不断提高社会认知度，营造 BIM 技术应用氛围，促进 BIM 技术应用向各领域拓展。

参考文献

邹信、刘凯、代仁欢：《BIM 技术在建筑领域的发展应用研究》，《科技与创新》2025 年第 1 期。

王宏娟：《基于 BIM 的建筑产品全生命周期监测与维护策略》，《产品可靠性报告》2025 年第 2 期。

产业园区篇

B.20
广州开发区新质生产力发展战略研究

熊卫国　周　翔　廖正娟*

摘　要： 广州开发区作为全国首批国家级经济技术开发区，经过40年发展，创造了经济社会快速发展的奇迹，但当下面临逆全球化加速、产业结构转型升级等挑战，尤其是随着新一轮科技革命和产业变革的深入发展，传统的生产力发展模式已难以适应新的形势，发展新质生产力成为广州开发区实现经济高质量发展的关键，建议从实施高水平对外开放、构建现代化产业体系、坚持产业科技互促双强、推动产城深度融合发展、营造一流营商环境五大方面培育壮大新质生产力。

关键词： 广州开发区　新质生产力　国家级经济技术开发区

新质生产力是一种创新起主导作用，摆脱传统经济增长方式、生产力发

---

* 熊卫国，广州开发区政策研究室主任、广州高新区高质量发展研究院院长，研究方向为产业经济、产业政策等；周翔，广州高新区高质量发展研究院研究员，研究方向为产业经济、社会学等；廖正娟，广州高新区高质量发展研究院研究员，研究方向为产业经济、区域经济等。

展路径，具有高科技、高效能、高质量特征，符合新发展理念的先进生产力质态，特点是创新，关键在质优，本质是先进生产力。发展新质生产力是推动高质量发展的内在要求和重要着力点，也是推进中国式现代化的重要抓手。广州开发区作为全国首批国家级经济技术开发区（以下简称"经开区"），用40年时间创造了经济社会快速发展的奇迹，2024年地区生产总值达到4338.9亿元，规模以上工业总产值达到8288.8亿元，综合实力连续7年位居全国经开区第二。但是，在新一轮科技革命和产业变革背景下，传统的生产力发展模式已难以适应新的形势，广州开发区作为改革开放前沿阵地、实体经济大区，在全市乃至全省、全国发展大局中的地位特殊、使命重大，必须坚决扛起"经济大区挑大梁"责任担当，加快培育发展新质生产力，不断培育新动能，塑造高质量发展新优势，力争在全市、全省、全国发展新质生产力中走前列、当尖兵、做示范。

一　广州开发区发展新质生产力的基础和条件

40年来，广州开发区坚持扩大开放，深化改革创新，1985~2024年地区生产总值年均增长22.2%，2024年人均地区生产总值达35.8万元，高质量发展取得明显成效，为发展新质生产力奠定了坚实基础（见表1）。

表1　2020~2024年广州开发区主要经济指标情况

单位：亿元，%

主要经济指标	2020年	2021年	2022年	2023年	2024年
地区生产总值	3662.7	4158.4	4313.8	4315.2	4338.9
同比增长	4.1	8.2	1.5	1.2	2.2
占广州市比重	14.6	14.7	15.0	14.2	14.0
规模以上工业总产值	8033.4	8771.4	8873.8	8631.9	8288.8
占广州市比重	40.2	38.9	37.8	36.2	36.6
社会消费品零售总额	1101.7	1261.8	1428.2	1552.5	1680.9
占广州市比重	12.0	12.5	13.9	14.1	15.2
财税总收入	1304.0	1454.9	1185.3	1194.8	—

注：地区生产总值增长率按可比口径计算。

资料来源：广州市黄埔区统计局。

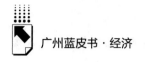

（一）发展空间不断拓展

土地要素既是新质生产力的基础性资源保障，又是承载各类生产资料的重要空间载体。广州开发区在发展过程中不断整合优化发展空间，从 1984 年西区港前工业园 9.6 平方公里扩大至目前总面积 484 平方公里的"三城一岛"发展格局，为发展新质生产力提供了空间保障。其中，中新广州知识城面积为 232 平方公里，是粤港澳大湾区唯一的国家级双边合作项目，规划"一核两心、一谷多园"城市空间格局，致力打造具有全球影响力的国家知识中心；广州科学城面积为 145 平方公里，深入建设"中小企业能办大事"创新示范区，加快国创中心研发及中试基地等重点园区开发，致力建成具有全球影响力的高科技园区；广州海丝城面积为 84 平方公里，谋划科技长滩、通江廊道、合和绿洲、未来超岛等重点项目，致力打造服务"一带一路"倡议的新贸易创新中心；广州国际生物岛面积为 1.83 平方公里，拥有广州实验室等重大创新平台，引领建设全市"一岛多园"政策先行先试集聚区，致力建设全球生物医药创新与产业发展高地。

（二）产业经济实力强劲

构建现代化经济体系是推进新质生产力发展的关键，广州开发区始终坚持"制造业当家"，坚持实体经济立区，纵深推进"万亿制造"计划，全力打造一批创新型现代产业集群。

产业集群化加快推进。近几年，广州开发区引进乐金光电、华星光电、小鹏汽车、TCL 中环、孚能电池、百济神州、龙沙、粤芯、小鹏汇天等一大批战略性新兴产业重大实体项目，形成绿色能源、汽车、新型显示、新材料、美妆大健康等五大千亿元级和高端装备、生物技术、集成电路等三大百亿元级产业集群。

产业转型升级加速发展。实施创造性转型行动，加速推动燃油汽车等传统产业切入新赛道，2024 年新能源汽车产能提升至 24 万辆，实施数智化转型行动，大力推进技改和"上云、用数、赋智"协同发力，文远知行成为

"全球通用自动驾驶第一股",集聚国家级高新技术企业超 3000 家,先进制造业产值占比超六成,工业产值连续 3 年位居"全国工业百强区"前三,成为全国高端制造的集聚高地。

新兴赛道加速布局。广州开发区前瞻布局人工智能、低空经济、量子信息等产业新赛道,推动全球首个大规模量产飞行汽车工厂小鹏汇天落地建设,"陆地航母"获全球最大飞行汽车订单,亿航智能在全球首获适航"三证"。生物医药产业加速创新,全省首个综合型药械注册指导服务工作站启动运行,获批创新药 2 个,生物医药产业园区综合竞争力提升至全国第五。

(三)科创引擎动力澎湃

科技创新能够催生新产业、新模式、新动能,是发展新质生产力的核心要素。广州开发区始终坚持打造科技创新强区,以科技创新助推高质量发展,加强关键核心技术攻关,持续提升创新策源能力,全面打造粤港澳大湾区国际科技创新中心核心枢纽。

创新平台能级跃升。建设以广州实验室和粤港澳大湾区国家技术创新中心为引领、重大科技基础设施为支撑、各类高水平研究机构为协同的"2+3+N"科创平台体系,成为全国唯一一个同时拥有国家实验室、综合类国家技术创新中心的行政区。

创新主体充分激活。锚定"中小企业能办大事",实施"科技型中小企业—高新技术企业—瞪羚企业—独角兽企业"的科技企业梯次培育计划,全面激发中小企业创新创业创造活力。建设超 1000 万平方米的华南地区最大的孵化器集群,引进培育各类高端研发机构 1344 家、国家级专精特新"小巨人"162 家,建成中国最大的大分子药物生产基地,科创指数连续 5 年居全国经开区首位。

创新人才不断集聚。全面打造国际人才自由港,自 2017 年起,广州开发区率先出台"国际人才自由港 10 条""海外尖端人才 8 条"等政策,推动钟南山、张伯礼等 121 个院士项目落户,引进 1336 名高层次人才,产业领军人才创新团队数量占全市的七成、创业团队数量占全市的六成、创新领

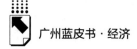

军人才数量占全市的50%以上，全社会研发投入强度达6.81%，居全国经开区前列。

（四）改革开放活力迸发

实践表明，只有全面深化改革开放，才能打破发展新质生产力的束缚。广州开发区始终坚持以改革破题、以开放聚势，发展内生动力活力不断增强。

营商环境改革亮点纷呈。广州开发区率先开展土地使用权转让，首创行政区与功能区融合体制，制定开发区管理条例，开展招商体制改革。全国首办中国留学人员科技交流会，成立首个区级营商环境改革局，创建首个"中小企业能办大事"示范区，全国首创订制式审批服务体系、生态环境综合许可"融e批"和智慧用能平台，出台"工业快批"3.0，在广东省首推黄埔人才商事服务"极速办"机制，商事登记"跨境通"入选首批广东省推进粤港澳大湾区规则衔接机制对接典型案例，营商环境便利度连续5年位居全国经开区第一。

重点领域改革深入推进。广州开发区全力推动全国首个"中小企业能办大事"创新示范区建设，中小企业能办大事经验入选全国干部学习培训教材。"项目筹建合伙人"机制荣获广州市"最具获得感"改革案例。推出全国首个区县级招商引资正负面清单、首个环保"三联动审批"，入选第三批国家产融合作试点城市。累计推出600余项改革举措，其中59项在全国、全省复制推广。大力探索知识产权改革，"打造全国首个知识产权运用和保护综合改革试验区"改革案例入选"中国改革2024年度案例"，广州赛业百沐生物科技有限公司的"microRNA敲除小鼠资源库"成功入选国家知识产权局战略规划司评选的"数据知识产权登记十大典型案例"，广州开发区成为国内知识产权高端元素最集中的区域之一。

对外开放水平不断提高。广州开发区加快建设"一带一路"创新合作示范区，推动中新广州知识城上升为国家级双边合作项目，创新打造中新合作标杆；生物岛迎来中以合作"孵化器"，成为国际合作与创新的典范；响应国家共建"一带一路"倡议建设海丝城。对外开放的广度深度全面拓展，经贸联系遍布 200 多个国家和地区，出台开发区首条外资企业奖励政策，高水平举办"全球投资促进年"等系列活动，累计集聚外资企业 5251 家、世界 500 强项目 330 个，实际利用外资累计超过 400 亿美元，实际利用外资连续 5 年位居全国经开区第一，获得联合国"全球杰出投资促进机构大奖"，连续 4 年获得国家级"杰出投资促进机构奖"。

二 广州开发区发展新质生产力面临的机遇和挑战

（一）机遇

1. 广州开发区40年的高质量发展，为发展新质生产力奠定良好基础

40 年来广州开发区一直注重产业生态体系的构建，不断引进和培育高端制造业企业，通过新兴产业的聚变、未来产业的裂变、主导产业的蝶变，形成五大千亿元级和三大百亿元级产业集群，提升了产业层次和竞争力。始终坚持创新驱动发展战略，建立起"一个部门管理、一支笔审批、一条龙服务"的管理服务机制，形成浓厚的创新创业氛围。重视并加强与众多国内一流高校、科研机构的合作，推动产学研深度融合，通过引进和培育一批具有产业链整合能力的龙头企业，推动上下游企业之间的紧密合作与协同，提升了产业的整体效能和竞争力，汇聚起发展新质生产力的澎湃动力，为广州开发区发展新质生产力打下坚实基础。

2. 广州活力创新轴与东部中心建设，为发展新质生产力提供有利条件

广州新规划的"活力创新轴"，北起中新广州知识城、南至南沙科学城，串联东部中心、广州科学城、广州国际生物岛、狮子洋增长极等重要战略节点。《广州市国土空间总体规划（2021—2035 年）》提出东部中心与中心城区、南沙新区并肩而立、联动发展。广州开发区的广州科学城、中新广州知识城、广州海丝城三大战略平台与增城开发区创新联动，共同撑起"现代活力核"。广州开发区作为广州东部中心的核心载体，拥有丰富的创新资源和一系列高质量发展战略平台，应把握广州活力创新轴和东部中心"现代活力核"建设机遇，充分发挥其在科技、人才、产业等方面的主导作用，加强政策创新和改革探索。广州开发区一举成为广州中心型世界城市的科技主引擎、产业主引擎、城市主引擎。

3. 新经济呈现新规律新趋势，为发展新质生产力提供新思路

以数字经济、智能经济、平台经济等为代表的新经济快速发展，给区域经济发展带来各方面的革新。企业主体从传统的线性成长模式，向高科技、高成长、高价值属性的瞪羚企业、独角兽企业变革模式转变。产业发展动力从"拼成本、拼规模"的要素驱动向"拼创新、拼人才"的创新驱动转变，产业组织模式从粗放型外延式发展向集约型内涵式发展转变，产业发展形态从基于地理空间的产业集聚、产业集群向跨界融合、要素自由流动的产业生态转变，产业发展载体朝着更加注重空间集约化、管理精细化、服务专业化的方向转变。广州开发区面向未来需围绕新技术、新人才、新要素、新主体、新赛道、新范式等方面，加快探索更多新的经验和模式，持续在全国形成引领和示范。

（二）挑战

1. 逆全球化加速，外向型经济受到冲击，原有发展模式难以为继

受中美关系、地缘政治动荡等因素影响，逆全球化趋势加速演进，全球产业链供应链加速重构，中国与发达地区创新交流合作面临诸多挑战。一方面，美国及其盟友通过战略竞争法案、芯片法案、"遏制联盟"等战略对抗举措及进出口管制、投资限制、金融制裁等"压制性"措施持续对华开展科技与产业封锁，并限制人才流动，加快关键领域人才封锁，意图限制中国产业升级与技术进步。同时，中国企业在与各国开展技术合作和正常贸易时频亮"红灯"，中国过去"技术引进—消化吸收—再创新"的路径受到阻碍。另一方面，受乌克兰危机、巴以冲突等影响，中欧合作、中以合作面临诸多挑战。2024年，外商直接投资额呈现负增长，全区外商投资、进出口贸易、产业链供应链安全等面临较大不确定性，广州开发区亟须加快实现创新驱动、增强内生发展动力，支持优势企业"出海"开展全球化布局，优化提升外商投资环境，建设更高水平开放型经济新体制。

2. 科技革命和产业变革背景下，产业结构转型升级迫在眉睫

以人工智能、新能源、超级计算系统、物联网和其他高科技为主导的全球科技创新已经进入密集活跃期，新一轮科技革命和产业变革正在重构全球创新版图、重塑全球经济结构。2024年，全球主要经济体继续通过政策支持，布局颠覆性技术领域，加速人工智能、新能源、量子信息等领域的发展。新时期，发展壮大新兴产业、前瞻布局未来产业，是主动适应和引领新一轮科技革命和产业变革的战略选择，是提高产业链供应链韧性和安全水平的重要举措，也是推进新型工业化、加快制造强国建设的必然要求。广州开发区正处于产业结构调整的关键时期，汽车制造、新型显示等支柱产业发展急需转型，生物技术、半导体及集成电路、高端装备等新兴产业尚未形成较强的经济支撑能力，亟须主动应变求变，优化产业结构，培育一批以人工智能为核心的新兴产业和未来产业，精准识别有潜力的未来产业，并助其构建新的发展生态。

3. 原有的开放基因和政策优势弱化，科技创新能力需进一步提高

随着改革开放进程加快以及国家相关制度和政策逐步放开，区域竞争日益激烈，广州开发区原有的独特的开放基因优势、政策优势逐渐弱化，区域竞争力和吸引力亟待重塑。而杭州、苏州等地凭借各自优势与特色，在开放创新方面逐渐走在前列。自贸试验区、自由贸易港、国际合作园区等各类开放平台在全国各地铺开，且国家层面赋予多项特殊优惠政策，如前海、横琴、南沙、上海临港、海南等国内不少地区都享有"双15%"税收优惠政策和跨境金融等特殊政策，其中，前海、上海临港还拥有调整现行法律法规的权限。广州开发区虽有自贸试验区创新联动发展区，但区级补贴等方式与先进地区相比优势不明显，亟须在争取重磅政策落地上持续发力。同时，在当今全球经济竞争格局中，科技创新能力的高低直接决定了一个国家和地区产业的竞争力和附加值。广州开发区仍需要摆脱传统的

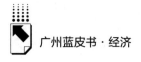

经济增长方式、生产力发展路径，激发新质生产力的核心动力，全面提升科技源头创新能力。

三 广州开发区发展新质生产力的战略和对策

面向新征程，广州开发区要深刻把握新质生产力的内在要求，依托自身禀赋优势，不断激发创新活力和内生动力，奋力开创高质量发展新局面，建设因地制宜发展新质生产力的示范区。

（一）实施高水平对外开放，争当制度型开放示范区

扩大高水平对外开放可以为我国发展新质生产力营造良好的国际环境，广州开发区发展新质生产力必须完善高水平对外开放体制机制，以更高水平、更大力度实施对外开放，争创新时代国家制度型开放示范区。

一是链接全球创新资源。发挥中新广州知识城"国家创新枢纽"和"国际人才自由港"作用，争创高技术人才移民制度试点，把吸引、用好新加坡和港澳创新人才作为重中之重，集聚和培养一批具有世界一流水平的创新团队和领军人才，支持世界 500 强企业设立外资研发中心或研发总部，加快建设海归小镇、留学人员创业园等引才引智平台，在全球范围内引入优质资本、关键资源、先进技术、拔尖人才等。

二是链接全球产业体系。坚持"引进来"和"走出去"相结合，扎实推进外贸、外资、外包、外经、外智"五外联动"，积极支持区内大型外资企业以商引商，带动上下游企业协同发展。支持区内存量跨国企业开枝散叶、增资扩产，牵引带动高水平对外开放，加快融入世界供应链和全球分工体系。同时，深入推进中沙（吉赞）产业投资合作（广州专场）交流会等重大国际产业合作平台发展，鼓励中小企业发展跨境电商，布局海外中心仓、国际合作园区等海外流通设施，加快形成企业"集团出海"新优势。

三是纵深推进制度型开放。深化市场化改革，破除一切制约创新的思想障碍和制度藩篱，积极争取中新广州知识城上升为中新两国政府间合作项

目，争取将人工智能与数字经济片区鱼珠片区、中新广州知识城片区纳入广东自贸试验区联动发展区，用好综合保税区、国家进口贸易促进创新示范区等平台，复制推广"海关特殊监管区域外开展保税研发"、生物医药研发用物品进口"白名单"制度等经验做法，将广州知识城综合保税区打造为"科技综保区"，加快推进科研物品跨境监管、科研人才通关便利、创新型药械产品互联互通等；依托广州实验室粤港澳大湾区生物医学数据中心，支持医药企业开展健康大模型训练，探索生物数据跨境流动新模式，着力营造具有全球竞争力的开放创新生态。

（二）构建现代化产业体系，争当推进中国式现代化生力军

现代化产业体系为新质生产力提供了实践的舞台和持续的动力，广州开发区因地制宜发展新质生产力，必须抢抓新一轮科技革命和产业变革的重大机遇，全力构建广州开发区、黄埔区"12136"现代化产业体系①。

一是发展壮大战略性产业集群。构建战略性产业集群梯次发展体系，围绕智能网联与新能源汽车、超高清视频与新型显示、绿色石化和新材料、新能源与新型储能、时尚消费品等产业集群，大力实施产业基础再造、产业链强链补链专项行动，加快推进质量强区建设。围绕生物医药、智能装备、集成电路产业等产业集群，积极发展相关产业的中高端环节，形成新的工业带动引领力量。围绕智能建造与建筑工业化，逐步构建钢结构生产、智能装备等产业链条，通过"硬科技+强链主+全场景"的模式，推动"像造汽车一样造房子"的产业变革，尽早产生经济效益。

二是前瞻布局未来产业。加快建立未来产业投入增长机制，超前布局低空经济与航空航天、人工智能（含智能无人系统、脑机接口）、具身智能机器人、量子科技等未来产业，服务好亿航智能、星河动力等细分行业龙头企

---

① "12136"现代化产业体系："1"是指一个总体要求，即"产业第一、制造业立区"；"2"是指两个主攻方向，即"制造业、服务业'两业融合'和数智化、绿色化'两化转型'"；"13"是指13个战略性产业集群和未来产业（9个战略性产业集群和4个未来产业）；"6"是指6个现代服务业。

业，打造西区航空航天科技小镇等一批未来产业特色园区，培育一批100亿级、500亿级未来产业后备军，加快打造国家未来产业先导区。

三是大力发展现代服务业。进一步推动现代商贸、科技服务两个行业提质升级，推动其与制造业深度融合，进一步推动专业服务、物流与供应链、文旅服务、现代金融四个行业发展壮大，赋能实体经济高质量发展。

（三）坚持产业科技互促双强，争当高质量发展的"排头兵"

科技创新和产业创新是发展新质生产力的"一体两翼"，科技创新是激活新质生产力的核心要素，产业创新是形成新质生产力的关键载体。广州开发区要围绕发展新质生产力布局产业链，及时将科技创新成果应用到产业发展中，增强内生增长动力。

一是培育高科技高成长企业。突出抓好链主企业培育，支持安利、视源电子、百济神州等链主企业参与国家重大科技专项，建设工程技术研究中心等内部研发机构，推动创新链高效服务产业链。突出抓好专精特新企业培育，引导企业加快产品、技术、应用创新和市场拓展，突出抓好中小企业培育，深入推进"中小企业能办大事"创新示范区建设，鼓励重点实验室等公共平台向中小企业开放。

二是强化应用导向的科研攻关。发挥"2+3+N"重大科创平台的牵引作用，加强基础共性技术供给，推动"1个主导产业+1个产业创新中心+1个概念验证中心+1个中试基地"的创新资源配置，加快建设广州颠覆性技术创新中心，加快颠覆性技术突破。构建"产业界出题、科技界答题"工作机制，探索"揭榜挂帅""拨投结合"等举措，编制关键核心技术清单。探索搭建公共技术服务平台，推动科研仪器设备、科技报告、科研数据等开放共享，构建覆盖创新研发、技术服务、中试工程化、产业化的政策体系。

三是完善科技成果转化机制。支持创新平台、科技型企业建立概念验证中心和小试、中试验证平台，深化职务科技成果赋权改革，优化专利转化运用模式，建立系统性应用场景对接机制。加快培育耐心资本，完善政府引导基金市场化运作机制，由专业机构主导基金的运作管理，支持国有企业投早投小投创新，培育集聚多元化创业投资主体。

（四）推动产城深度融合发展，争当区域协调发展的标杆

产城融合发展可以为发展新质生产力提供良好的空间基础和产业发展条件。广州开发区要深入推进产城融合发展，持续优化"三城一岛"空间格局，实现现代化产业体系与城乡区域协调发展深度融合、相互促进。

一是加强低效用地再开发。科学推进低效用地改造提升，规划实施全域土地综合整治，推动低效利用或闲置园区的清退、收储或转型，探索政府收储、国企开发、企业改造等多种方式，提高土地使用效率，加强产业用地保障。

二是打造高品质低成本载体。推进高品质专业园区建设，精准把握战略性新兴产业和未来产业的发展趋势、空间形态和发展诉求，高标准规划、高质量建设一批现代化产业园，前瞻布局新型基础设施，完善人才、技术、资本等创新生态。

三是全力实施"百千万工程"。打造城乡融合标杆，深入推进国家城乡融合发展试验区和国家农业现代化示范区建设，高标准规划 40 平方公里的莲塘—九龙湖—迳下"田园生态 CBD"，着力打造科创活跃、产业集聚、生态优美的城市田园创新创业高地。打造特色精品乡村和美丽乡村示范带，挖掘"一村一特色"，将产业链条延伸到镇街、村社，实现城乡高质量融合和农业现代化发展。

（五）营造一流营商环境，争当全面深化改革开放的先锋

优化营商环境是进一步全面深化改革的重要任务，也是加快形成同新质生产力相适应的新型生产关系的关键要素。广州开发区要持续巩固营商环境优势，提升政府治理能力，增强市场主体活力。

一是加强新领域新赛道制度供给。加强新经济政策供给，深入研究新生事物发展规律，感知产业跨界机遇与诉求，建立包容审慎的监管规则和标

准，探索技术移民、场景创新、数据要素应用、重大创新资源共建共享共用、硬科技孵化、新型产业创新组织建设等，营造良好的制度环境。

二是纵深开展行政审批服务改革。大力实施政策、金融、环境、服务四大惠企行动，建立企业综合成本测算体系，搭建中小微企业抱团成长平台、互助研发中试平台，持续压减企业要素成本。

三是深化广东省营商环境改革试点建设。围绕产业所需、企业所需，精准制定出台新一轮"1+15+5"产业政策体系，探索建立产业园区营商环境评价体系，打造一批营商环境优秀示范园区，健全"埔企通"涉企问题解决机制，深化"政务服务直通车"政企合作模式，全力营造产业友好型、企业友好型、企业家友好型营商环境。

参考文献

《2024年12月黄埔区主要经济指标》，广州市黄埔区人民政府网站，2025年2月5日，http：//www.hp.gov.cn/gzjg/qzfgwhgzbm/qtjj/tjzl/content/post_10103581.html。

《广州开发区、黄埔区召开高质量发展大会》，广州市黄埔区人民政府网站，2025年2月8日，http：//www.hp.gov.cn/xwzx/zwyw/content/post_10108623.html。

《广州市黄埔区广州开发区2020年国民经济和社会发展统计公报》，广州市黄埔区人民政府网站，2021年6月11日，http：//www.hp.gov.cn/gzjg/qzfgwhgzbm/qtjj/tjzl/content/post_7326842.html。

《广州市黄埔区广州开发区2021年国民经济和社会发展统计公报》，广州市黄埔区人民政府网站，2022年5月19日，http：//www.hp.gov.cn/gzjg/qzfgwhgzbm/qtjj/tjzl/content/post_8283065.html。

《广州市黄埔区广州开发区2022年国民经济和社会发展统计公报》，广州市黄埔区人民政府网站，2022年5月19日，http：//www.hp.gov.cn/gzjg/qzfgwhgzbm/qtjj/tjzl/content/post_9040060.html。

《广州市黄埔区广州开发区2023年国民经济和社会发展统计公报》，广州市黄埔区人民政府网站，2024年5月8日，http：//www.hp.gov.cn/gzjg/qzfgwhgzbm/qtjj/tjzl/content/post_9637364.html。

B.21
加快推进广清产业园发展的对策研究

曾德卿 高瑞雄*

摘 要： 共建产业转移合作园区是广东省落实"百千万工程"的重要抓手，是促进区域协调发展的关键举措。党的二十届三中全会提出，要完善实施区域协调发展战略机制。《中共广东省委关于贯彻落实党的二十届三中全会精神 进一步全面深化改革、在推进中国式现代化建设中走在前列的意见》提出，推广广清经济特别合作区等跨区域产业合作经验做法。广清产业园作为广清经济特别合作区核心园区，自 2014 年成立以来，经"立园""兴业""营城"11 年发展，从无到有、从小到大，探索形成统筹有力、竞争有序、协作高效、共建共享的"共建园区"新模式，打造推动产业有序转移促进区域协调发展的"广清实践"。本报告梳理了广清产业园开发建设历程、取得成效、存在困难，提出了进一步完善体制机制、加强要素保障、构建现代化产业体系等对策建议，促进其更好发挥在全省产业转移园区中的示范引领、辐射带动作用。

关键词： 产业有序转移 区域协调发展 共建共享

一 广清产业园基本情况

为推动产业有序转移、促进区域协调发展，广州、清远两市合作共

---

* 曾德卿，广清经济特别合作区广清产业园管委会党政办公室主任，研究方向为政务服务、行政审批、营商环境等；高瑞雄，广清经济特别合作区广清产业园管委会党政办公室宣传组组长，研究方向为新闻传播、对外宣传等。

建广清经济特别合作区广清产业园。园区由广州市委托广州开发区、黄埔区主导开发建设（属地政府负责社会事务），是广东省5个承接产业有序转移重点主平台园区之一，是珠三角地区产业有序梯度转移的首选地。

2014年6月，广州、清远两市政府签署《共建广州（清远）产业转移工业园框架协议》，2015年9月开展实质建设。2020年12月，两市政府签署《共建广州（清远）产业转移工业园补充协议》，广清产业园继续采取对口帮扶模式，由广州开发区主导开发。2021年5月，广东省委、省政府批复同意《广清经济特别合作区建设总体方案》，广清产业园纳入合作区"三园一城"范围。2023年6月，广清经济特别合作区广清产业园管理机构正式揭牌，标志着园区迈入实体运行阶段。

园区总规划面积为28.7平方公里，首期开发面积为13.6平方公里，位于清远市清城区石角镇，地处广州、清远、佛山交界的"三角"地带，纳入广州都市圈范围；距离广州白云国际机场35公里，距离清远港20公里，肇花、佛清从、清花（在建）等多条高速及107国道皆从园区周边通过。

截至2024年底，园区累计签约项目327个、投（试）产工业企业181家、在建工业项目45个、筹建工业项目16个，规模以上工业企业103家；累计完成规模以上工业总产值1014亿元、全口径税收26亿元；现有国家级专精特新"小巨人"企业1家、国家博士后科研工作站1家、省级专精特新企业15家、省博士工作站4家、省级企业技术中心2家、高新技术企业40家、省工程技术研究中心8家、市工程技术研究中心23家、中小型科技企业20家。园区在2023年度全省产业园区高质量发展考核中获评"优秀"等次，先后获得"年度最佳经济功能区""最具投资营商价值产业园区""2024十大最具投资价值产业园区"等荣誉。

2024年，园区工业总产值同比增长14.6%，其中规模以上工业总产值同比增长9.1%（见图1）；全口径税收为5.61亿元，同比增长8.8%；财政收入为5.02亿元，同比增长35.58%，其中一般公共预算收入为 2.41 亿元，同比增长 12.2%（见图 2）；外贸进出口额为 13.96 亿元，同比增长 114.9%。新签约项目 28 个，计划总投资 105 亿元，其中 3 亿元以上项目有 8 个，10 亿元以上项目有 3 个；新增投（试）产项目 25 个，新增动工项目 15 个，新入库投资项目 40 个，新增规模以上工业企业 28 家。

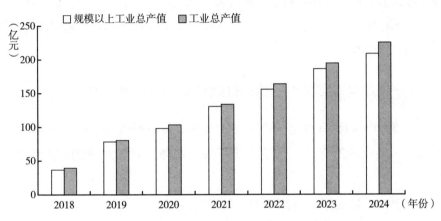

图 1　2018~2024 年广清产业园工业总产值

资料来源：广清产业园管理委员会经济发展局。

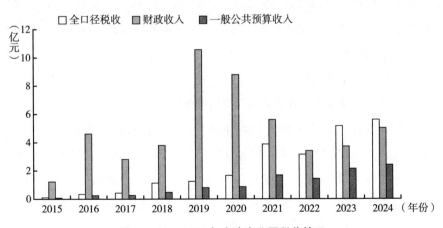

图 2　2015~2024 年广清产业园税收情况

资料来源：广清产业园管理委员会财政和国资管理局。

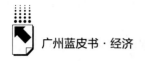

二 广清产业园开发建设的做法和成效

按照广东省和广州、清远两市实现园区一体化、高水平建设广清经济特别合作区的要求，广清产业园狠抓深化改革第一动力、招商引资第一使命、城乡融合第一追求，探索打造区域统筹、条块协同、上下联动、共建共享的园区一体化建设新格局，为全省区域协调发展和产业转移合作园区建设提供生动的"广清样板"。

（一）加强顶层设计，打造区域协调发展的广清实践

广清两市从顶层设计和系统谋划上发力，以体制机制创新激发园区的动力活力，形成统筹有力、竞争有序、协作高效、共建共享的广清产业园模式。

1. 实行"充分授权、封闭运作"的管理模式

园区党工委、管委会作为清远市委、市政府和黄埔区委、区政府共同派出机构，统筹主导园区的建设发展和运营管理，清远市以授权授章的方式赋予园区 83 项行政审批权限，移交相关职能部门 14 枚 "3 号章"，真正做到企业办事不出园区、一站式服务；建立一级财政和预决算，除了早期广东省和广清两市的财政投入，土地出让收入、税收等都留存园区滚动发展，对园区开发建设起到重要作用。

2. 形成"引领支撑、联动协作"的发展优势

广州开发区、黄埔区派出专业管理人员与清远选派干部共同组建管理服务团队，主导园区开发建设和运营管理。广州开发区、黄埔区先后派出 4 批超过 50 名干部到园区开展产业帮扶，打造产业发展重大平台和引擎，为清远带来先进服务和管理理念，进一步巩固广州开发区营商环境的品牌优势。

3. 探索"共商共建、共享共赢"的合作路径

十一年间，广清产业园"共商共建共享共赢"模式实现从 1.0 向 3.0

的跃升。在单向赋能1.0阶段，通过广州人财物的充分介入，该模式直接主导广清产业园前期的开发建设，实现快速起步；在双向互动2.0阶段，广清两市加大力度招引更高质量、更高效益、更可持续的产业项目，实现从"输血式"向"造血式"的有效转变；在双向赋能3.0阶段，广清两市提出建设更全面、更深入的广清经济特别合作区，作为"三园"中发展最成熟的广清产业园，努力以"点对点"协作持续拓展合作范围，带动广清两地乃至粤港澳大湾区"面对面"的互联互通，用"小思路"贯彻"大思想"、"小谋划"贯彻"大战略"、"小抓手"贯彻"大决策"，打造粤港澳大湾区产业有序转移首选地。

（二）坚持实体经济立园，打造产业协同发展的广清实践

牢牢把握对口帮扶协作和产业有序转移机遇，推动广清两地产业链双向联动与融合，形成"广州研发+清远制造""广州总部+清远基地""广州孵化+清远产业化""广州前端+清远后台"等"飞地"发展模式，把园区建设成为广州先进制造业产业链分工合作的协同发展区、清远先进制造业高质量发展高地，真正形成"1小时产业链配套"。

1.做大做强产业体系

充分发挥广州企业资源多、产业基础雄厚的优势，紧扣产业集群发展需求，推动形成基于产业链供应链合作的跨区域产业联动发展格局，构建起智能家居、汽车零部件、新材料三大主导产业和高新现代农业生物技术、食品美妆等2个重点产业的"3+2"产业体系。在智能家居方面，充分发挥欧派家居的引领带动作用，充分发挥广州定制设计之都的辐射带动作用，吸引更多珠三角地区乃至全国定制家居企业到园区发展，致力打造华南定制家居制造产业集群。在汽车零部件方面，主动对接广汽、小鹏等整车厂，以富强、一彬、长华为主导，加速园区汽车零部件产业规模化、集群化发展，加快打造百亿元级产业集群。在新材料方面，以金发、立邦等产业龙头企业为引领，加快发展高性能、差别化、功能化的先进基础材料，加强关键工艺技术、装备的研发与产业化，努力构建竞争力强的前沿新材料产业集群。

2. 协同开展招商引资

园区通过构建同频共振的联合招商机制、互利共赢的利益联结机制和严密规范的入园机制，全面调动广清两地政府、企业、市场等多方积极性，共同编织项目、人才等资源共享"信息网"，在有限土地资源下导入高质量项目。截至 2024 年底，园区累计签约引进的项目近八成来自广州，计划总投资额超 1000 亿元，其中亿元以上项目有 228 个，10 亿元以上项目有 25 个。

3. 加快项目动工投产

紧紧把握"开工、竣工、投产"三大时间节点，大力推行"承诺审批""信任审批"，通过提前沟通、并联审批等措施，实现 3 个月平整 6000 亩土地，工业企业筹建流程大幅压减，让企业"等地期"变"预审期"，富强三期、长华、特威、福瑞杰等一批项目实现"当年拿地、当年动工、当年投产"，在全省共建园区中"跑出广清园速度、干出广清园效率、做出广清园质量"。

（三）持续优化营商环境，打造企业安心发展的广清实践

坚持整体把握与重点突破相结合，注重科学部署和职责分工，有效复制推广广州开发区先进经验，围绕"无事不扰、有求必应"原则，结合园区发展实际实现本土化、再创新，让企业感受到"在园区就是在广州""放心落户、省心筹建、安心经营，来了就不想走"。

1. 企业服务"零距离"

园区对标广州开发区建立"一站式+"服务窗口，商事登记、规划报建、施工许可、竣工验收、税务登记、不动产登记等业务均可在园区办理。设立全省首个工业园区不动产登记便民服务窗口，构建便民利企、运转高效的不动产登记服务体系；设立清远首个工业园区智慧办税服务厅，广清两地 224 项涉税业务实现"一站式"、跨区域办理；建成清远市人才驿站广清产业园分站，服务园区人才发展和企业招才引智；积极开展"五大服务专班""广清茶话荟""对话企业家"等服务，出台《优化营商环境十大行动方案》和《促进园区提质增效实施方案》，让企业享受"清远

成本、广州服务"。

2.基础设施能级跃升

按照"开发一片、建成一片、收效一片"策略推进基础设施建设，截至 2024 年底，广清产业园已累计投入财政资金超 50 亿元，完成土方平整近10000 亩，新建或升级改造路网里程约 50 公里，形成德龙产业大道、广州路、创新路和华清产业大道、德清大道、湖岸西路"三横三纵"的主要路网格局，同步完善其他支路网。

3.配套设施建设水平大幅提升

九年一贯制公办学校、幼儿园、消防站、污水处理厂、体育文化广场、商业综合体、社区门诊部、警企服务站、新能源汽车充电站等配套设施陆续建成并投入使用；110 千伏广清变电站建成投运，220 千伏广清产业园变电站正加快建设，建成后可缓解企业用电难问题；开通多条直达清远市区及广州花都、黄埔、天河等区的公交专线。

（四）助力"百千万工程"，打造城乡融合发展的广清实践

园区充分释放省级经济特别合作区和国家城乡融合发展试验区广清接合片区的双重叠加效应，积极参与属地"百千万工程"，以现代化产业新城助力城乡融合。

1.发展成果惠及周边

支持石角镇卫生院改建扩建，支持属地加快推进国道 107 线相关路段升级改造，不断满足职工医疗卫生、企业物流运输等需求。成立园中村改造工作领导小组，采取"以点带面"拆迁方案，选取试点实施园中村改造。园区企业累计提供就业岗位约 3 万个，带动清远本地约 1.2 万人实现就业增收。广清玉岩学校、广清幼儿园投入使用，有效解决企业外来务工人员和周边村民子女读书难问题。

2.助力乡村振兴

积极参与"6·30"助力乡村振兴活动，广清产业园已累计捐赠清城区石角镇和阳山县岭背镇慈善资金 930 万元；围绕辐射带动园区周边村（社

区）产业升级，选取马头村"红色文旅"项目，支持石角镇"百千万工程"建设资金 500 万元；开展园区周边村庄美丽乡村建设及农田灌溉工作，已累计投入资金 530 万元，为周边村庄修复村道、清淤、修复水渠、建设灌溉渠等。

3. 推进协同发展

进一步加强与广清经济特别合作区其他园区、广清纺织园的协调联动和招商信息共享，与清远经开区、连山产业园、阳山产业园分别签署合作框架协议，积极推送招商线索，推动产业深度对接，实现优势互补、资源共享，共同助力广清一体化高质量发展。

三 加快广清产业园发展的条件分析

（一）发展机遇

中央和地方高度重视区域协调发展，出台了一系列政策推动相关工作，为广清产业园发展创造了良好的机遇。在中央层面，2024 年 7 月印发的《中共中央关于进一步全面深化改革 推进中国式现代化的决定》提出，完善区域一体化发展机制，构建跨行政区合作发展新机制；完善产业在国内梯度有序转移的协作机制，推动转出地和承接地利益共享。2024 年中央经济工作会议强调，加大区域战略实施力度，增强区域发展活力；提升经济发展优势区域的创新能力和发挥其辐射带动作用。在广东省层面，2023 年 3 月中共广东省委、广东省人民政府印发的《关于推动产业有序转移促进区域协调发展的若干措施》提出，支持对口帮扶协作双方探索建立成本分担和利益共享机制。2023 年印发的《广州都市圈发展规划》明确提出，创新发展广清经济特别合作区。2024 年 11 月印发的《中共广东省委关于贯彻落实党的二十届三中全会精神 进一步全面深化改革、在推进中国式现代化建设中走在前列的意见》提出，完善产业有序转移体制机制，拓展跨区域产业合作范围。2025 年广东省《政府工作报告》提出，完善广清经济特别合作区管理体制。自 2025 年 3 月 1 日起施行的《广东省促进产业有序转移条例》明确，支持产业承接地和产业转出地建立健全产业共建共享机制。

在产业协同发展方面，以广清对口帮扶协作为支撑，以国家城乡融合发展试验区广清接合片区、广清经济特别合作区等重大平台为依托，广清产业园可立足现有发展基础，牢牢抓住广清两地产业协同共建、创新资源共享、营商环境共建等核心任务，加快打造区域协同发展的广清产业园样本；持续深化"广州孵化+广清产业园产业化""广州研发+广清产业园制造""广州总部+广清产业园基地""广州前端+广清产业园后台"等产业合作模式，积极承接广州汽车制造、新材料等产业转移，全面推动产业深度融合发展；充分发挥广州科创资源集聚优势，积极对接广州科研机构，争取更多相关科技创新成果到园区落地转化。

在交通一体化方面，广清产业园所在的清远南部地区与广州、佛山、肇庆等珠三角地区城市接壤，粤港澳大湾区加快形成 30 分钟生活圈，目前广清城际北延线已开通，广清城际南延线预计 2025 年底开通，永清广高铁项目已完成预可研审查。此外，清远还在全力推进"三铁工程"，即"南部通地铁、中部通郊铁、北部通高铁"，加速融入"轨道上的大湾区"。

在农业文旅方面，清远鸡、西牛麻竹笋年产值双双突破百亿元，历经十年筹备的清远长隆度假区已于 2025 年春节前试营业。清远持续推动"五大百亿元级现代农业产业"和康旅产业发展，以产业振兴激发经济发展内生动力，未来园区高新现代农业、生物技术等产业发展前景广阔。

（二）面临挑战

一是体制机制有待完善。清远市授予园区 83 项行政审批权限服务企业发展全生命周期，但当前管理授权仅停留在市、县级层面，省级经济管理权限的委托下放仍未能突破，且园区跨区域合作的深层次动力问题仍有待解决。

二是要素保障不够到位。园区首期 13.6 平方公里的开发基本饱和，可用于建设的工业用地较为紧缺；目前园区财政收入有限，滚动开发资金不足;科技创新对园区发展的支撑力不足,产业引领作用不强,高端人才难以"引进来、留得住"。

三是营商环境有待优化。交通、电力、排水、通信等基础设施有待进一步提质升级,医疗、教育、生活等配套设施仍存在诸多短板;龙头骨干企业的带动效应和企业间协同效应仍未充分发挥,园区招大引强、招新引优、提升产业集聚度面临多重压力。

四 加快推进广清产业园发展的对策建议

深入贯彻落实习近平总书记关于区域协调发展的重要论述精神,认真落实广东省委"1310"具体部署、"百千万工程"工作部署和广清两市工作要求,以高水平推进广清一体化和高标准建设承接产业有序转移主平台为目标,坚持实体经济立园、制造业当家,全力打造广清一体化高质量发展主阵地、承接产业有序转移示范地和先进制造业协同发展新高地,把园区建设成为区域带动能力强、产业特色鲜明、创新人群活跃、产城高度融合的现代化产业园区,为推动产业有序转移促进区域协调发展做出新的"广清贡献"。

(一)加强区域协作,深化体制机制创新

以广清对口帮扶协作为支撑,依托国家城乡融合发展试验区广清接合片区、广清经济特别合作区等重大发展平台,积极承接广州汽车制造、新材料、生物医药、食品美妆等产业转移;充分发挥广州科创资源集聚优势,积极对接广州科研机构,争取更多科技创新成果在园区落地转化。完善顶层设计,进一步健全园区统计、财税分成等体制机制,落实园区的经济、社会等事权,增强园区发展后劲;强化规划引领,推动广清产业园区"十五五"规划等制定实施,为园区发展蓄势增能;完善招商引资、标准厂房建设使用、指标核算、用地保障、干部选派等工作机制,推动部分省级权限下放,进一步激发内生动力。

（二）树立"六新"导向，培育壮大主导产业

围绕加快发展"新业态、新平台、新企业、新产品、新技术、新设备"的目标要求，深化产业链招商，坚持"引龙头"与"造生态"并重，全链条培育壮大园区"3+2"产业；坚持以商引商，推动企业增资扩产及引入上下游配套项目。深化"广州孵化+广清产业园产业化""广州前端+广清产业园后台"等产业合作模式，推动智能家居、汽车零部件、新材料、高新现代农业生物技术、食品美妆等领域的专业化分工和数字化转型。

（三）持续深化改革，激发市场主体活力

借鉴广州开发区的前沿理念和成功实践，提升政务增值服务效能，让企业来广清产业园投资，获得与在广州开发区相媲美的服务体验。用好3.0版提质增效实施方案，助力企业"降本增效、提质赋能"。在降低制造业综合成本方面，严格执行净地出让制度，确保拟出让工业用地具备动工开发的基础条件；落实企业用电抄表到户，加快推进电网侧储能电站报批建设。在提升项目审批效率方面，对项目进行全生命周期管理，跟踪服务项目开工建设和投产达产全流程。在做好企业服务方面，继续用好"广清茶话荟""湾北广清谈"品牌，为企业搭建沟通交流平台；用好园区数字化管理平台，让"数据多跑路、企业少跑腿"，让企业享受地道的"湾区服务"。

（四）强化要素保障，营造良好发展环境

加强土地保障，坚持节约集约用地，盘活存量土地资源，优先保障重点项目用地需求；对园区内已建成标准厂房并投产的企业，规范工业物业产权分割，创新"工业上楼"模式，让上下游就在"上下楼""隔壁栋"。加强资金保障，紧抓增量政策窗口期，积极争取银行信贷支持，为园区企业拓宽融资渠道；用好地方政府专项债券，重点完善北部片区路网，配套建设智慧停车场、全民健身中心、新能源充电桩等，持续完善硬件配套。加强人才保障，充分发挥人才驿站作用，以清远市域产教联合体实体化运作为契机，持

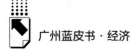
续完善教育、医疗、文体娱乐等配套设施，让人才"引得来、留得下、住得安"，为企业发展提供人才支撑。

（五）坚持协调发展，释放园区辐射效应

在省市有关职能部门的支持下，广清两地拓展园区城镇开发边界，谋划推动扩园，完善园区空间布局。广清两市积极参与"百千万工程"，通过"产业联动+城乡融合"，让园区发展成果更多更好惠及周边乃至清远南部地区；深化与连山、阳山、清新等地的沟通联系，释放园区辐射带动效应，与清远北部地区实现协同发展。

（六）增强承载能力，构建现代化产业体系

在全力推动园区发展上下功夫，大力推进土地节约集约利用，用心服务好现有企业，加大招商引资力度，加强科技创新和人才队伍建设，推动科技产业互促双强。在完善园区管理体制机制上下功夫，明确发展定位，着力解决难点堵点问题，进一步激发园区发展活力。在打造营商环境品牌上下功夫，坚持对标先进一流，持续打造市场化、法治化、国际化一流营商环境，发挥示范引领作用，带动清远产业园区实现更高水平发展。

参考文献

《中共中央关于进一步全面深化改革　推进中国式现代化的决定》，中国政府网，2024年7月21日，https：//www. gov. cn/zhengce/202407/content _6963770. htm？sid _for _share＝80113_2。

《中共广东省委　广东省人民政府印发〈关于推动产业有序转移促进区域协调发展的若干措施〉》，广东省人民政府网站，2023年3月24日，http：//www. gd. gov. cn/gdywdt/zwzt/jfqyhl/ywbd/content/post_4139554. html。

《广东省人民政府关于印发〈广州都市圈发展规划〉〈深圳都市圈发展规划〉〈珠江口西岸都市圈发展规划〉〈汕潮揭都市圈发展规划〉〈湛茂都市圈发展规划〉的通知》，广东省人民政府网站，2023年12月20日，http：//www. gd. gov. cn/zwgk/jhgh/content/

post_4303577. html。

《中共广东省委关于贯彻落实党的二十届三中全会精神　进一步全面深化改革、在推进中国式现代化建设中走在前列的意见》，广东省人民政府网站，2024 年 11 月 26 日，http：//www. gd. gov. cn/gdywdt/zwzt/ygadwq/zxzc/content/post_4584575. html。

《2025 年广东省政府工作报告》，广东省人民政府网站，2025 年 1 月 29 日，http：//www. gd. gov. cn/gkmlpt/content/4/4656/post_4656813. html#45。

《广东省促进产业有序转移条例》，广东省人民代表大会常务委员会网站，2025 年 2 月 22 日，https：//www. gdpc. gov. cn/gdrdw/zyfb/ggtz/content/post_233837. html。

《广清经济特别合作区广清产业园：十年耕耘，鱼塘荒地生长出百亿级工业园区》，南方 plus，2024 年 6 月 11 日，https：//static. nfnews. com/content/202406/06/c8968835. html？colID＝0&appversion＝12200&firstColID＝80&enterColumnId＝14。

B.22
广州产业型城中村转型升级路径研究

广州市城市规划勘测设计研究院课题组*

摘 要： 城中村改造是国家提出的三大工程之一，是实现城市高质量发展的重要抓手。其中，产业型城中村在广州城中村中超半数，是广州门类丰富的产业集聚地、就业安居的生活落脚点、企业发展的稳压孵化器，肩负着支撑广州实现"产业第一、制造业立市"的使命。本报告系统梳理了广州产业型城中村的发展特征以及转型升级面临的困境，研究分析了国内外产业发展趋势，提出广泛链接创意资源、优化产城界面、精准"留生产"等方面的对策建议。

关键词： 产业型城中村 高质量发展 广州

2023年7月，党中央做出在超大特大城市积极稳步推进城中村改造的战略部署，城中村改造不再单纯是城市空间拓展的需要，而是成为推动超大特大城市新旧动能转换、提升人居环境品质、补齐民生短板的重要途径。

城中村改造，产业先行。相较于居住功能主导的城中村，产业型城中村内主要集聚服装加工、电商仓储、小商品制造等劳动密集型产业，形成完整但相对低端的产业链，为大量中小微企业及外来务工人员提供了低成本的发展空间和生活场所，是城市经济的重要组成部分，体现了广州产业型城中村

---

* 课题组组长：艾勇军，广州市城市规划勘测设计研究院正高级工程师，研究方向为城中村改造与产业发展。课题组成员：张保亮，广州市城市规划勘测设计研究院工程师；梁宏飞，广州市城市规划勘测设计研究院工程师；高慧智，广州市城市规划勘测设计研究院高级工程师；刘洋，广州市城市规划勘测设计研究院正高级工程师；陈奎延，广州市城市规划勘测设计研究院工程师；张艺萌，广州市城市规划勘测设计研究院工程师。执笔人：艾勇军。

在城市化进程中独特的包容性和经济韧性。立足于实现"新型工业化"的关键任务和"产业第一、制造业立市"的发展目标，广州需要进一步关注产业型城中村高质量转型升级，探索产业型城中村产业转型升级的路径，确保产业"留得住"、推动产业"转得好"。

一 价值认知：什么是产业型城中村

根据 2024 年发布的《广州市城中村改造专项规划（2021—2035 年）》，城中村是指被现状连续建成区包围且位于城镇开发边界范围内，失去或基本失去耕地、实行村民自治和农村集体所有制的建成区域。目前，广州共有 272 个城中村，城中村占地面积为 150 平方公里，现状建筑面积为 3.89 亿平方米，常住人口约 495.9 万人。

产业型城中村是指以非正规产业为主导功能，兼具生产与居住双重功能的混合型社区，其市场主体超 1000 家。广州共有 160 个产业型城中村，主要分布在白云、番禺、天河、黄埔等区（见图1）。作为粤港澳大湾区产业梯度转移的独特产物，广州产业型城中村具有显著的规模和集聚特征，以仅占全市城中村 70% 的土地面积，汇集全市城中村 90% 以上的企业、常住人

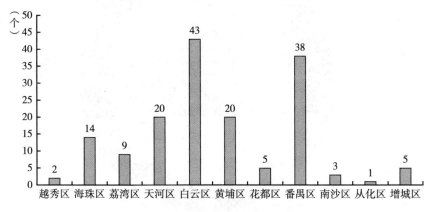

图1 广州市产业型城中村分布情况

资料来源：《广州市城中村改造专项规划（2021—2035 年）》和 2024 年企查查数据。

口和纳税额。广州产业型城中村主要依靠自发建设发展，其空间特征表现为未经规划的自建厂房、仓储设施与村民住宅垂直交织，形成"下厂上住""前店后厂"的布局。

然而，产业型城中村不受监管的混合空间引发不少安全问题，且面临产业转型升级的挑战，亟须通过政策支持和规划引导，在保留原有产业基因的基础上，推动其向更高附加值的产业形态转变。

（一）门类丰富的产业集聚地

按国民经济行业分类统计，广州产业型城中村涉及产业门类 97 种，占全部产业门类的 1/5，主要以纺织服装业、批发业和商务服务业为主（见图 2）。基于丰富且高度集聚的产业门类，产业型城中村形成独具特色的柔性生产模式，快速响应复杂多变的市场需求。依托这种生产模式，康鹭片区（凤和村）可以做到当天接单、当天打板、当晚赶制、连夜送货。这也成为诸多产业型城中村在产业规模化时代安身立命的根本，在

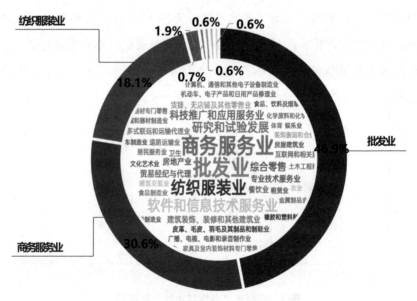

图 2　广州市产业型城中村主导产业示意

资料来源：2024 年企查查数据。

当下的电商快消时代，其强大的供应链不断吸引电商企业的投资和入驻。①

（二）就业安居的生活落脚点

产业型城中村为大量的来穗人员提供了安居乐业之所，展现了广州开放包容的城市品格，也彰显着广州的人口吸引力和城市竞争力。据统计，广州160条产业型城中村居住来穗人员418万人，占来穗人员总量的50%以上，占全市常住人口总量的1/5，形成围绕行业带头人的乡缘集聚特征，建立极为稳固的社会关系。其中，广东省内来穗人员数量前五城市分别是湛江、茂名、揭阳、梅州和清远，约占产业型城中村居住来穗人员总量的23%，广东省外来穗人员数量前五省份分别是湖南、广西、湖北、江西和四川，约占产业型城中村居住来穗人员总量的43%。同时，来穗人员整体年龄结构年轻化，15~50岁人口占比超60%，为广州经济发展注入源源不断的动力。②

（三）企业发展的稳压孵化器

广州产业型城中村提供的低成本空间集聚了近75万家市场主体，占全市市场主体总量的24%，主要分布在天河区和白云区。广州产业型城中村市场主体以民营企业和个体户为主，截至2024年12月，数量分别达到33.67万家和30.35万家（见图3）。依托全市近1/4的市场主体，广州形成各具特色的产业型城中村，如海珠康乐村—鹭江村的纺织服装产业、白云三元里村皮具批发产业、番禺大罗塘村珠宝批发等，不仅在各自垂直领域形成了品牌效应和规模优势，更成为广州特色产业的重要名片。同时，诸多小微企业聚沙成塔，不仅为周边龙头企业提供了大量

---

① 高慧智等：《从外源到内生：柔性生产驱动空间非正规化研究——以广州市康鹭片区为例》，《城市规划》2024年7月12日。
② 本报告来穗人员相关数据来自广州市来穗人员服务管理信息系统，截至2024年12月。

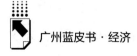

产业配套支持，还支撑了头部企业发展，孵化出如希音、舜飞等明星独角兽企业。①

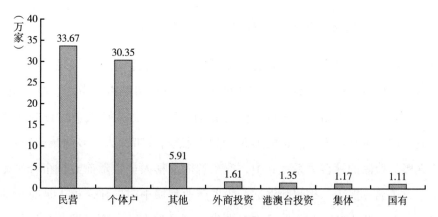

图3 截至 2024 年 12 月广州产业型城中村各类型在册企业数量

资料来源：2024 年企查查数据。

二 发展困境：后劲不足，优势难续

（一）产业困境：产业环节弱、层次低，以小微企业为主，产业发展后劲不足

一是企业普遍规模较小。这些小微企业不仅经济实力弱，而且抗风险能力也较差。据统计，产业型城中村每公顷土地营收 3.5 亿元，仅为全市平均水平的 40%，纳税企业有 23.34 万家，占产业型城中村全部企业的 31.06%②。

二是产业链环节普遍低端。以服装产业为例，设计端主要依靠"抄板"，缺乏原创设计能力；生产端产品同质化严重；销售端依靠"走量"赚取微利，缺乏有效的营销策略和渠道。低端产业链限制了企业利润增加，也

---

① 闫小培、魏立华、周锐波：《快速城市化地区城乡关系协调研究——以广州市"城中村"改造为例》，《城市规划》2004 年第 3 期。
② 本报告税收数据来自启信宝 2024 年数据，企业数量数据来源自企查查 2024 年数据。

制约了创新动力增强。

三是现有的发展模式不可持续。传统生产模式排斥设计、营销和年轻人才，陷入低端锁定，利润有限。随着城市土地、劳动力等要素成本上涨，企业利润空间进一步收窄，产业整体外迁风险加剧。

（二）空间困境：空间使用普遍低质，非正规生产生活方式产生安全隐患

一是低质空间制约产业规模进一步扩大。产业型城中村普遍存在用地分散、建筑质量较差等问题，单个旧村平均面积仅 0.5 平方公里，且违法建设占比较高。建筑多为低层厂房，无法满足现代产业对空间和设施的需求，且部分地区基础设施老旧，排水管网未接入市政污水管网，影响生产经营并对环境和居民生活造成负面影响。

二是安全隐患带来生产生活风险。产业型城中村以"非正规"生产为主，缺乏规范管理和监督，存在较为严重的安全隐患，如许多厂房消防设施不完善，防火间距不足，且人员密集，公共卫生安全风险较高。

（三）改造困境：传统改造周期长，容易造成产业生态破坏，发展优势难续

一是改造后原有产业生态遭到一定破坏，产业链条难以运转。城中村与周边区域紧密协作，形成从原材料供应到产品销售的全流程产业链，如海珠区康鹭片区（凤和村）已形成完整的服装产业链，囊括服装加工生产、服装设计、布匹生产、布匹印花、布匹销售和物流仓储多个环节，是纺织服装产业信息汇集的中心（见图 4）。但是，大规模的拆迁和重建迫使部分企业搬迁，可能导致产业链出现断裂，产业的集聚效应减弱。

二是改造后原有低成本经营空间被挤压，产业活力难以维持。产业型城中村提供了低成本的生产经营空间，是中小微企业的"孵化器"。然而，楼宇建设和管理成本较高，不仅许多原有中小微企业无法承受，被迫退出

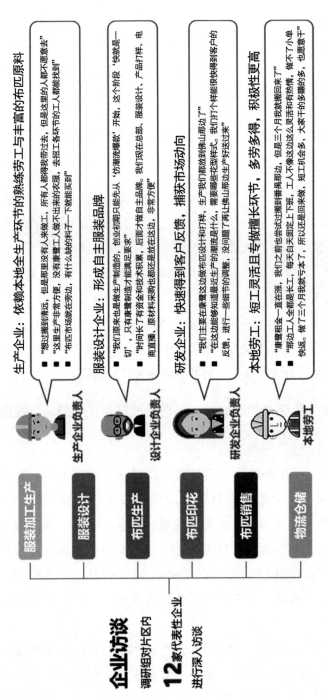

图 4 康鹭片区（凤和村）企业访谈示意

资料来源：课题组康鹭片区座谈调研。

市场，也限制了新企业的进入，产业活力因此难以维持。①

三是改造后原有生产组织方式被改变，生产优势难以延续。城中村内企业通过灵活的组织模式快速响应市场需求，形成"小单快返"的柔性生产优势。但是，改造后空间功能和布局的调整使得不同产业的集聚效应减弱，原有生产方式难以延续。

三 经验借鉴：多维融合，合力铸链

（一）生产基础、设计赋能：纽约服装区从制衣中心转型为时尚之都

纽约的时尚产业兴起于 20 世纪初，得益于优越的区位条件和大量劳动力的涌入，服装制造业兴起并在曼哈顿中城服装区集聚，曾面临与广州类似的非正规生产等问题。随着大规模服装生产向亚洲地区转移，纽约逐渐向服装设计、营销、展览等相关时尚行业转型。纽约现已成为国际公认的"四大时尚之都"之一，根据美国劳工统计局（BLS）及纽约州劳工部 2023 年数据，纽约时尚行业（含服装制造、批发、零售、设计）就业人数为 18.2 万人，占全美同行业就业人数总量的 5.1%，比重低于金融保险业（8.3%）和信息与媒体业（6.7%），服装区也由非正规生产基地跃升为创意供应链基地，支撑全球时尚之都的可持续发展。

1. 保留小型制造业，发挥其创意孵化价值

随着制造功能加速向海外转移，叠加土地价值攀升与传统制造业支付能力较低，服装制造留在市中心的必要性受到质疑。纽约市政府对服装区制造业的价值展开深入调查，最终做出保留这个"设计师城市校园"的决定。调查显示，服装区的制造能力对创意激发有重要的支撑作用。新一代的美国设计师不少是在服装区成长起来的；对于成熟设计师而言，在其设计灵感从构思、打磨成熟再到落地执行的过程中，需要与工厂频繁碰撞完成。

---

① 戴杨艳：《城中村产业发展政策选择研究》，硕士学位论文，广西民族大学，2015。

2. 打造"纽约制造"品牌，促进小微制造企业转型升级

为打造"纽约制造"品牌，在人员方面，纽约政府设立了专项基金资助制造工厂进行劳动力培训；在设备方面，政府与纽约美国时装设计师协会（CFDA）、纽约市经济发展公司等合作，通过时装制造倡议捐赠基金（FMI）资助或奖励制造企业的设备升级，提升工艺水平；在平台支持方面，政府与服装区联盟（Garment District Alliance）合作，建立制造企业数据库，搭建设计师与制造资源的沟通桥梁，并为与本地工厂合作的商户提供税收抵免。[1]

（二）多元融合、产业延伸：韩国东大门从批发市场转型为交易中心

东大门市场在转型过程中，积极拓展多元业态，形成了一个集时尚、文化、旅游于一体的综合性商圈。东大门设计广场的建成，不仅为设计师提供了展示和交流的平台，还吸引了大量游客前来参观，成为首尔的地标性建筑。此外，东大门还发展了餐饮、娱乐、休闲等配套产业，满足了不同消费者的需求，提升了市场的整体吸引力，多元业态的融合使得东大门不再局限于传统的批发市场，而是成为一个充满活力和创意的时尚生态圈，为消费者提供了全方位的购物体验。

1. 强化设计创新，提升品牌附加值

设计创新是东大门转型成功的关键因素之一。东大门集聚了众多设计师和设计工作室，形成浓厚的设计氛围。政府和行业协会也积极支持设计师的发展，通过举办设计比赛、提供资金扶持等方式，鼓励设计师进行创新设计。此外，东大门还注重与时尚院校的合作，培养新一代设计人才。这些举措使得东大门的服装产品在设计上更具特色和竞争力，提升了品牌的附加值，吸引了更多的消费者和品牌商前来采购。同时，东大门还注重打造自有

---

① 林晨薇、张佶、高慧智：《超大特大城市都市核心区工业区渐进式更新策略——纽约服装区百年演进的经验启示》，美丽中国，共建共治共享——2024 中国城市规划年会论文集（03 城市更新），2024。

品牌，通过品牌化经营，进一步提升市场的知名度和影响力。

2.完善产业链条，提高市场竞争力

东大门拥有完整的服装产业链，从面料、辅料供应到服装设计、生产、销售等各个环节都能在本地实现。这种全产业链的集聚，使得东大门能够快速响应市场需求，缩短生产周期，降低生产成本。例如，客户在选定款式后，可以在东大门找到所需的面料、辅料和加工企业，实现一站式采购和生产。此外，东大门还注重提升产业链的协同效率，通过建立信息共享平台、加强企业间的合作等方式，进一步提高市场的竞争力。完善的产业链条不仅为东大门的服装产业奠定了坚实的基础，还增强了其在国内外市场的竞争力，使其成为韩国乃至全球重要的服装交易中心。

（三）持续迭代、畅销全球：浙江义乌"小商品"融入城市大战略

改革开放以来，义乌商品市场经历六次搬迁、形成五代模式，实现规模扩张、功能升级和配套完善。义乌国际商贸城是义乌第五代市场，作为义乌建设国际性商贸城市的标志性建筑，经营 26 个大类、210 万个单品，商品辐射全球 210 多个国家和地区，几乎囊括工艺品、饰品、小五金、日用百货、电子电器、玩具、文体、袜业等所有日用工业品，从曾经的马路市场发展成为被联合国、世界银行与摩根士丹利等权威机构认定的"全球最大的小商品批发市场"。

1.政府的适度干预

义乌市政府的"有所作为"体现在"市长"向"市场"的转变，以弥补市场自然成长的"短板"。从第一代到第六代，义乌市场的规划建设、资源配置，40 年来一直紧紧握在政府手中。义乌商品市场由浙江中国小商品城集团股份有限公司（以下简称"义乌商城集团"）统一投资、开发、管理、服务，通过租金优惠和租期管理引导优质商户有序集聚。围绕商贸市场主营业务，义乌商城集团同时承担物流园区、分拨集散中心、海外仓库、酒店、会展博览中心、产业园区、Chinagoods 数字云共享平台等商贸配套设施的建设运营，全业态全链条全方位主导产业发展。以土地市场为抓手，有效

抑制租金等市场成本的过度上涨以及合理安排财富转移。

2. 市场功能的迭代

义乌发展大致经历了 4 个阶段：兴商建县阶段（1982～1993 年），实施兴商建县战略，以市场化为主要推动力，义乌市场从流动的马路市场逐步发展为固定的摊位市场，形成全国最大的小商品市场；工业强市阶段（1994～2001 年），义乌市场开始从室外市场搬入室内大厅，全市实施以商促工、工贸联动战略，以市场化带动工业化，工贸联动加快城市化进程，形成现代化商贸名城；迈向国际化阶段（2002～2012 年），随着第五代小商品市场——国际商贸城投入使用，义乌市场进入新纪元，逐渐形成全球最大的小商品批发市场，并演进为国际性商贸城市；"网络商城"阶段（2013 年至今），义乌商城集团开发出"义乌购"B2B 电子商务平台，标志着义乌步入电商时代，以线上线下融合为特色的电商平台 Chinagoods 助力义乌市场贸易生态全面线上化、数字化，为 7.5 万家市场商户搭建了一条"网上丝绸之路"，把市场内的商品销售到世界各地。

四　对策建议：业态升级，精细改造

（一）广泛链接创意资源，从低端锁定到突破升级

目前，广州产业型城中村及其上下游的设计、销售等环节陷入系统性低端锁定的困境，制造能力与创意资源的链接难以自发建立，亟须政府的有效支持和推动。

1. 锻造制造能力，推动"广州制造"品牌化发展

广州传统制造业基础雄厚，但品牌化程度相对较低，借鉴"纽约制造"的品牌化策略，通过制定统一的质量规范，确保产品在生产环节的高标准和高质量，为品牌化发展奠定基础；政府应设立"广州品牌发展专项补贴"，支持企业进行人员培训、技术升级和营销宣传；通过品牌推广活动和国际交流，增强"广州制造"在全球市场的影响力，例如，广州可举办国际时尚展会，邀请全球品牌商和设计师参与，展示本地制造能力。

2.链接制造能力，搭建"线上+线下"双平台，促进制造和创意资源高效对接

借鉴纽约经验，线上搭建"制造工厂数据库"，便于设计师快速找到合适的制造伙伴，既提升设计的可实现性，又培养本地时尚创意工匠。以康鹭片区（凤和村）为例，当前片区已经探索上线了"康鹭制衣"小程序，作为城中村招工、接单的平台，在此基础上，可进一步完善工厂和工匠信息，增加工艺水平、设备能力等详细数据，提升平台的实用性和吸引力。搭建线上平台，推动片区承接更高附加值、更高工艺水平的定制单，提升产业附加值。线下预留"公共工艺中心"，提供必要的制造空间、设备和交流场所，为设计师与工匠搭建交流互动的平台。康鹭片区（凤和村）可优化招工广场的设备设施，不仅将其作为工厂招工的场所，而且为设计师、品牌商与工厂对接创造机会。通过税收抵免等政策激励手段，鼓励设计师和品牌商优先使用本地工厂。例如，广州可对使用本地制造资源的企业给予税收减免或专项补贴，降低企业成本，提升本地制造商的竞争力。

（二）优化产城界面，从产城对立到协调共生

在保留产业基因的前提下，充分运用分区管制和分区激励政策工具，优化"产—城""产—产""产—链"三重界面，促进产城协同。

1.有序隔离"产—城"界面，划定制造功能区

促隔离，将制造功能集中在特定范围内，构建客货运系统、分流人流物流，减少"产—城"功能交织，减少生产活动对城市居民生活的干扰。例如，借鉴纽约的经验，将制造功能区划入工业区块控制线，引导特定主题的产业集聚，实行强制保护，限制工业用地向住宅、商业转变。保用地，为保障产业用地的稳定性，广州通过政策创新，允许在同一地块内设置不超过建筑面积30%的服务型配套设施，满足现代化产业的多元需求。同时，通过税收减免、租金优惠等政策，激励企业留在工业区块内发展。助用房，在城中村改造过程中，借鉴优先建立住宅安置区的做法，就近建设低成本产业保障房，以租金不涨为原则，探索"以商养产、产商共赢"的广州产业保障

房统租模式。这种模式不仅为产业工人提供了稳定住所，也为产业发展提供了空间保障。[①]

2. 优化"产—产"界面，推动"密且杂"的产业型城中村转型为高品质产业社区

降风险，针对目前产业型城中村高度集中、卫生条件差、公共安全隐患大等问题，通过控制容积率、街道宽度和建筑高度等指标，推动"工业上楼"，改善日照和空气流通条件；强化消防、公共卫生等配套设施建设，降低安全风险。优品质，进一步改善社区品质，以均等便捷的服务设施、时尚魅力的游憩场所、活力共享的交往空间精准匹配创意人士需求。例如，黄埔区大塱片区通过改造，引入高端产业和公共服务设施，将低效用地转变为宜业宜居的新城区。这种转型不仅提升了社区品质，还吸引了更多创意人才和青年人群，形成制造与创意的"蜂鸣效应"。

3. 混合"产—链"界面，靶向定制产业用地和用房，推进供应链整合

用地方面，适应小规模定制生产的非标、小批量、快周转等特征，创新产业用地政策，允许工业、办公、商业、展示等功能混合。广州可通过设置更高阈值条件的行政许可，实行更弹性的使用年限和更小规模的分割出让出租，为产业升级提供多元化的空间。用房方面，统一制造业大厦垂直厂房形式，按照"上下楼就是上下游"的原则，对产业链、供应链进行空间整合。例如，广州天河区长湴村通过"保留+改造+拆除"的模式，优化空间布局，为产业升级提供高质量的产业空间。[②]

（三）精准"留生产"，从全面拆建到以远谋近

1. 立足"全球创意之都"战略目标，充分发挥轻制造环节的支撑作用

在全球城市发展中，创意产业已成为推动经济转型的关键力量。2008

---

① 瞿文杰：《从拆除到包容：城中村改造的包容性治理研究——以L市D村为例》，硕士学位论文，山东大学，2022。
② 袁奇峰等：《产业导向的超大城市城中村改造技术路径——以广州市长湴村改造方案为例》，《规划师》2024年第8期。

年金融危机之后，纽约、伦敦等城市纷纷将"创意城市"作为新的城市发展战略。纽约的经验证明，成熟的轻制造能力是创意激发和实现的关键。广州锚定中心型世界城市的发展目标，在产业型城中村改造中，结合对产业链的系统分析，通过精准"留生产"，不仅能够实现"留生意"，还能在产业区域转移中维持对产业链的核心控制权。这种策略并非单纯从税收和产值规模出发"拆小留大"，而是通过系统分析产业链，保留具有潜力的小微制造企业。事实上，纽约服装中心供应商协会（GCSA）的调查显示，纽约服装区"幸存"的正是这些小微工厂，其员工中位数为 14 人，占地面积中位数为 300 平方米，48.1%的工厂年收入在 10 万至 50 万美元之间。这些小微工厂凭借灵活性和高效性，成为创意产业的重要支撑。

2. 推广分期分片改造模式，实现渐进式、持续性改造

广州可以根据实际产业生产情况，制定分期分片的改造规划方案。以区政府为主导，系统梳理现有存量和近期拟新建的园区、厂房、公共服务资源，形成产业空间中转台账，用于村集体物业转型升级期间入驻企业的腾挪安置，在过渡期稳定企业、避免产业外流。实行产业先安置后拆迁，实现园区建设和城中村改造联动。例如，广州在新一轮改造中探索设置产业类城中村改造专项资金，用于企业解约、过渡期的安置补偿。这种模式不仅降低了改造成本，还为企业提供了稳定的过渡环境。合理评估城中村产业搬迁风险，有序疏解城中村非核心产业环节和落后产能，加强区域协作，做好迁出产业转移承接园的选址和规划。例如，广州通过"指挥部+公司"的模式，推动连片改造，实现"以丰补歉、以肥补瘦"的区域平衡。

参考文献

唐蕴婷：《转型期"城中村"更新策略及设计控制研究——以广州市海珠区北山村"城中村"更新改造规划为例》，硕士学位论文，长安大学，2013。

高慧智等：《从外源到内生：柔性生产驱动空间非正规化研究——以广州市康鹭片区为例》，《城市规划》2024 年 7 月 12 日。

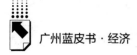

张煜：《广州城中村微改造规划策略研究》，硕士学位论文，广东工业大学，2020。

刘蕾：《城中村自主更新改造研究——以深圳市为例》，博士学位论文，武汉大学，2014。

魏立华、闫小培：《"城中村"：存续前提下的转型——兼论"城中村"改造的可行性模式》，《城市规划》2005 年第 7 期。

朱文韬：《广州市城中村改造中政府职能优化研究——以海珠区 L 村为例》，硕士学位论文，华南农业大学，2020。

刘楠紫沁：《租赁导向综合整治视角——基于演化博弈论的深圳市城中村改造模式选择研究》，硕士学位论文，重庆大学，2020。

戴杨艳：《城中村产业发展政策选择研究》，硕士学位论文，广西民族大学，2015。

林晨薇、张佶、高慧智：《超大特大城市都市核心区工业区渐进式更新策略——纽约服装区百年演进的经验启示》，美丽中国，共建共治共享——2024 中国城市规划年会论文集（03 城市更新），2024。

杨悦、耿虹：《基于多元主体参与的城中村改造模式比较研究——以珠三角地区为例》，共享与品质——2018 中国城市规划年会论文集（02 城市更新），2018。

毛耀武：《城中村初创型产业空间发展与需求研究——以广州大源"淘宝村"为例》，《住宅与房地产》2021 年第 18 期。

瞿文杰：《从拆除到包容：城中村改造的包容性治理研究——以 L 市 D 村为例》，硕士学位论文，山东大学，2022。

袁奇峰等：《产业导向的超大城市城中村改造技术路径——以广州市长湴村改造方案为例》，《规划师》2024 年第 8 期。

何兆祥：《以公共租赁住房为导向的深圳市城中村改造模式研究》，硕士学位论文，西安建筑科技大学，2022。

Abstract

Annual Report on Economic Development of Guangzhou (*2025*) is one of the "Blue Book of Guangzhou" series. It is the latest achievement of Guangzhou economic analysis and forecast and related important thematic research jointly completed by experts and scholars from scientific research groups, universities and government departments and compiled under the supervision of Guangzhou Academy of Social Sciences. This yearly book consists of seven parts, including the general report, economic operation, comprehensive strategy, industrial economy, service economy, new technology and new industry, and industrial parks, with a total of 22 research reports or papers.

In 2024, Guangzhou's economy maintained a generally stable operation, achieving a regional GDP of 3103.25 billion yuan, an increase of 2.1% over the previous year. In terms of demand, consumption remained basically stable, investment showed differentiation, and exports performed well. From the perspective of industries, the industrial sector has been constrained by the automotive industry, while the service sector has been affected by the downward pull from the real estate and wholesale and retail trade sectors, resulting in less than ideal growth. Looking forward to 2025, Guangzhou's economic development will face both opportunities and challenges. On the one hand, the uncertainty of domestic and international economic growth will increase, but there are still many positive factors. Macroeconomic policies will be more proactive and effective. New technologies and industries represented by artificial intelligence will thrive. The Guangdong-Hong Kong-Macao Greater Bay Area will present a new scene of deep integration. Major adverse factors affecting Guangzhou's economic growth are expected to ease. On the other hand, the development environment at home and

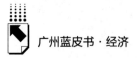

abroad is complex and changeable, regional competition is becoming increasingly fierce, there are shortcomings in industrial transformation and technological innovation, and enterprise reform and platform development still need to be strengthened. By combining modeling prediction with comprehensive analysis and judgment, the research team predicts that Guangzhou's economy is expected to maintain stable growth in 2025, with the growth rate ranging from 3.7% to 5.1%.

Keywords: Economic Growth; Urban Economy; Guangzhou Economy

Contents

I General Report

Abstract: In 2024, Guangzhou insists on seeking progress while maintaining
stability, and the city's overall economy maintains stable operation, achieving a
regional GDP of 3103. 225 billion yuan, an increase of 2. 1%. In terms of demand,
consumption was basically flat, investment was differentiated, and exports
performed well. From the perspective of industry, the industry was subject to the
automobile, the service industry was affected by the pulldown of real estate and
wholesale and retail trade, and the growth was not ideal. Looking forward to 2025,
opportunities and challenges coexist for Guangzhou's economic development. On the
one hand, there are still many positive factors in the global economic growth,
more positive macroeconomic policies, vigorous development of new technologies
and industries represented by artificial intelligence, deep integration of the Greater
Bay Area, and major adverse factors affecting Guangzhou's economic growth are
expected to be alleviated. On the other hand, the domestic and international
development environment is complex and changeable, regional competition is
increasingly fierce, and Guangzhou's new drivers are not developed enough,

institutional and mechanism innovation is not enough, and economic growth still has many shortcomings. Through the combination of modeling and prediction and comprehensive research and judgment, the research group expects that Guangzhou's economy is expected to maintain stable growth in 2025, with a growth rate of 3. 7% −5. 1%. This paper puts forward six countermeasures and suggestions: First, accelerate the construction of the "12218" modern industrial system and cultivate and develop new quality productive forces; Second, we will comprehensively expand domestic and international demands and effectively promote the dual circulation at home and abroad. Third, efforts should be made to ensure that the real estate market stops falling and stabilizes, and to accelerate urban renewal. Fourth, we will vigorously promote the development and opening up of Nansha and the construction of the eastern center and the northern growth pole, and optimize and upgrade various industrial development platforms. Fifth, we will accelerate the implementation of the "Hundred-Thousand-Million Project" and the development of the Guangdong-Hong Kong-Macao Greater Bay Area, and comprehensively promote coordinated development between urban and rural areas and among different regions. Sixth, we will continue to deepen reform efforts in key areas and strive to improve the first-class business environment.

Keywords: Economic Growth; Urban Economy; Guangzhou Economy

Ⅱ　Economic Operation

B. 2　Development of Industry in Guangzhou in 2024 and

　　Prospects for 2025　　*Ou Jiangbo, Li Zhe and Tang Bihai* / 041

Abstract: In 2024, Guangzhou's industrial sector faced significant pressure due to structural transition pains and insufficient effective demand, resulting in negative growth across major indicators. The industrial landscape exhibited distinct characteristics: pillar industries showed divergent performance while emerging industries maintained steady growth; industrial investment expanded at a relatively robust pace; the cultivation of "Specialized, Refined, Distinctive, and Innovative" enterprises gained momentum; industrial infrastructure achieved both quantitative expansion and qualitative improvement; and regional disparities became more pronounced. Looking ahead to 2025, Guangzhou's industrial development has both favorable conditions such as continuous breakthroughs in technological innovation, continued advancement of digitalization and intelligence, and increased policy support, as well as unfavorable impacts such as greater downward pressure in both domestic and global economies, intensifying regional competition, and underdeveloped new growth drivers, and the key industrial indicators are projected to return to positive growth territory. To sustain Guangzhou's high-quality industrial development, the report recommends a multipronged approach: expanding domestic and international market access, accelerating industrial transformation and upgrading, actively nurturing emerging industries, enhancing investment promotion and enterprise services, and optimizing industrial infrastructure.

Keywords: Industry; High-quality Development; Guangzhou

B.3 Review of Guangzhou Commerce Circulation Industry in
2024 and Outlook of 2025　　*Wu Jing, Chen Lu and Li Zhe* / 053

Abstract: In 2024, the consumer market performance of Guangzhou was weak, the transportation was growing steadily, the foreign trade was generally stable. The wholesale and retail performance was sluggish but the accommodation and catering growth was rapid, the growth trend of passenger transport was better than that of goods transport, and the export performance of commodities was significantly better than that of imports. Looking forward to 2025, expanding domestic demand is still the main focus of macro policies. The development of commercial circulation industry in Guangzhou has a series of favorable conditions such as good policy environment, strong promotion of technology, and steady expansion of consumer market space. It is also facing a series of adverse effects such as the global economic situation is full of great uncertainties, China's economic operation is still facing many difficulties and challenges, the pressure of industry competition is increasing, and the short board of factors is still obvious. It is suggested to promote the further development of Guangzhou's commercial circulation industry from more efforts to boost consumption, upgrading the energy level of urban transportation hubs with higher standards, expanding high-level opening up with better conditions, and continuing to optimize the business environment with more concrete measures.

Keywords: Commerce and Trade; Transportation Industry; Guangzhou

B.4 Analysis of Guangzhou Real Estate Market in 2024 and Prospect of 2025

Ou Jiangbo, Fan Baozhu, Chen Lu and Cao Yongwang / 069

Abstract: In 2024, Guangzhou's real estate market exhibited a fundamental pattern of volatile bottoming-out with structural differentiation. The market remained relatively sluggish during the first three quarters, while the fourth quarter witnessed a marked recovery in market sentiment driven by a series of favorable policies including the comprehensive lifting of home purchase restrictions. Throughout the year, the first-hand residential market experienced declines in both supply and demand, whereas the second-hand residential market saw rapid transaction growth. There has been a significant adjustment in housing prices, and real estate investment has remained sluggish. Looking ahead to 2025, the accommodative policies already introduced are expected to continue to take effect. Rigid and improvement-oriented housing demands are likely to be activated, and market transaction volumes are expected to achieve modest growth. However, the situation of regional, product, and project differentiation will persist. It is recommended to promote the stable and healthy development of the market by earnestly implementing the "stabilizing the real estate market" policies already introduced, working hard to boost market sales, and solidly carrying out the housing development plan for the

"15th Five-Year" period.

    Keywords: Real Estate Market; Housing; Guangzhou

B.5 Development of Human Resource Market in Guangzhou in 2024 and Prospect in 2025

Investigation and Evaluation Group of Human Resource Market

Supply and Demand Information in Guangzhou / 085

Abstract: In 2024, the Guangzhou Municipal Labor Market Service Center conducted a multi-dimensional supply-demand survey and statistical analysis on the supply and demand situation of the Guangzhou labor market, key industry labor demands, and monitoring information from major human resource agencies. The main conclusions show that the total supply and demand for labor decline doubly under pressure, enterprise employment confidence showed space for further improvement, and the overall development trend of manufacturing and productive services was noticed for its integration and convergence. The flexible employment models in enterprises have seen a strong upward trend, and the reserve of high-quality talent has significantly strengthened. Looking ahead to 2025, local public labor market service centers at all levels in Guangzhou will actively align with the overall plan for the construction of the 12218 modernized industrial system, promptly respond to and lead new trends in the labor market, with the core target of promoting high-quality and full employment. In the process of promoting high-quality development in the social affairs sector, constructing a job-friendly development approach, shaping modernized human resources, and ensuring and improving people's livelihoods, Guangzhou's public labor market services are expected to play a larger role.

    Keywords: Human Resources Market; Supply and Demand of Talents; Guangzhou

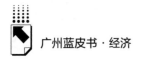

III   Comprehensive Strategy

B.6   Strategic Thinking and Pathway Research about "Rebuild a New Guangzhou"

The Research Group of Guangzhou Municipal Research Office / 102

Abstract: "Striving for twelve years to rebuild a New Guangzhou" is a major goal and practical measures proposed by Guangzhou to align with and implement the strategic arrangements of the 20th National Congress of the Communist Party of China. It aims to take the lead, shoulder responsibilities, and make greater contributions in the new era. Guangzhou will focus on advancing the practice of Chinese-style modernization by strengthening top-level "comprehensive planning", forging competitive advantages in "industrial development", building "powerful platform engines", enhancing "metropolitan governance capabilities", improving "comprehensive livelihood security mechanisms" and consolidating a "holistic security framework". These efforts aim to achieve an all-round leap in comprehensive strength and urban functionality from internal transformation to external expansion, quantitative growth to qualitative improvement, and physical upgrades to spiritual elevation, which will accelerate the revitalization of the historic city and achieve "new accomplishments and excellence in four key areas", and will help Guangzhou play a more important role as a "vanguard, leader, and locomotive" driving the national development.

Keywords: Chinese-style Modernization; High-quality Development; Rebuilding a New Guangzhou

B . 7 Study on the Driving Force of Guangzhou's Economic

Growth under the Guidance of the Goal of

Doubling the Economy in 2035

Guangzhou Academy of Social Sciences Research Group

of Institute of Economics / 114

Abstract: Guangzhou has set the goal of being a "pioneer, leader and locomotive", focusing on the Guangzhou practice of high-quality development and Chinese-style modernization. It has proposed a "second entrepreneurship" to set out again, working hard for twelve years to recreate a new Guangzhou, and aims to double its economic aggregate by 2035. Since 2010, from the perspective of the industrial dimension, the tertiary industry has contributed the most to the economic growth of Guangzhou. Compared with key cities, the tertiary industry in Guangzhou has a relative advantage while the advantage of the secondary industry has weakened significantly. From the perspective of demand, the demand driving force for Guangzhou's economic growth shows a dual-wheel drive feature of consumption and investment. Compared with key cities, the pulling effect of consumption and investment on Guangzhou's economic growth is relatively weak. From the perspective of factor dimensions, the contributions of capital, labor and technology to Guangzhou's economic growth vary significantly in different periods. Compared with key cities, there is still room for improvement in the contribution rates of the three major factors to Guangzhou's economic growth. The forecast results of the main indicators of Guangzhou's economic growth from 2024 to 2035 show that among the three scenarios of optimism, neutrality and pessimism, only in the optimistic scenario can Guangzhou achieve the GDP doubling target by 2035. It is suggested to focus on improving the quality and strength of industries to build a modern industrial system supported by the real economy, focus on innovation-driven development to accelerate the cultivation of new quality productive forces, focus on effective investment to effectively enhance the momentum of economic development, focus on potential consumption to strive to build an international consumption center, focus on optimizing the layout to expand and strengthen new economic growth poles, and focus on open development to actively promote all-round opening up and cooperation. Focusing on element guarantee to fully break through development bottlenecks, focusing on deepening reform to strive to create a high-quality development environment, consolidating the growth momentum of Guangzhou's economy, and promoting high-quality economic development.

Keywords: Driving Force of Economic Growth; Economic Multiplication; Guangzhou

Ⅳ   Industrial Economy

B.8   Research on the High-quality Development of Guangzhou's
Traditional Characteristic Industries Empowered by the
Industrial Internet

Research Group of Postdoctoral Innovation Practice Base of
Guangzhou Development and Reform Research Center / 137

Abstract: Traditional industries form the foundation of a modern industrial system and are crucial for fostering new quality productive forces. Industrial internet serves as a critical path and key driver for transforming and upgrading these industries. Currently, Guangzhou's traditional characteristic industries has developed four empowerment models: manufacturing-side empowerment, sales-side reverse empowerment, full industrial chain empowerment, and foundational-side empowerment. However, challenges remain, such as widespread adoption among SMEs, the supply capacity of internet platforms, and policy guidance. Recommendations include enhancing policy support, enterprise engagement, platform capabilities, model innovation, technological advancement, and talent development to unlock the potential of industrial internet in upgrading traditional characteristic industries.

Keywords: Industrial Internet; Traditional Characteristics Industry; Industrial Upgrading

B.9　Opportunities and Strategic Choices for Guangzhou's
Automotive Industry Transformation and Breakthrough

Wu Xibo, Wang Xiangyu and Wu Kangmin / 151

Abstract: The rapidly transforming automotive industry has become a breakthrough and focal point for cultivating new quality productive forces in China. Shenzhen has seized the opportunity to become the country's top city in the automotive sector, while the automotive industry in Guangzhou, with a relatively lagging transformation pace, is facing continuous downward pressure. This paper systematically analyzes the opportunities for the transformation and breakthrough of Guangzhou's automotive industry and the transformation experiences of advanced cities from six aspects: R&D innovation, capital structure, product types, product markets, production networks, and industrial integration. Taking a historical perspective and looking forward to the new era of the "15th Five-Year Plan", Guangzhou's automotive industry has entered the third stage driven by technological innovation, independent brands, and the global market. It is necessary to re-examine its development positioning, strengthen development confidence, and focus on enhancing industrial capital diversity, product diversification, and industrial robustness. It is essential to coordinate state-owned, private, joint venture, and foreign-invested enterprises to construct a dynamic and focused innovation system that can quickly respond to market changes by launching new products, new services, and exploring new markets. Active efforts should be made to strengthen and expand private enterprises, enhancing the industry's ability to obtain global capital support. This will drive Guangzhou's automotive industry to shift from production-driven to intelligent manufacturing-driven, from product-driven to product-and-service-driven, and from domestic market-driven to global market-driven. Through transformation and breakthrough, it will provide stronger support for deeply implementing the city's strategy of "industry first, manufacturing as the foundation of city" and promoting the construction of the "12218" modern industrial system.

Keywords: Automotive Industry; Transformation and Breakthrough; Intelligent Connected; New Energy Vehicles; New Quality Productive Forces

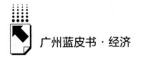
广州蓝皮书·经济

B . 10   Research on Strategies for Accelerating the Development of
Synthetic Biology Manufacturing Industry in Guangzhou

Liu Kun, *Zhou Zhihao and Guo Zhilong* / 166

Abstract: Synthetic biology technology holds broad application prospects and significant market value in fields such as biomedical, cosmetics, agriculture, and industrial raw materials, and is currently at a critical transition phase from the introduction stage to the growth stage. Guangzhou boasts solid innovative foundations in synthetic bio-manufacturing, distinct advantages in industrial application sectors like biomedicine and medical aesthetics, and a preliminary industrial development ecosystem. However, challenges persist, including the urgent need to cultivate and expand industrial clusters, insufficient support from high-caliber innovation platforms, underactivated capital markets for industrial innovation, and inadequate innovation in supportive policies. To address these issues, it is recommended that Guangzhou refine its top-level design and strengthen institutional supply, enhance innovation capability and establish a multi-dimensional technology supply system, improve the incubation ecosystem to streamline the path for industrial innovation iteration, boost investment promotion efficiency to attract high-caliber innovative entities, and collaboratively build a hub for the synthetic bio-manufacturing industry.

Keywords: Synthetic Bio-manufacturing; Future Industries; Guangzhou

B . 11   Research on the Development Strategy for Accelerating the
Construction of Zengcheng District as Key Bearing Zone
for the National Advanced Manufacturing Base During
the "15th Five-Year Plan" Period

Research Group of Development and Reform Bureau of
Zengcheng District, Guangzhou / 181

Abstract: The National Advanced Manufacturing Base is one of the core functions of Guangzhou. As a critical component of the Guangzhou Eastern Center, Zengcheng undertakes the responsibility of building the key bearing zone for this base. While Zengcheng has demonstrated promising momentum in industrial development, technological innovation, industrial platforms construction, and business environment optimization, challenges persist, including insufficient industrial scale and competitiveness, weak attraction of high-end industrial factors, and low efficiency in intensive land use. In alignment with the path of Guangzhou to building the National Advanced Manufacturing Base and the functional positioning of the Guangzhou Eastern Center, this study analyzes the foundational conditions and existing constraints of Zengcheng to construct the key bearing zone for the National Advanced Manufacturing Base, proposing six key recommendations: establishing the " 12613 " industrial layout; enhancing spatial integration; strengthening innovation capabilities; vigorously developing hub-oriented economy; promoting coordinated development between Huangpu and Zengcheng; and advancing high-level industry-city integration.

Keywords: Guangzhou Eastern Center; Key Bearing Zone for the National Advanced Manufacturing Base; Zengcheng District

V Service Economy

Abstract: Software industry , as the core-industry of digital economy , plays significant value in the transformation and upgrading of traditional manufacturing industries, the cultivation of emerging industries and the consolidation of comprehensive national strength. Guangzhou, one of the first-mover of software industry within nation, has developed and formulated an independently innovative and extensively integrated enterprise cluster. However in recent years, Guangzhou

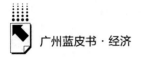

has been presenting a being-surpassed tendency under the insufficiency on enterprise scale, open source ecosystem and innovation synergy, thus demanded to further enhance the leading role of planning, intensify the cluster development, innovation driven force and financial empowerment, by which to accelerate the construction of a world-renowned software innovation city and to fully perform the necessary support role in national strategic.

Keywords: Software Industry; Cloud Computing; Open Source; Guangzhou

B.13 Research on the Optimization Strategies of the Cultural and Tourism Industry under the Background of the Development of the Guangdong-Hong Kong-Macao Greater Bay Area　　　　　　　*Yi Ming* / 212

Abstract: This article analyzes the high-quality development of Guangzhou's cultural and tourism industry from multiple dimensions such as policy, market, technology and culture by examining aspects like industrial scale, economic contribution, integrated development and digital transformation, new consumption patterns and changes in market demand. It then explores relevant strategies for optimizing the development of Guangzhou's cultural and tourism industry in the context of the development of the Greater Bay Area.

Keywords: Cultural and Tourism Industry; Cuangdong-Hong Kong-Macao Greater Bay Area; Guangzhou

Abstract: As an important transportation hub and logistics center in Guangzhou and even the Guangdong Hong Kong Macao Greater Bay Area, Huadu District still faces problems such as inadequate infrastructure and low levels of logistics enterprises, despite the significant development opportunities of its modern logistics industry in terms of transportation expansion, energy level upgrading, and industrial upgrading. Based on a comprehensive analysis of the modern logistics infrastructure in Huadu District, this article proposes countermeasures and suggestions from five aspects, including air freight, railway freight, water port freight, air rail port multimodal transport, and comprehensive upgrading of logistics enterprises, in response to the challenges currently faced by Huadu air rail port multimodal transport and the development opportunities of the modern logistics industry. Drawing on the international leading experience of similar development, this article proposes countermeasures and suggestions. To promote the deep integration of logistics industry and Huadu District economy, improve logistics service efficiency, reduce operating costs, and provide useful references for the high-quality development of modern logistics industry in Huadu District.

Keywords: Modern Logistics Industry; Transportation; Huadu District of Guangzhou

VI New Technology and New Industry

Abstract: The low-altitude economy represents a highly extensible new industrial chain (cluster) with vast market prospects. As a crucial engine for new quality productive forces, it has become a new frontier fiercely contested by regions across China. As one of the first pilot cities for low-altitude airspace opening in China, Guangzhou possesses solid foundations for low-altitude economic development: a relatively complete general aviation industrial chain, emerging enterprise clusters in the low-altitude sector, accelerating aggregation of R&D institutions and platform resources, and a relatively mature operational service system. However, challenges persist, including constrained airspace resources, relatively singular application scenarios, insufficient industrial technological capabilities, fragmented spatial distribution of industries, and underdeveloped low-altitude infrastructure. To lead the development of the low-altitude economy, Guangzhou must urgently: Improve top-level design and strengthen policy-legal frameworks; Implement industrial chain enhancement initiatives to cultivate robust low-altitude industry clusters; Intensify market development to diversify application scenarios; Advance coordinated hardware-software upgrades for infrastructure improvement; Actively integrate into national strategic layouts for "aviation power" and "civil-military integration".

Keywords: The Low-altitude Economy; General Aviation (GA); New Quality Productive Forces; Guangzhou

B.16 Research on the Approaches to Developing the Humanoid Robot Industry in Guangzhou

Research Group of the Financial and Economic Affairs Office of Guangzhou Municipal Committee of the Communist Party of China / 254

Abstract: In the new wave of technological and industrial transformation, humanoid robots are poised to become a phenomenal "mega-product", representing a strategic industry that Guangzhou is well-positioned to embrace and develop. The technology exhibits strong synergies with industrial robotics, new energy vehicles, and related sectors, while Guangzhou benefits from robust industrial infrastructure, abundant technological resources, mature application scenarios, and a conducive development ecosystem. However, compared to cities like Beijing and Shanghai, Guangzhou faces gaps in cultivating leading enterprises, data infrastructure, AI capabilities, technology integration, and ecosystem development. To address these challenges, this paper proposes four recommendations: 1) Focus on "body manufacturing" by attracting and fostering complete-machine enterprises; 2) Focus on "brain training" through R&D of advanced large-scale models and chips; 3) Focus on "limb coordination" by strategically developing core components such as dexterous hands; 4) Focus on "ecosystem development" by improving institutional support mechanisms for talent, capital, and policy frameworks.

Keywords: Humanoid Robot; Embodied Intelligence; Guangzhou

B. 17　Strategic Research on Accelerating the Cultivation of
　　　　Unicorns and Gazelles in Guangzhou

Liang Rui, Xia Huajing / 267

Abstract: Unicorns and Gazelles are in a critical phase of transitioning from small and medium enterprises to leading high-tech enterprises. These types of companies require high attention and should be carefully nurtured and guided. Based on an in-depth analysis of the development status of Unicorns and Gazelles in Guangzhou, this paper draws on the experiences and practices of cities such as Beijing、Shanghai、Shenzhen、Hefei、Suzhou and Wuhan, proposes five key recommendations: Enhance policy support and establish a city-district coordination-based gradient cultivation mechanism for new economy enterprises; Establish the Guangdong-Hong Kong-Macao Greater Bay Area Application Scenarios Innovation Center to cultivate and gather more unicorns; Promote open innovation among large enterprises to incubate more Gazelles and Unicorns; Deepen reforms in the state-owned capital investment sector, and encourage state-owned venture capital institutions to invest in potential Unicorns; Focus on differentiated development needs and establish an empowerment service platform for Gazelles and Unicorns.

Keywords: Unicorn; Gazelle; New Quality Productive Forces; Guangzhou

B.18 Research on the Strategy of Developing and Strengthening Ecological Economy in Guangzhou

Xie Binbin, Niu Zhanli / 283

Abstract: Ecological economy is a new form of sustainable economic development that highly integrates economic development with environmental protection. Since the 18th National Congress of the Communist Party of China, under the guidance of Xi Jinping Thought on Ecological Civilization, historic, transformational and overall changes have taken place in China's ecological civilization construction from theory to practice. Green has become the bright background color of high-quality development. The integrated development model of ecological transformation of traditional industries and industrialization of ecological protection has become an important engine for the development of ecological economy. Guangzhou is endowed with rich ecological resources and has a good economic foundation. It is of great potential to actively explore the development of high-quality ecological economy to promote high-quality development by making use of its advantages. However, in the current situation, how to accelerate the ecological transformation of industries and the industrialization of ecology, and further promote the balanced development of production, life and natural ecology has become a key issue that needs to be solved urgently. Closely combined with the current social and economic development reality of Guangzhou, this article puts forward strategies such as actively exploring new models of ecological empowerment, improving new mechanisms for industrial transformation, and exploring new ways to broaden financing and integration, so as to develop and strengthen high-quality ecological economy.

Keywords: Ecological Economy; Industrial Transformation; Guangzhou

Contents 凡〉

Abstract: Using digital technology to stimulate new quality productive forces in the field of housing and construction is the important direction of the construction industry development. Guangzhou should make full use of the existing foundation and advantages, such as solid and extensive industry practices, proactive policy guidance, gradually improving technical standards, initial achievements in software research, and increasingly diverse application scenarios. Guangzhou should regard the promotion and application of BIM technology as a key task, further accelerate exploration and practice, and address the problems and challenges of BIM technology in integrated application, software development, professional talent supply, and comprehensive application costs. This paper suggests that to increase the research and development of independent intellectual property software series, promote deepening industrial application in combination with market demand, and strengthen factor guarantee.

Keywords: BIM Technology; Construction Industry; Guangzhou

Ⅶ Industrial Parks

Abstract: Guangzhou Development District as one of the first national-level economic and technological development zones in China, has created a miracle of rapid economic and social development over the past 40 years. However, it now faces challenges, such as accelerating anti-globalization, industrial structure transformation and upgrading . Especially with the deepening of technological

367

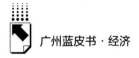

revolution and industrial transformation, the traditional model of productive forces development is no longer adapt to the new circumstances, developing new quality productive forces has become the key to achieving high-quality economic development in Guangzhou Development District. It is recommended to focus on five major areas to cultivate and strengthen new quality productive forces: expanding opening-up, building a modern industrial system, promoting mutual development of technology and industry, advancing promoting the deep integration of industry and city, and optimizing the business environment.

Keywords: Guangzhou Development District; New Quality Productive Forces; State-level Economic and Technological Development Zone

B.21 Research on Countermeasures for Accelerating the Development of Guangqing Industrial Park

Abstract: Jointly building industrial transfer cooperation parks is an important approach for our province to implement the "Hundred-Thousand-Million Project" and a key measure to promote coordinated regional development. The Third Plenary Session of the 20th Central Committee of the Communist Party of China proposed to "improve the mechanism for implementing the regional coordinated development strategy." The "Opinions of the CPC Guangdong Provincial Committee on Implementing the Spirit of the Third Plenary Session of the 20th Central Committee of the Communist Party of China and Further Deepening Reform in All Respects to Take the Lead in Promoting Chinese-Style Modernization" proposed to promote the experience and practices of cross-regional industrial cooperation such as the Guangzhou-Qingyuan Economic Special Cooperation Zone. As the core park of the Guangzhou-Qingyuan Economic Special Cooperation Zone, the Guangzhou-Qingyuan Industrial Park has, since its establishment in 2014, gone through ten years of development from "establishing the park", "developing industries", to "building the city". It has grown from nothing to something, from small to large, and explored a new model of "jointly built park" characterized by strong coordination, orderly competition, efficient collaboration, and shared benefits. It has created the "Guangzhou-Qingyuan Practice" for promoting the orderly transfer of industries and regional coordinated development. This study, by reviewing the development and construction process, achievements, existing difficulties and problems of the Guangqing Industrial Park, puts forward suggestions and measures such as further improving the institutional mechanisms and strengthening the guarantee of elements, and build a modern industrial system, so as to better play its exemplary and leading role as well as the radiation and driving effect in the industrial transfer parks throughout the province.

Keywords: Orderly Industrial Transfer; Coordinated Regional Development; Co-construction and Sharing

B. 22 Research on the Transformation and Upgrading Pathways of Guangzhou's Industrial-type Urban Villages

Research Group of Guangzhou Urban Planning Survey

and Design Institute / 334

Abstract: Urban village renovation is one of the Three Major Initiatives proposed by the Chinese national government and serves as a critical lever for achieving high-quality urban development. In Guangzhou, industrial-type urban villages account for over half of all urban villages. These areas function as hubs for diverse industrial clusters, residential and employment settlements, and stabilizing incubators for enterprise growth. Under the backdrop of new industrialization, they bear the mission of supporting Guangzhou in realizing its "industry-first strategy and manufacturing-oriented urban development" goals. This study systematically analyzes the developmental characteristics and transformation challenges faced by Guangzhou's industrial-type urban villages, examines domestic

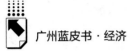

and international trends in industrial upgrading, and proposes strategies such as breaking through low-end lock-in in industries, refining governance of urban-industrial interfaces, and implementing rolling development guided by long-term planning.

Keywords: Industrial-type Urban Villages; Transformation and Upgrading; Guangzhou

S 基本子库
UB DATABASE

中国社会发展数据库（下设 12 个专题子库）

紧扣人口、政治、外交、法律、教育、医疗卫生、资源环境等 12 个社会发展领域的前沿和热点，全面整合专业著作、智库报告、学术资讯、调研数据等类型资源，帮助用户追踪中国社会发展动态、研究社会发展战略与政策、了解社会热点问题、分析社会发展趋势。

中国经济发展数据库（下设 12 专题子库）

内容涵盖宏观经济、产业经济、工业经济、农业经济、财政金融、房地产经济、城市经济、商业贸易等 12 个重点经济领域，为把握经济运行态势、洞察经济发展规律、研判经济发展趋势、进行经济调控决策提供参考和依据。

中国行业发展数据库（下设 17 个专题子库）

以中国国民经济行业分类为依据，覆盖金融业、旅游业、交通运输业、能源矿产业、制造业等 100 多个行业，跟踪分析国民经济相关行业市场运行状况和政策导向，汇集行业发展前沿资讯，为投资、从业及各种经济决策提供理论支撑和实践指导。

中国区域发展数据库（下设 4 个专题子库）

对中国特定区域内的经济、社会、文化等领域现状与发展情况进行深度分析和预测，涉及省级行政区、城市群、城市、农村等不同维度，研究层级至县及县以下行政区，为学者研究地方经济社会宏观态势、经验模式、发展案例提供支撑，为地方政府决策提供参考。

中国文化传媒数据库（下设 18 个专题子库）

内容覆盖文化产业、新闻传播、电影娱乐、文学艺术、群众文化、图书情报等 18 个重点研究领域，聚焦文化传媒领域发展前沿、热点话题、行业实践，服务用户的教学科研、文化投资、企业规划等需要。

世界经济与国际关系数据库（下设 6 个专题子库）

整合世界经济、国际政治、世界文化与科技、全球性问题、国际组织与国际法、区域研究 6 大领域研究成果，对世界经济形势、国际形势进行连续性深度分析，对年度热点问题进行专题解读，为研判全球发展趋势提供事实和数据支持。

法律声明